中国社会科学院创新工程学术出版资助项目

近代中国金融的

非常与日常

潘晓霞 著

社会科学文献出版社
SOCIAL SCIENCES ACADEMIC PRESS (CHINA)

序

吴景平

　　中国社会科学院近代史研究所潘晓霞撰写的《近代中国金融的非常与日常》即将付梓问世，这是一部颇具特色的金融史研究专著。

　　在中国近代金融史著作和教材的框架体系中，各次重大的金融风潮通常有专门章节，以特定金融风潮案例为对象的论文也时有刊行。但是，如何从长时段和多视野的角度看待近代中国金融风潮的背景与成因、各方对风潮的应对，以及如何深化对金融风潮的认识，这往往是通贯性金融史著述没有聚焦讨论，而单个案例的专题研究无法阐释的。潘晓霞的这本书把近代中国的金融风潮定义为"经济金融运行的非常状态"，认为"近代中国金融的非常态已几成常态"，以此作为研究的出发点，结合宏观审视和微观剖析，不仅推进了对金融风潮的研究，并由此"看到近代中国金融的日常"，提出了若干重要学术见解。

　　该书首先从宏观角度探析了近代中国金融风潮的时代背景与成因，指出伴随近代金融体系的引入、近代意义金融市场的萌生和发展，金融工具越多，金融运行越复杂，金融在社会经济中所占比重越高，发生大规模金融风波的可能性也就越高。虽然可以把近代中国金融风潮的主要成因归纳为外来输入、过度投机、管理失控、政治动荡等，在实际金融运行过程中，可能某种因素起着更具决定性的作用，但往往多种因素交错出现，甚至各种危机同时爆发，表现为经济金融的全面危机。而在近代中国金融风潮的应对方面，该书主张从更长的时段进行考析，既要看到近代中国在金融风潮应对上的被动与总体应对能力的严重不足，也要看到金融风潮来袭时中国的政治力量、金融体系并非只是坐以待毙，而是在应对金融风潮的同时努力学习，试图克服并防范金融风潮，从而增强风潮应对能力。

　　该书正文各章基本为金融风潮的典型案例研究，予以重点考察的分别有晚清的两次倒账风潮、北京政府时期的两次挤兑风潮及国民政府时期 1930 年代的金融危机等。作者从过度投机和经济泡沫的角度出发，分析了 1883 年上海钱庄倒账风潮和 1910 年前后橡胶股票风潮爆发的原因，进而揭示了晚清金融的混乱乃至整个社会不断破败的大趋势。至于 1916 年和 1921 年的两次挤兑风潮，作者的观照视野更广，指出北京政府时期政治失控、财政窳败、银行经营财政化、社会承受力低下、币制落后等一系列因素的交互作用，导致与北京政府关系密切的中国、交通两大银行信用急剧下降，从而使危机迅速生成、发酵。而对于 1934 ~ 1935 年的白银危机和金融恐慌，该书没有简单搬用属于近代中国长时段背景的一般意义上的经济与财政原因，也不否认众多论著所提到的美国白银政策是重要原因，而是努力追索实体经济并不十分困难背景下的市场运行状况，进而探析危机前上海地产的疯狂投机、金融组织本身的不健全，以及白银本位货币制度与外部世界的日渐暌违等因素的叠加作用，从而点明了这场危机的本质之一是货币供应严重不足。

　　除了对历次金融风潮的成因有新的探索，值得注意的是书中有关风潮应对的内容。如在关于晚清两次金融风潮的第一章，就有专节研究晚清的危机应对，从"应急举债、维持稳定"、"主持清理、查账追账"和"商事立法、规范破产"三个方面展开分析，指出与 1883 年上海钱庄倒账风潮相比，1910 年橡胶股票风潮的危机程度虽然更严重，但在地方政府牵头、中央政府提供支持、各地商会配合的有效作用下，其危害得到一定程度的遏制，减少了危机对社会、对金融秩序的破坏。该书尤其在上海道台的危机应对方面着笔较多，包括举借外款以缓解金融风潮，对倒闭企业进行查账追账、清理破产等。关于北京政府时期两次挤兑风潮，该书既比较了 1916 年挤兑风潮期间中国、交通两行处理措施的区别，指出两者的经营理路不仅决定了两行不同的危机处境，而且直接影响了在危机中的应对和生存能力的区别。该书更对以往金融史著述中通常忽略的 1921 年挤兑风潮的应对处理进行了较充分的梳理剖析，认为 1921 年挤兑发生时北京政府没有仓促采取停兑措施，而是首先急谋拨款救助市面；另外直接承受挤兑压力的中国、交通两行及整个银行界基本上步调一致、合作良好，显示经过 1916 年风潮的历练之后，无论北京政府还是业界都提升了风险应对能力。至于南京国民政府对于1930年代金融危机的处置应对，该书第四章"危中之机：1930年代经济危机中的银行改组"、第五章"温和通胀的期待：1935年法币政策的出台"有较深入的探究。作者从中国如何较迅速地摆脱金融危机和迎来财经新局面的大视野出发，对中国、交通两行改组和国家银行体系建立、沪市救济和实施金融统制、废除银本位制和推行法币政策等金融史和民国史上的重大事件进行了缜密审视，评析客观，新见纷呈，非常值得品读。

该书还讨论了1940年代后期全面内战背景下国共两党同时应对严重通货膨胀的不同结果。虽然金融史著述通常涉及相关史事，但缺乏比较视野下的深入探究。作者提出需要思考如下史实："同样经受了残酷战争，国民党控制区经济最终被恶性通货膨胀拖垮，而中共何以却能有效控制通胀，成功化解危机？"为什么国民党在大陆统治的最后两个年头里，相继经历了法币和金圆券的彻底崩溃，国统区经济运行完全失序甚至停摆？对此，书中明确提出："1948年后国民党控制区的金融动荡更多是政治军事失败的结果，而不是金融动荡导致了国民党的失败。"与此同时，该书没有回避中共主导下的解放区也存在严重通货膨胀的史实，并以东北解放区为例，分析了中共能够有效控制通货膨胀的主要原因："东北根据地之所以没有像国民党控制区那样出现恶性通货膨胀的失控，离不开中共在战场上的节节胜利，更离不开财政经济方面的努力，也离不开东北这一资源优势。"作者对战争环境与通货膨胀应对处置之间的关系，有如下精辟的阐释："前方和后方的胜败是相互联系的，绝非单向关系，前方的失败会加剧后方的困难，而前方的胜利又会让后方的财政困难大大纾解。从这个意义上又可以说战争打的是钱，战争也会打出金钱。"这就告诉读者：防范应对金融风潮的根本之道，在于顺应历史发展的方向砥砺前行。

关注社会变局与金融失序对各阶层各群体处境和命运的影响，包括大银行的"主事者"和底层社会大众，是这本书的又一亮点。对于前者，第三章"政商博弈：南北大变局中的金融界"分别讨论了交通银行、中国银行和上海商业储蓄银行的代表性人物梁士诒、张嘉璈、陈光甫，力图揭示银行界头面人物如何"高度敏感于时势的变化，以其各自不同的经历、背景及政治取向，对时局变化表现出同中有异、异中有同的因应"。在作者看来，银行家虽然被视为"经营、掌控主要经济资源的社会群体"，然而一旦涉及严酷的政治纷争和无止境的政商博弈，则不啻"处于巨大政治风暴之中"，虽然奔波于多种政治势力之间，希冀"借政治以自重和寻求独立发展"，但往往无法左右逢源，或被迫离开曾是安身立命之地的银行，或屈就于金融统制的高压，勉力维系经营；即便能给自身带来某些特殊利益，也并不能对现状有真正的改变，这是强权政治下所有试图与其博弈者的共同命运。而对于底层大众，该书一方面明确定义为金融风潮最直接的受害者，在相关章节中不乏关于金融风潮如何严重影响社会稳定和民众生活的史事，尤其是对以往学界关注相对较少、研究较薄弱的沦陷区民众的日常生活，设专节进行较细致的考察。同时，该书从行为金融学的视角出发，指出应重视考察民众心态及活动在风潮中所扮演的角色，认为大规模金融风波的酿成不可避免会有广大的民众参与，金融风潮如何传导到民众，民众如何应对，民众在金融风潮中的具体生活状态，以及民众在多大程度上会反作用于金融风潮的发生，都是应该着力去搞清楚的问题。

毋庸讳言，金融风潮对近代中国各主要领域的运作都产生了负面冲击，特别是在整个社会都处于货币信用关系崩坏和市场严重失序的情况下，包括金融界在内的各阶层、各群体都难以幸免。那么，应当如何看近代中国金融风潮给后人留下的启示？正如作者强调指出的："要了解金融风潮，不能仅仅就金融看金融，需要把政治、社会、经济、财政、中外关系等多个层面的因素纳入"，书中结语部分归纳了如下几点：第一，保持本国的金融主导权，保持社会和政治的稳定发展；第二，金融秩序的建立、规范、发展，要跟上经济发展的步伐；第三，政府不应该在金融活动中缺位，但政府在管理中应认识和尊重市场，避免斫丧金融运行本身的活力；第四，信用是银行运营的基础，银行、政府和社会应协力于信用风险的防范和信用危机的化解；第五，金融需要创新，但创新应建立在有益于实体经济的基础上，对过度投机要始终保持高度警醒；第六，重视培养抵御金融风潮的社会和文化环境，沉稳应对、舆论透明和适度的导向在控制风潮中有着同样重要的意义。这些观点的得出，可视为作者对近代中国金融风潮研究最为独特的意义之所在。史学研究既要尊重历史，也应理解历史。客观、全面、深刻地揭示对于历史本质的认识，必然具有超越时空的洞悉力和穿透力。潘晓霞在追求这一境界上取得了可喜成就，在此期待她不懈努力，向读者奉献新的研究成果。

目 录
CONTENTS

绪　论

金融风潮是经济金融运行的非常状态，严重干扰经济金融的平稳运行，影响政治和社会的稳定，民众深受其害。作为非常态的事件，危机发生时各种矛盾往往集中爆发，是观察金融体制及其实际运行的良好视角。近代中国被强行纳入世界经济和金融体系后，金融动荡不断。观察近代金融风潮，既可以看到中国进入世界经济体系时的仓促、被动和无奈，也可以看到中国逐渐学习、适应和提高的成长过程。而且，金融体系的背后又有政治，一部金融动荡史，其实也是一部政治不断变动和翻转的历史。

近代中国面对列强挟带的新秩序的冲击，社会经济不得不开始重大转型，近代金融体系的引入是转型中极为关键的一环。新式银行业及证券、保险、信托、外汇、票据交换等近代意义上的金融市场的萌生和发展，初步奠定了中国在近代世界经济和社会秩序下生存的基础，使中国开始拥有近代背景下的社会经济组织和管理系统。然而，作为一个被迫卷入近代经济大潮的后发国家，中国在学习、追赶和融入近代世界体系的过程中付出了相当沉重的代价，金融领域尤其如此。所有的经济体在近代经济金融发展的过程中，面对越来越复杂的经济金融形势，都不可避免地要走各种各样的弯路，中国尤其如此。这样的弯路的集中表现就是大规模的金融风潮。

19~20世纪，世界范围的金融风潮频频发生。作为后发国家，中国由于市场形成的先天不足，蹒跚学步尤其不易。金融风潮一度成为影响中国政治、社会和民众最不稳定的因素之一。从19世纪五六十年代以来，几乎每隔数年就会发生一次较大的金融风潮，密度甚至高于西方国家，波及范围从金融领域扩展到经济、政治和社会各个层面。由此，深入研究近代中国金融的源起、发展及危机，了解政府、社会、民众在其中的处境，不仅可以加深对金融风潮本身的认识，而且对透视近代中国独特的社会经济发展进程亦具重要的参考价值。

多元：历次金融风潮的成因

近代中国金融风潮为祸剧烈，具有全国影响的风波不断发生。梁启超曾在 1911 年对晚清最后 5 年国内的经济恐慌做过统计，5 年间共有 20 次经济恐慌发生。[1] 据不完全统计，近代中国规模较大的金融危机有 23 次。如果按照不完全统计所得的 23 次金融风潮计算，近代中国平均每四五年即发生一次大的金融风潮。洪葭管总结为近代中国十大金融风潮：因世界棉业危机而引发的 1866 年金融风潮，1883 年上海钱庄倒账风潮，1897 年贴票风潮，1910 年橡胶股票风潮，1911 年票号倒闭风潮，1916 年中交停兑风潮，1921 年信交风潮，1935 年白银风潮，1947 年黄金风潮，1948 年、1949 年法币和金圆券崩溃危机。[2] 吴景平等著的《近代中国的金融风潮》对这十大金融风潮做了个案专题研究。[3]

金融风潮的发生，一方面是当时社会监管能力低下、经济金融运作不规范、从业者普遍缺乏经验、政府管控能力不足的反映；另一方面又是金融综合影响力不断上升、新型金融工具诞生、金融运行不断复杂化的结果。所以，金融风潮虽是金融运行遭遇挫折乃至失败的象征，却也是金融运行向纵深发展的结果。金融工具越多，金融运行越复杂，金融在社会经济中的比重越高，发生大规模金融风波的可能性也就越大，也给政府和社会应对金融风险的能力提出了更高的要求。作为历史研究者，我们不必苛求前人，却也不能忽视他们经常犯下的常识性错误，尤其是政府管理者一些不负责任的举措，严重影响了社会经济的健康发展，加剧了经济金融危机。

梳理近代以来的重大金融风潮，大致可以看出这些风潮的起因主要有如下几方面。

一是输入型金融风波占据很大比重。1883 年金融风潮[4]、1910 年橡胶

---

① 梁启超：《国民破产之噩兆》(1911)，《梁启超全集》第 8 卷，北京出版社，1999，第 2462 页。

② 洪葭管：《中国金融史十六讲》，上海人民出版社，2009，第 39 页。

③ 吴景平等：《近代中国的金融风潮》，东方出版中心，2019。

④ 洪葭管：《一八八三年上海金融风潮》，《中国金融》1987 年第 5 期。

股票风潮①、1935 年白银风潮等都与国际市场的变化密切相关。② 近代中国被列强强行拖入国际市场，中国原有的经济体制严重不适应西方大国的经济运行逻辑，却又不得不亦步亦趋，跟随西方的运行步伐，导致应对能力严重不足。国际市场一有风吹草动，中国就成了风险的集聚地乃至爆发口。

二是过度投机带来的风险。金融风波和过度投机总是并行。金融运行中不可避免会有投机的成分，投机可以说是金融与生俱来的特性之一。但是过度投机会带来巨大的金融风险，导致金融乃至整个社会经济发生震荡。如何区别投机和过度投机，不是一件容易的事。从近代金融风潮来看，管理失控、投机情绪弥漫、金融杠杆畸形利用，大致就意味着已经存在过度投机的风险。在近代中国金融风潮中，1897 年的贴票风潮就是由于钱庄盲目扩大业务，形成过度投机导致的。"贴票"是晚清上海钱庄开发的一项业务，其意思就是"贴钱兑换票据"。客户在钱庄存款 90 元，钱庄开给他一张面额100 元的定期票据，票据到期后，客户再用这张票据兑换 100 元。资金不足的钱庄通过发行贴票，以高出市场一般水平的利息吸收社会游资，再以更高的利息贷款给商家，转手之间钱庄便有利可图。贴票业务出现后，钱庄纷纷效仿。为吸引客户，钱庄之间展开了激烈竞争，贴息越来越高，最高的竟达20%。这对民众形成了巨大的吸引力，贴票规模越来越大，投机情绪极度蔓延，终致酿成悲剧。1897 年 11 月，不少贴票钱庄因到期不能兑付现金造成大量的退票、提款，最终发生了一个月内几十家钱庄倒闭的风潮。③ 同样，1883 年上海钱庄倒账风潮、1910 年橡胶股票风潮、1921 年信交风潮在一定程度上也是过度投机的结果。④

三是政府管理失控带来的危机。近代中国，无论是清政府、北京政府，还是南京国民政府，管理能力都比较薄弱，在传统经济形态向近代经济形态

① 闵杰：《清末上海橡胶风潮述论》，叶显恩主编《清代区域社会经济研究》（上），中华书局，1992；卢书锟：《橡胶股票风潮始末》，《上海文史资料存稿汇编》经济金融卷，上海古籍出版社，2001；张秀莉：《橡皮股票风潮再研究》，《社会科学》2009 年第 4 期。
② 汪敬虞：《十九世纪西方资本主义对中国的经济侵略》，人民出版社，1983；城山智子：《大萧条时期的中国：市场、国家与世界经济（1929~1937）》，孟凡礼等译，江苏人民出版社，2010。
③ 史立丽：《1897 年上海贴票风潮述略》，《上海金融》2001 年第 12 期。
④ 朱荫贵：《近代上海证券市场上股票买卖的三次高潮》，《中国经济史研究》1998 年第 3 期。

转型的过程中对经济金融的把控能力不足。加之社会政治腐败，动荡剧烈，危机的种子不断积累，对政府管控提出了更高的要求。1916 年中交停兑风潮就是政府决策错误酿致危机的典型。由于袁世凯政府不断的金钱需索，具有官办性质的中国、交通两行成了政府外库，滥发钞票，准备金日渐空虚。1916 年四五月，京、津、沪三地爆发中国、交通两行储户提取存款和挤兑钞票的风潮。无奈之下，北京政府通令两行库存钞票不予兑现，存款不准付款，由此带来了全国性的金融恐慌。银行为政府垫款过巨，导致发行无序、准备不足是造成挤兑风潮的根本原因。而政府对此不是疏导危机，反而强行停兑，直接点燃了危机的导火索。①

四是政治动荡造成经济金融失控。1911 年票号倒闭风潮②和国民党统治末期的法币、金圆券崩溃危机③，可以说是政治动荡带来金融危机的典型案例。滨下武志指出："中国的金融危机，即货币和信用领域的危机，同资本主义各国的危机，性质有所不同，那是由政治冲击和投机失败直接引起的。"④ 解放战争后期，由于国民党军队在前线的溃败，加之社会经济的全面崩坏，民众信心受到巨大伤害，造成恶性通货膨胀。国民党政权试图通过改发金圆券，以行政手段强行控制物价，结果只能是扬汤止沸。如时人所言："本来经济政策之推行，固不能不兼用政治力量，但政治压力，如过分行使或行使过久，……难免不引起反抗。此种反抗，在政府强有力之时，还不致过分强烈，或逾越范围，但政府威信如有丧失，则政治力量式微，在式

① 洪葭管：《上海中国银行反对停兑事件试析》，《档案与历史》1985 年第 1 期；郑起东：《北洋政权与通货膨胀》，《近代史研究》1995 年第 1 期；杭斯：《旧中国中行、交行的两次停兑风潮》，《新金融》1995 年第 5 期。

② 菊池贵晴：《清末经济恐慌与辛亥革命之联系》，邹念之译，《国外中国近代史研究》第 2 辑，中国社会科学出版社，1981；崔满红、宋陆军：《辛亥革命前后山西票号的兴盛与衰败》，复旦大学中国金融史研究中心编《辛亥革命前后的中国金融业》，复旦大学出版社，2012，第 27~36 页。

③ 汪朝光：《简论 1947 年的黄金风潮》，《中国经济史研究》1999 年第 4 期；汪朝光：《成败之间——蒋氏父子与 1948 年金圆券币制改革》，第三届近代中国与世界国际学术研讨会，北京，2010 年 5 月；吴景平：《蒋介石与金圆券方案的出台——对若干档案史料的辨析》，《民国档案》2020 年第 3 期。

④ 滨下武志：《19 世纪后半期外国银行操纵中国金融市场的历史特点——及其与上海金融危机的联系》，朱荫贵译，《近代中国》第 2 辑，上海社会科学院出版社，1991，第 157 页。

微的政治力量下，而欲强施重大的压力，则人民之反抗力势必逾越范围，一发而不可收拾。"① 金圆券发行的失败，进一步加速了国民党统治走向崩溃。

　　当然，在风潮发生过程中，往往多种因素交错出现、相互影响，不会是简单的单一因素，强调某个风潮发生的某一导向，只是说在这一风潮中，该因素起着更具决定性的作用。在实际运行过程中，往往各种危机同时爆发，表现为经济金融的全面危机。综合来看，近代中国金融风潮最经常发生的是银钱业，这与银钱业所具有的信用特性相关。而社会政治的不安定则常常是金融风潮爆发的首要导火索，一个稳态的社会可以大大加强对金融风潮的抗衡能力，以及平衡经济金融运行的不稳定因素；不稳定的社会政治环境，则会刺激并加剧金融风潮的发生与恶化。这一点在近代中国体现得十分明显。至于金融风潮发生的一般性原因，诸如过度投机、监管不力、货币制度缺陷、本土金融机构转型、外部世界金融恐慌、内外债务负担过重及财政赤字造成货币发行过度等，② 这些在许多危机中都可以看到，是危机发生的基础，但不一定是触发危机的引信。

成长：危机应对的纵向观察

　　金融风潮的爆发严重威胁金融乃至社会经济的稳定，对现有金融和社会秩序构成重大挑战，政府和金融系统的应对颇值得关注。学界对此多有论列，从历次金融风潮个案中考察各时期政府的作为并做出评价，丰富了我们对近代中国不平静的金融形势的认知。不过，既有研究在认识到近代中国金融动荡及应对无力的一面时，对近代中国金融在动荡中艰难成长的另一面相对忽视。事实上，如果把视野放到更长的时段，通过危机应对这一切入点，既可看到近代中国在金融危机应对上的被动与不足，也能看到危机应对能力的增强。

　　毫无疑问，近代中国的危机应对能力总体上确实严重不足，相对被动，

---

① 《王云五回忆录》，九州出版社，2012，第 190 页。
② 参见龚关《20 世纪初天津的金融风潮及其应对机制》，《史学月刊》2005 年第 2 期；张亚光等《近代中国金融恐慌的货币因素与政策启示——基于"白银风潮"和"金圆券"的比较分析》，《贵州社会科学》2015 年第 11 期。

但具体看，中国的政治力量与金融体系在面对危机时又不都是坐以待毙，也在努力学习，试图克服并防范危机。这一点在1916年和1921年两次挤兑风潮中，金融体系不尽相同的反应，即是非常明显的体现。

在1916年第一次挤兑风潮中，当北京政府做出停兑决定时，中国银行上海分行在张嘉璈的带领下，顶着压力，做出成功的危机应对，成为民国初年金融领域的一段"佳话"，学界关注自然较多。洪葭管、董昕较早注意到这一案例，对中国银行上海分行成功抵制停兑做了充分论述，强调抵制背后的外力支持，对中国银行能够成功抵制的内在因素相对有所忽视。① 事实上，如果将其置于中国银行与交通银行相比较的视野下，从当时地位相当的两行不同的应对及结果出发，可以清晰地看到，中国银行上海分行之所以敢于顶着压力坚持兑付，与自身的经营和实力大有关系。相较于交通银行，中行运行更为稳健。同时，像张嘉璈这样的新一代中国银行经理人的成长是其中的关键。这意味着中国被强行拉入世界经济金融体系后，本土精英终于开始了解和适应金融运行规则，并展现了冷静判断形势和勇于担当的品质。中国银行上海分行成功抵抗的结果，不仅使上海分行，也使整个中国银行信誉大增。相较之下，两大银行之一的交通银行的应对明显缺乏办法，由此陷入长期危机。

除了本土金融精英的成长，政府管理能力也在增强。1921年挤兑风潮时，北京政府的表现比1916年停兑风潮时要沉稳得多。面对大规模的挤兑，北京政府没有像1916年挤兑风潮时那样仓促停兑，而是采取措施予以疏导。首先是急谋拨款救助市面，维持信用。再是尽力采取措施引导舆论，安定人心。无论是政府方面还是舆论界，都竭力暗示挤兑是外国人共管中国的阴谋，以此激起全民的民族敌忾心，成功引导社会上出现几乎一边倒的反对挤兑的舆论。同时，政府与新闻界合力，为银行的兑付能力大造声势。由于应付较为得宜，这次挤兑风潮造成的危害远低于1916年挤兑风潮。②

---

① 洪葭管：《上海中国银行反对停兑事件试析》，《档案与历史》1985年第1期；董昕：《中国银行与停兑令风潮探因》，《辽宁教育行政学院学报》2007年第1期。

② 参见黄德铭《中国、交通银行的发展与政府的关系（1896～1927）》，硕士学位论文，东海大学，1984；潘晓霞《危机背后：北京政府时期的中国银行和交通银行挤兑风潮》，《中国经济史研究》2015年第4期。

再看国民政府时期，在 1935 年前后的白银危机与经济恐慌中，国民政府的应对不无可议之处，政策的进退失当也多有显现。不过，国民政府抓住机会改组中、交两行，不失为亡羊补牢的举措。一方面，政府以增加国家银行信用达到救济经济恐慌的目的；另一方面，以增加在中、交两行话语权的方式强化对国内金融的控制。1935 年上半年从金融恐慌发生、救济到改组银行，国民政府抓住救济这一环节，名正言顺地推行中央银行制度，实现了金融统制。这既在一定程度上达到了救市的目的，借此笼络人心，改善与工商界的关系，又顺利实现了控制金融的意图。国民政府以政治切入经济，通过解决经济问题实现政治目的，可谓使用政治手段解决经济问题的一次成功尝试。[①]

作为世界经济秩序的后发者，近代中国无论是政府、社会、民众乃至经济金融界本身，确实都存在危机应对能力不足的问题。不过，随着金融业的不断发展，参与各方也在逐渐学习如何应对风潮，金融监管逐渐建立、发展、完善。南京国民政府成立后，先后颁布《银行法》《保险法》等法规，保证金融发展和监管有法可依，对金融风潮的应对在技术和法规上亦渐趋成熟。不过，这样的努力还是初步的，国民政府在抗战期间及战后金融管理的失控，证明其还远远没有找到非常态下应对经济金融危机的锁钥。

不容忽视的是，中国共产党作为一支新兴力量，随着根据地的建立，也在开始学习处理和应对金融问题。抗战时期，中共在敌后根据地面对财政和金融困难时表现出的应对能力，以及与日方展开货币战时的自信从容特别值得肯定。[②] 战时财政金融政策的成功，对于中共敌后抗日根据地的巩固发展，以及支持整个抗战都起到了不可低估的作用。1946 年解放战争爆发后，战争的规模和消耗及对解放区财政、物资等各方面带来的压力是空前的。战争消耗导致货币过量发行，不可避免地造成物价波动。财政、发行、物价的问题交织在一起，解放区也曾面临严重的通货膨胀困局。在同样面临巨大战

---

① 潘晓霞：《一九三〇年代经济危机中的银行改组——以中国、交通银行为中心》，《历史研究》2013 年第 5 期。
② 燕红忠：《中日货币战争史（1906~1945）》，社会科学文献出版社，2021，第 500~518 页。

争消耗及财政困难和通货膨胀难题时，中共如何成功化解这些危机，在财经战场上取胜；国共各自的理财逻辑、经济运行理路如何影响双方的不同命运，这些都是值得深入探讨的问题。

总之，从近代中国风潮应对的历史中可以看到，社会政治、监管能力、货币发行及民众的风险意识是能否成功应对危机的几个关键因素，政府作为"最后贷款人"，坚守阻止危机的最后一道防线。在这一点上，整体上说，政府从晚清到民国是不断进步的。从风潮的爆发频率也可以看出，晚清金融风潮的频率最高，北洋政府时期次之，国民政府时期最少，而中共根据地和解放区在防范和控制危机上表现得尤为出色。

日常：危机下的民众

金融风潮是经济金融运行的产物，风潮产生既有制度性缺陷的影响，也和国际背景、国内政治经济环境的动荡息息相关，同时还与民众心理变化及信息传播密切相关。常常呈现的状况是，风潮已经充分酝酿，但并不一定会爆发，经济金融可以在危机的边缘运行。风潮由可能变为现实，市场心态的变化常常成为导火索，因此，密切关注心理及信息传播的研究，揭示非常态下人们的心理反应、变化趋向与金融运行的复杂关系非常必要。马建标以1921年中交挤兑为研究对象做过相关的尝试。[1] 美国学者史瀚波（Brett Sheehan）在考察北京政府时期的金融风潮时强调了社会信任、民众心理层面。[2]

金融风潮严重影响社会稳定和民众生活，民众是金融风潮最直接的受害者。通货膨胀、挤兑现象、信用破产、债务危机常常会传导到社会末端，直接影响民众生活，让民众付出代价，遭受损失。普通民众由于收入有限，抗风险能力差，通常是金融风波的牺牲品。

关于民众在危机下的处境，先行研究已经有所关注，国民政府统治末期

---

[1] 马建标：《谣言与金融危机：以1921年中交挤兑为中心》，《史林》2010年第1期。

[2] 史瀚波：《乱世中的信任：民国时期天津的货币、银行及国家－社会关系》，池桢译，上海辞书出版社，2016。

的法币和金圆券危机中的民众尤其受到重视。法币和金圆券危机带来的物价飞涨，民众是最大的受害者，普通百姓的积蓄在飞涨的物价中急剧贬值，本就有限的财产被洗劫一空，金圆券悲剧成为中国人关于通货膨胀的长久记忆。①

事实上，其他金融风潮对民众生活的影响也不小。张秀莉考察了1928年平津挤兑风潮时市民的恐慌局面。② 晚清橡胶股票风潮、1916年停兑风潮、1935年白银风潮也直接影响了民众生活。曾购买过橡胶股票的上海公共租界会审公堂主审官关𬘬之写道："不料自下星期一起股票价天天下跌，由每股九十几两，跌到八十几两，由八十几两跌到七十、到六十、五十、四十，只跌不涨。……到了后来，我每股只卖得二两银子。"③ 张嘉璈自述1916年挤兑时目睹的情景："晨八时由私寓赴行办公，行至距离行址三条马路时，即见人已挤满。勉强挤到行门口，则挤兑者何止二千人，争先恐后，撞门攀窗，几于不顾生死。乃手中所持者不过一元或五元钞票数张，或二三百元存单一纸。"④ 1935年青岛明华银行倒闭，"当天，中山路中段明华银行门前交通堵塞，有的人抓着铁栅栏门大哭大闹，有的人连骂带喊，有的人猛击边门，有的人捶胸自诉，形形色色，不一而足，加之警察人员的呵斥声，呼喊声，现场一片混乱。"⑤ 这样的景象，在各次金融风潮中不断上演，在各时期的报纸上有比较多的实时报道，时人的日记中也有不少丰富、直观的细节呈现，值得学界深入挖掘。

近代中国金融风波，对民众伤害最大的是物价波动、通货膨胀或通货紧缩。生活在晋东南农村的刘大鹏对吃食消费的不断涨价特别敏感，多次在日记中记下物价上涨的消息。例如，1922年1月20日记道："凡嫁娶之家，费钱较前数年三四倍，前每斤肉百余文钱，今则三百文有奇；前每斤酒七八

---

① 张吉托：《金圆券改革及其对社会各阶层的影响研究》，硕士学位论文，河南大学，2016。

② 张秀莉：《政治变局中的金融动荡：1928年平津挤兑风潮》，《史林》2014年第1期。

③ 陈诒先：《上海橡皮风潮》，上海市文史馆、上海市人民政府参事室文史资料工作委员会编《上海地方史资料》（三），上海社会科学院出版社，1984，第171页。

④ 姚崧龄编著《张公权先生年谱初稿》上册，传记文学出版社，1982，第28页。

⑤ 王丽艳：《青岛金融简史（1898～1935）》，青岛出版社，2017，第126页。

十文，今则二百数十文；前每斤面三四十文，今则百十六文。凡入口之食，无一不贵，其余所需之物件亦皆异常腾贵。"① 1923 年 5 月 19 日写道："今春大洋之数日涨一日，商家开市之初，每元大洋折钱一千九百四五十文，迄今已涨至二千二百四五十文，每元抬高三百文，故百货之价，莫不增高。"② 不到三年，1926 年 2 月 25 日记道："当此之时，百物腾贵，不止一倍十，而且一倍百也。即如民国之初每斤豆腐涨至十文钱，今则一百文也，每斤醋十一二文钱，今则一百二三十文矣，至葫［胡］麻油每斤百十文钱，今则六七百文矣，其余可类推也。"③

民众既是金融风潮的受害者，又是经济金融活动的参与者，他们的心态及活动常常在风潮中扮演推波助澜的角色。大规模金融风波的酿成，不可避免会有广大的民众参与，投机的暴利吸引着众多人的加入，由此带来的庞大资金不断放大风险，最终导致投机链条断裂，危机爆发。

从民众角度观察金融风潮爆发的研究尚比较少见，主要可能是资料方面的因素。关于民众金融日常的史料相对分散，获取不易，需要不断地收集资料，持久积累。比如商务印书馆经理夏瑞芳以其所拥有的商务印书馆股票作抵押，向公司借款 10 多万用于购买橡皮股票，结果血本无归。这可以在郑孝胥日记中得到印证。④ 比如近年出版的黄尊三日记中呈现了主人公的一段投机经历，可以说是当年市场风云变幻中普通投机者心态的生动写照："同事某君，劝作公债生意，余为所动，初则屡试屡中，得利四五百元，暂次入胜。最后一次，余买进七长公债二万元，一星期后，经手人来电云，可获利八十元，余嫌其少，未肯脱手，未一日反跌一百元，以后跌势愈大，二星期内，竟由七八折跌至四八，通盘计算，共赔六千元。是日各债皆跌……余见大势如此，心中非常恐慌，盖以余数年积蓄完全赔出，尚未能脱手。于是与奇甫商，俟到期再为打算，盖余所买之公债，距到期尚

---

① 刘大鹏：《退想斋日记》，乔志强标注，1922 年 1 月 20 日，北京师范大学出版社，2020，第 270 页。

② 刘大鹏：《退想斋日记》，1923 年 5 月 19 日，第 281 页。

③ 刘大鹏：《退想斋日记》，1926 年 2 月 25 日，第 288～289 页。

④ 劳祖德整理《郑孝胥日记》第 3 册，1910 年 7 月 22 日，中华书局，1993，第 1265 页。

有十天，此十天中，企其渐渐回上也。"① 原上海锦江饭店董事长董竹君回忆说，金圆券发行时，她预估最多三五个月就会贬值，所以加紧囤货，"到处拉借友人换来的金圆券，冒险囤货，但又怕别人走漏消息，只好偷偷地将买进足够一年用的存货存放别处"。②

另外，历次危机对不同群体、不同阶层的影响有轻重之别。在金圆券危机中，教师等中产阶层受恶性通货膨胀的影响极大。不少大学教师在日记中对这段苦痛经历有详细记载。如竺可桢在 1948 年 11 月 2 日的日记中写道："允敏上月有黄金若干变为金圆，价值二百元一两。而目前杭州市价，据默君云已到九百五十元，仅两个月而已。人民之损失可知，因此无人敢信任政府矣。目前政府之所以不能取人民之信用，由于每次立法结果使奉公守法之人处处吃亏，而横行无忌的人逍遥法外……有何人愿守法……如此政府安得不失败哉！"③ 分析可谓到位。顾颉刚在 1949 年 3 月 31 日的日记中写道："今日发表指数达 3402 倍，物价之疯狂上涨可知。今日上午银元价一万三千元，下午即达万七千元矣。……以前所谓'经济崩溃'者，至今日竟实现矣！"④ 5 月 20 日写道："银元压了好久的四百万元，昨日国行挂牌为九百六十万，然实际之价已为一千四百万。今日下午升至二千三百万，及傍晚则升至三千万矣。予购豆腐时每方二十万，傍晚则三十万矣。在如此情形下，只得人食狗彘食，方可当活。"⑤

文化阶层有能力记下苦痛，"无声"的阶层同样经受灾难，需要我们去挖掘和尽力呈现。金融风潮如何传导到民众，民众如何应对，民众在金融风潮中的具体生活状态，以及民众在多大程度上会反作用于金融风潮的发生，都是应该着力去搞清楚的问题。更多关注默默无声的那些人，是学界各领域可以努力的方向。

---

① 谭徐锋整理《黄尊三日记》（上），1924 年 9 月 10 日，凤凰出版社，2019，第 535 页。
② 董竹君：《我的一个世纪》，三联书店，2013，第 373 页。
③ 《竺可桢全集》第 11 卷，上海科技教育出版社，2006，第 246 页。
④ 《顾颉刚日记》第 6 卷（1947~1950），1949 年 3 月 31 日，联经出版公司，2007，第 437 页。
⑤ 《顾颉刚日记》第 6 卷（1947~1950），1949 年 5 月 20 日，第 459~460 页。

本书的研究思路

近代中国的金融风潮深刻影响了历史进程，也成为历史研究聚焦的话题。金融风潮是经济金融运行的非常状态。在近代中国，金融风潮频频发生，加上长期处于外国入侵、战乱状态，几乎有由非常变成日常之势，即非常态的日常化。如何理解这种日常中的非常及非常中的日常，是本书最重要的着眼点。大致而言，将从如下几方面展开。

第一，相对长时段的考察。

一般而言，历史研究者比较注重挖掘风潮个案，从中发现历史事件本身的成因、经过及影响，重实证，而从近代中国经济金融的整体运行脉络中，捕捉风潮发生内在机理的探求还不是很多。问题在于，如果不从长时段中探究风潮的发生机制，就很难对风潮背后隐含的社会经济与金融运行脉络做出相对全面的把握。相对而言，经济学专业的研究者比较注重综合性分析，对金融风潮的研究也是如此。他们多注重在对金融风波的研究中提炼、抽象可以借鉴的历史经验和教训以观照现实，对具体的历史运行状态及历史的复杂性的研究相对较少。应该正视这种情况，历史学与经济学的研究方法各有侧重、各有倾向，但是二者之间更多的应该是促进的关系，绝非对立、挑战。

第二，通过事件但超越事件。

历史研究需要有视野，更要有事实。了解金融风潮，仅从宏观着手往往会忽视影响金融运行的一些关键细节，而正是这些细节可能决定了各次风潮的发生和走向。相似的表现背后，影响金融的因素却各不相同。然而，如果仅从微观着手，难以从宏观把握近代中国金融运行的趋势，无法把具体的风潮放到历史的大趋势下予以准确定位和剖析。正因此，在宏观的历史视角中审视微观的历史事件，以微观的历史视角印证和阐释宏观规律，实现宏观与微观、个案与整体的有机结合，对于厘清金融风潮这样一种来去如风、不易捉摸的历史运动，不失为一种相对有效的方法。

第三，近代中国金融的非常与日常。

由于近代中国金融风潮的经常性，非常态的金融风潮在某种程度上已经成了常态，这是考察近代中国金融风潮一个特别值得注意的视角。非常态成为常态，不断考验中国本来就脆弱的社会经济和金融体系，也让生活在其中的民众备感痛苦。后来人们熟知的华人圈金融市场尤其是股票市场表现出的高度波动性，和这样的历史经验有什么样的关系，是一个颇值得讨论的话题。民众对金融风潮的形成有怎样的影响，反过来，金融风潮又如何塑造民众心理，都是有待深入讨论的话题。

基于以上的研究思路，本书尝试从金融风潮个案切入，但不局限于危机与个案，而是希望通过近代中国常态化的非常态金融风潮，从整体上把握近代中国金融的流变。通过充分考察近代中国金融风潮的生成、发酵与最终爆发的过程，区别了解各个时期不同风潮的酝酿、形成、发生机制，探究政府和社会应对风潮的前后变化，从百年的长时段中发现金融风潮的不变与变，揭示社会、民众在非常态风潮下的日常。这样既可加深对近代中国金融变迁的了解，找到金融风潮的定位，又有助于从整体上把握近代中国金融的脉动。

第一章 投机、泡沫与危机：晚清两次倒账风潮

金融是经济的大动脉，较之其他经济成分，金融最为敏感于社会经济变化。社会的具体状况直接影响金融面貌，社会状况的变动也可以通过金融经济预期性地显现。晚清中国，内忧外患、国蹙民贫、社会政治日渐崩溃，经济上也是险象环生。金融作为社会经济的晴雨表，不断出现令人忧心的混乱状态。1870~1910年40年间发生了数次金融恐慌，扰乱甚至几乎摧毁了各时段正常的经济运行。其中，以1883年上海钱庄倒账风潮和1910年前后的橡胶股票风潮影响最大、波及面最广，破产现象也最为严重。大钱庄、票号在风潮中骤然倒闭，引发一大批传统金融机构如多米诺骨牌般倒下。金融的混乱，显现的其实是晚清整个社会政治不断破败的大趋势。

第一节 1883年上海钱庄倒账风潮

1883~1885年，上海钱庄连续发生因借款商户经营失败造成倒账而破产倒闭的事件，时人称为倒账风潮。关于倒账，曾有人评述道：

> 帐者，所以权出入之簿也。人莫不有出入之事，即莫不有出入之帐，而其中惟商贾为愈烦。货物有帐，银钱有帐。一日有一日之帐，一年有一年之帐。帐清，则一目了然，盈亏立见；帐混，则棼如乱丝，虽明眼人竭筹算之能，而无从清理。虽各行各业之帐情不同，而所以出入之理，则一也。然则帐者，为事务之凭借，人心之信义，而不可一日少者也。乃自世风不古，人情变幻。有所谓倒帐者，则帐若不可凭矣，非帐之竟不可凭也。有帐而无物，虽各帐登记眉目清楚，有无从问之理算者，而帐乃于是乎倒矣！然人亦安肯任其倒而缄口不言，等于束手之无策哉！每见一家倒帐，众业喧哗，有到家坐索者，有赴官控告者，有挽

亲友理处者。经年累月，舌敝唇焦，直至打折归偿，始能罢手。夫打折亦有多寡之不同，相抵之各异。必视其底货之若何，家产之若何，取而公摊，无少偏倚。①

早在 1882 年冬，上海就已显露危机迹象。农历腊月初四，即西历 1883 年 1 月 12 日，上海金嘉记源号丝栈突然倒闭，由此引发了这场前所未有的金融风潮。上海金嘉记源号丝栈开设多年，正值旧历年关突然宣布倒闭，亏折款项 56 万两②，累及大小钱庄达 40 多家。票号、钱庄年终结算，纷纷催还贷款，商人借贷无着，资本无法周转，又造成 20 家商号倒闭，倒欠款项一百五六十万两，钱庄受累严重。《申报》报道：“倒帐既多，则凡被拖累之钱庄亦莫不大受其害。……如金嘉记源号丝栈倒帐银五十六万两，约有四六折光景；朱永盛丝栈倒帐九万两，约还八折；广帮如晋丰祥则倒至二万，天成倒一万余，安吉杂货行倒至一万二三千两，某铁业倒至四万余，泰昌隆茶栈倒八万光景，信源糖行倒至二万二三千，生昌杂货行倒二万两，巨盛亨沙船号家倒至十有余万，福记洋布倒三万余，万成隆布号倒至四万余，坑砂栈亦倒至七八万，其余尚有亏倒较轻者，不在此数，综计本年各业倒帐约有一百五十万左右。”③ 可谓一片萧条。

银根紧缩、市面不振、市场购买力萎缩，股票市场亦受到牵累，最明显的表现是股价暴跌。1883 年下半年，股票价格下跌之势逐渐明显，工矿企业股票价格跌势严重，曾以每股 227.5 两高价被资金追逐的开平煤矿股票，7 月只能卖到 110 两（表 1 - 1）；到 10 月，开平煤矿股票每股跌至 70 两，轮船招商局股票跌至每股 90 两。④ 由于几乎所有钱庄都接受股票抵押放款，股市动荡必然累及钱庄。当时报载：“自去冬以来，本埠南北市各行业及钱庄之倒闭者纷纷不绝，大约亏空者多者数十万，少亦数万。”⑤

---

① 《论会议欠案》，《申报》1896 年 12 月 24 日，第 1 张第 1 版。

② 如无特别写明，本书的“两”指白银。

③ 《综论本年上海市面情形》，《申报》1883 年 1 月 30 日，第 1 张第 1 版。

④ 张国辉：《中国金融通史》第 2 卷，中国金融出版社，2003，第 376 页。

⑤ 《论市面倒盘之多》，《字林沪报》1883 年 10 月 18 日，第 1 版。

表 1 - 1   1882 ~ 1883 年工矿企业股票价格变化

企　业	原价（两）	1882 年2 月 2 日	1882 年7 月 2 日	1882 年12 月 24 日	1883 年2 月 22 日	1883 年7 月 25 日	1883 年12 月 7 日
轮船招商局	100	220	245	231	150	120	54
开平矿务局	100	170	227.5	181	109	110	53
热河平泉铜矿	105	125	205	159	126	94	51
上海机器织布局	50	96	115	97	101.5	83.5	—
电气灯	100	—	140	73	70	33	30

注：以上数据均来自上海《申报》相应日期刊登的股票市价。
资料来源：吴景平等《近代中国的金融风潮》，第 49 页。

　　1883 年 10 月中旬，又一场风暴袭来。时任招商局总办的大商人徐润投巨资于房地产和股票，因 1883 年上海房地产市场动荡，房价下跌，徐润一时无法脱手，质押的股票又狂跌不止，到期的 250 余万两借款无法清偿，其中亏欠往来的 22 家钱庄款项高达 100 多万两，累及十多家钱庄倒闭。徐润作为当事人，多年后对当时的情景仍记忆犹新。

　　自癸未年（1883）败事，负累数至二百余万，家业因此荡尽。……斯时申地现银极少，各庄十停八九，不能周转，房屋十空二三。百两轮（轮船招商局）股跌至三十四两，五十两保险（仁和水险公司和济和水火保险公司）跌至二十七八，百两之开平（开平煤矿公司）跌至二十九，其余铜矿等各种股票，更不可问。江浙两省当铺十停二三，地基更无论矣。举市百货俱跌。……溯败事之由，实因时势所迫，适值法人构衅，……延扰及吴淞口。……常有一日三警攻取制造局（江南制造局）之传言，是以市面忽败，居民迁徙过半。……上海百货无不跌值三五成，统市存银照常不过十分一二，只有三十八万，此二十天之难过也。[①]

　　紧接着，胡光墉（胡雪岩）的阜康银号倒闭把这次风潮推到了顶峰。

① 徐润：《徐愚斋自叙年谱》，文海出版社，1978，第 164 ~ 165 页。

"红顶商人"胡光墉独资开设的阜康银号囤积大量生丝，因洋商停止收购，一时资金周转不灵，不得不折价出售 14000 余包生丝，亏损严重。10 月 6 日，作为胡光墉事业之始基的杭州泰来钱庄最先倒闭。12 月，上海阜康银号宣布倒闭。受此牵累，"上海七十八家钱庄关闭六十八家，南北市行号停业者达三、四百家。镇江六十家钱庄倒闭四十五家。汉口一些著名茶行全倒闭"。① 胡光墉在京城、镇江、宁波、杭州、福州、湖南、湖北等地所开的阜康各字号同时全行闭歇，由此引发波及全国的钱庄倒闭风潮。

当时的情景，京官李慈铭在日记中留下了相关记录。

> 昨日，杭人胡光墉所设阜康钱铺忽闭。光墉者，东南大侠，与西洋诸夷交。国家所借夷银曰洋款，其息甚重，皆光墉主之。左湘阴西征军饷皆倚光墉以办。凡江浙诸行省有大役、有大赈事，非属光墉，若弗克举者。故以小贩贱竖，官至江西候补道，衔至布政使，阶至头品顶带，服至黄马褂，累赏御书。营大宅于杭州城中，连亘数坊，皆规禁籥，参西法而为之，屡毁屡造。所畜良贱妇女以百数，多出劫夺。亦颇为小惠，置药肆，设善局，施棺衣，为饘粥。时出微利以饵杭士大夫，杭士大夫尊之如父，有翰林而称门生者。其邸店遍于南北，阜康之号，杭州、上海、宁波皆有之，其出入皆千万计。都中富者，自王公以下争寄重资为奇赢。前日之晴，忽天津电报言其南中有亏折，都人闻之，竞往取所寄者，一时无以应，夜半遂溃，劫攘一空。闻恭邸、文协揆等皆折阅百余万。亦有寒士得数百金托权子母为生命者同归于尽。今日闻内城钱铺曰四大恒者，京师货殖之总会也，以阜康故，亦被挤危甚。此亦都市之变故矣！②

未过几日，李慈铭又记道："作片致介唐，属代取见（现）银。以今日闻四恒号将闭，山西人所设汇局皆被挤危甚也。使诸肆尽闭，京师无富商大

---

① 上海社会科学院经济研究所编《晚清经济史事编年》，上海古籍出版社，2000，第 469 页。
② 李慈铭：《越缦堂日记》第 14 册，1883 年 12 月 6 日，广陵书社，2004，第 10100~10101 页。

贾，外内货贝不通，劫夺将起，司农仰屋之筹益无可为矣。"① 掌管晚清财政的大学士翁同龢在日记中对此亦有记载："京都阜康银号，大贾也，昨夜闭门矣。其票存不可胜计，而圆通观粥捐公项六千两亦在内，奈何奈何。"② 晚清官商勾结、世风日颓之状，于此毕现。

金融风潮造成的危机后续还不断爆出，如"阜康庄倒闭，市面十分窘迫，即补钞文澜阁四库全书兹亦停止。盖此举本由善堂绅董督办，其经费闻亦为阜康欠去无能支用"；"现署杭嘉湖道余古香观察于本月十七日因病出缺……闻得阜康庄倒后，纲盐局官款及观察之宦囊计共有十五六万一齐无着，观察愁急交攻，以致旧病复发，遂成不起也"。③ 这样的状况的确如时评所言，官商一荣俱荣，危机来时，却也往往难逃两败俱伤："近日市风坏极，殷实商家相率而倒，其数恒至百十万。假令其全盛时，官宪不之深信，无有巨款往来，则生意中人亦何必侈应酬、扯场面，起居阔绰，挥霍自豪，以驯致于外强中干之势哉？然则号商之倒，大半官款误之也。始则上下相通，而终至上下同病，亦何为而不守'官自官、商自商'之分也欤？"④

这场倒账风潮与中法战争的刺激不无关系。自 1882 年起，法国加紧对越南北部的侵略。1883 年 8 月，法国迫使越南签订《顺化条约》，取得对越南的"保护权"，直接威胁中国西南，战争形势日趋紧张。1883 年秋，许多商人担心战争带来不利影响，开始将他们的资本换成现金，市面现金更加短绌。同时，个人存户纷纷从钱庄提出资金，更多的经营失败促使长期贷款和拆借被收回，进一步恶化了债务偿还形势。时人观察到"今年法越构衅久而不定，存资于人者深恐扰及商埠，皆思捆载而归，市面为之一紧。山西票号留银不放，市面为之更紧。泰西银行复不通借拆票，市面遂一朝决裂。何也？"⑤

这一时期钱庄倒闭情况，从表 1-2 上海钱庄数量变化中可见一斑。

---

① 李慈铭：《越缦堂日记》第 14 册，1883 年 12 月 9 日，第 10108 页。
② 陈义杰整理《翁同龢日记》第 4 册，1883 年 12 月 5 日，中华书局，1989，第 1787 页。
③ 《武林近事》《杭省官报》，《申报》1884 年 1 月 20 日，第 1 张第 2 版。
④ 《解饷不宜常由号商汇兑论》，《申报》1884 年 4 月 25 日，第 1 张第 1 版。
⑤ 《答暨阳居士采访沪市公司情形书》，《申报》1884 年 1 月 12 日，第 1 张第 3 版。

表 1 - 2　1858 ~ 1888 年上海钱庄数目

单位：家

年份	华界	租界	合计
1858			120
1873	80	103	183
1874	30	48	78
1876	42	63	105
1883	23	35	58
1886	31	25	56
1888	25	37	62

　　资料来源：《上海钱庄数目（1858 ~ 1911）》，郝延平：《中国近代商业革命》，陈潮、陈任译，上海人民出版社，1991，第 55 页；上海通社编《旧上海史料汇编》（下），北京图书馆出版社，1999，第 692 页。

　　上海金融风潮震动了与上海相邻的城市，并迅速向沿江、沿海及内陆城市蔓延。临近上海的镇江和扬州金融市场最先受到冲击。镇江的大小钱庄相继倒闭，1883 年初有 60 家，到年底时只剩下 15 家。[①] 1884 年，向来"局面甚宏"的巨源钱庄亏空 2 万两倒闭，"司事祝洪见逋负如山一筹莫展，遂于前一日夜间乘更深人静之时，以一盏紫霞膏毕［毙］命"。[②] 扬州"自怡源倒歇后，相继而倒者就本城计大小共有十七家。近日阜康又倒矣，镇江与扬州仅隔一水耳，先后合计竟倒至六十八家之多，于是扬镇两马［码］头各业大受其累，银根因之愈紧"。[③] 危机接着向汉口等通商大埠蔓延。汉口源兴顺、源兴永、诚意丰三家钱庄倒闭，致使其他钱庄受累，钱庄数目由十年前的 40 家减少到 20 家。1884 年初，京师著名钱庄恒兴、恒和、恒利、恒源"四恒"字号倒闭，致使京师钱庄连倒 16 家。官府不得已只好靠限制取银和昼夜弹压来维持市面。[④] 翁同龢对这次风潮的巨大冲击感到忧虑，在日记中记道："迩来九城钱铺闲［闭］歇者不下百家，街市萧条，小民愁

① 张国辉：《中国金融通史》第 2 卷，第 380 页。
② 《巨庄荒闭》，《申报》1884 年 12 月 17 日，第 1 张第 2 版。
③ 《银根大紧》，《申报》1883 年 12 月 19 日，第 1 张第 2 版。
④ 孔祥毅：《金融票号史论》，中国金融出版社，2003，第 347 页。

苦，恐酿事端也。"①

值得注意的是，由上海发端、进而席卷全国的 1883 年倒账风潮，钱庄备受侵凌，纷纷倒闭。而同是中国传统金融业主要组成部分的票号，除有一两家倒闭外，基本未受到影响，危机中只有南帮票号——阜康银号倒闭，山西票号则在风潮中独善其身，这成了 1883 年金融危机中的奇特金融现象。

1883 年 10 月下旬，当钱庄业一片萧条时，在金融市场影响巨大的山西票号"拟本月为限，将放出市面之银百数十万一齐收归，闭不再放，此亦慎重资本之见。以市面如此情形，不得不栗栗危惧也。然此事果确，无论钱庄与外行逼倒者又将累累矣"。② 与此同时，外国银行也"谨慎地减少了他们以往惯常经营的短期贷款业务"。③ 山西票号和外国银行突然收回原有的款项，停止向钱庄融通资金，尤其山西票号收回超过 100 万两的长期贷款，对钱庄业无异雪上加霜。但是，对山西票号本身而言，这却让他们成功躲过了这场风潮。

山西票号之所以能够在金融市场大动荡中独善其身，和其经营模式不无关系。相比钱庄多为分散的独立经营，山西票号以山西中部的平遥等地为中心，形成散布全国的经营网络，票号的资本远较钱庄雄厚。票号的资金相当部分集中于汇兑业务，这是票号的主业，同时对各地官府做长期投资，既获得稳定利润，又可以拉近与官府的关系。票号对钱庄的投资只是其资金的一部分，而且是相对激进的一部分。如果要说当年金融机构有食物链，钱庄可以说处于食物链的最底端。钱庄小而分散，却也正因为小，业务相对灵活、激进，比如当时对新型工商业的放款及商业物品的投机炒作，其都是积极参与者，这决定了它们的抗风险能力最为薄弱。当遇到 1883 年这样的大危机时，钱庄便成为金融动荡中倒下的第一批机构。

阜康银号倒闭后，源丰润票号接收了阜康处理的闽浙海关业务，汇兑闽浙海关银两；义善源也在上海设立裕丰官银号，代理海关的税收出纳。原属

① 《翁同龢日记》第 4 册，1883 年 12 月 22 日，第 1790~1791 页。
② 《整顿钱业说》，《申报》1883 年 10 月 24 日，第 1 张第 1 版。
③ 郝延平：《中国近代商业革命》，第 369 页。

江南钱庄的业务很大一部分转移给了山西票号，山西票号反而在危机中扩大了营业范围，逐渐走向盛势。① 从表 1 - 3 大致可见山西票号汇兑公款的规模和趋势。不过，随着晚清社会积聚的危机越来越深，逃过了 1883 年危机的山西票号好景也不是很长，当 1910 年橡胶股票危机爆发时，他们同样深陷其中。

表 1 - 3　1881 ~ 1911 年山西票号汇兑公款统计

单位：两

年度	收汇金额	年度	收汇金额
1881	3345307	1897	436500
1882	1958610	1898	2939260
1883	3237754	1899	10731558
1884	295034	1900	3646460
1885	3258880	1901	4897320
1886	4092273	1902	10243554
1887	179119	1903	11035298
1888	175684	1904	4404349
1889	3489988	1905	20390180
1890	6439863	1906	22576499
1891	5334217	1907	13674660
1892	5217970	1908	10302087
1893	5253592	1909	652352
1894	1660546	1910	5957491
1895	7526196	1911	5337939
1896	5452226		

资料来源：黄鉴晖编《山西票号史料》，山西经济出版社，2002，第 131、246 页。

第二节　1910 年橡胶股票风潮

橡胶股票风潮，简言之，就是因购买橡胶公司发行的股票而引起的一次金融风潮。早在 1903 年，英国人麦边（George McBain）在上海设立兰格志

_____

①　孔祥毅：《金融票号史论》，第 350 ~ 351 页。

公司。这家公司的经营范围包括开辟橡胶园，发掘石油、煤炭，采伐木材等。从 20 世纪初开始，因汽车工业迅速发展，生产轮胎需要大量橡胶，世界市场上的橡胶销量急剧上升。以英国为例，1908 年进口的橡胶为 84 万英镑，1909 年增加到 141 万英镑；同期美国进口橡胶的金额亦从 5700 万美元增加到 7000 万美元。[①] 随之，世界市场橡胶紧缺，价格暴涨，国际资本大量转向橡胶资源开发。到 1909 年底 1910 年初，国际上以开发南洋橡胶资源为名而设立的公司已达 122 家。外国人纷纷涌入上海，开设橡胶公司。这些公司良莠不一，有的只是开始种植橡胶，有的仅仅是购买了空地，更有些纯属空头公司。但这些公司的集资方式大体相似，都是由上海洋行具体经办和代售股票，并在上海的外资银行开户，再以各种方法诱人买卖。华商未能及时了解国际上对橡胶的狂热已经变为投机活动，只是看到这些公司均由洋行出面代理，以为厚利所在，即竞相倾囊抢购。[②]《申报》评论："方橡皮股票之初流行也，沪市逐利者争相购买，欣欣然有喜色，以为非分之财从此可大发矣。"[③]

市面上弥漫着一种气氛，只要购到橡皮股票就可以马上发财。投入橡皮股票购买热潮的，有富有资财的商人、钱庄老板和经理以及清朝地方官吏等，不仅用自己的钱购买，而且借钱抢购。结果，票面 100 荷盾（当时 100 荷盾约折合银 60 两）的兰格志公司股票，市价竟被哄抬到近 1000 两，是票面金额的 16 倍余，其他橡皮股票亦溢价六七倍。1909 年冬季至 1910 年夏季的几个月，橡皮股票的市价一路扶摇直上，上海的橡胶公司亦从 5 家增加到 40 家。据日本学者菊迟贵晴估算，华商在上海市场投入资金 2600 万～3000 万两，投入伦敦市场的约为 1400 万两，总额在 4000 万～4500 万两。[④]上海市场上的流动资金几乎都被吸引到这一投机买卖。

长期在中国生活的澳大利亚人端纳（William Donald）记下了他看到的情景："人们曾疯狂地争购橡胶股票，疯狂地筹资开办一个又一个橡胶

① 张国辉：《中国金融通史》第 2 卷，第 397 页。
② 陈明光：《钱庄史》，上海文艺出版社，1997，第 184 页。
③ 《时评·其一》，《申报》1910 年 7 月 30 日，第 1 张第 6 版。
④ 菊池贵晴：《清末经济恐慌与辛亥革命之联系》，《国外中国近代史研究》第 2 辑，第 72 页。

公司，连川汉铁路公司的董事们也不能幸免。"① 买过橡皮股票的关䌷之回忆：

> 一九一○年上海市面出现一种橡皮股票，没有多时，有钱人竞相购买，一些公馆太太小姐换首饰、卖钻戒，转买股票，如痴如狂，有了钱，还要四面八方托人，始能买到股票，我因做会审官多年，认得洋人，费了许多力买到若干股，买进时每股为三十两银子左右。上海县知事托我买，我也代他买到一些股。我买进之后，股票天天涨，最高涨到每股九十几两。有许多外国人知道我有股票，手里拿着支票簿，只要我肯卖，马上签字。②

正元、谦余、兆康三家汇划钱庄率先加入投机活动，三庄为购买橡胶股票共发出庄票600万两，同时大量调用与其有业务来往的森源、元丰、会大、协丰、晋大五家钱庄的庄票，把他们也拖入投机活动，由此形成一个以三庄为主、五庄附入的从事橡胶股票投机活动的钱庄集团。③

然而好景不长，1910年6月前后，世界市场上的橡胶价格开始下跌。4月每磅橡胶市价尚为12先令5便士，7月底即降到9先令3便士。消息传来，上海股市开始下跌。外国橡胶公司有的暗中抛出手上的股票，有的偃旗息鼓准备携款回国，有的本来是投机欺骗更急于逃之夭夭。在沪外资银行原来办理橡皮股票的抵押放款，这时也宣布不再办理，已办理的要催还，因跌价而抵押品不足的还要补缴其他担保品。市面人心一片恐慌。本来炙手可热的橡皮股票这时无人问津，价格直线下挫。关䌷之写道：

> 有一天星期五，股票开始下跌，但为数极小，第二天星期六，只有上午行市，比昨天又小，我心中有点动摇。当时有一老洋人，系研究外

① 端纳口述，泽勒撰《端纳回忆录》，东方出版社，2013，第37页。
② 陈诒先：《上海橡皮风潮》，《上海地方史资料》（三），第170~171页。
③ 陈明光：《钱庄史》，第185页。

国股票的权威，我去问他橡皮股票下跌的意见。他说："股票下跌，正是大涨的先声，据我看，这种股票最高可以涨到两百两一股，你如愿意卖出，就卖给我好了。"我听了他的话，决计不卖。第三天星期日无行市，不料自下星期一起股票价天天下跌，由每股九十几两，跌到八十几两，由八十几两跌到七十、到六十、五十、四十，一线下跌，只跌不涨。……到了后来，我每股只卖得二两银子。①

　　由于众多钱庄、企业卷入股票投机，股票暴跌导致大量钱庄倒闭和大批企业陷入困境。当时积存大量橡皮股票的正元、谦余、兆康三家钱庄被迫于1910年7月15、16日先后宣告歇业，亏欠公私款项数百万两，牵累往来钱庄数十家。7月16日至18日，森源、元丰、会大、协丰、晋大等钱庄继前述三家钱庄之后宣告闭歇。有的钱庄虽未倒闭停业，但也受到不同程度的牵连。1909年上海钱庄有100家，到1911年时只剩51家，几乎减去一半。

　　宁波商帮的领袖叶澄衷叶家在股灾中损失惨重。1899年叶澄衷去世，留下800万两银子的遗产。叶家主要掌权的三子叶子新和四子叶子衡热衷搞金融投机。兄弟合伙先后开设了上海的怡庆、衍大、大庆和杭州的和庆、庆大，芜湖的怡大等好几家钱庄，参与股票买卖。危机来后，1911年叶家大庆、衍大等钱庄和与人合伙的四个钱庄共欠洋商银行拆票182万两。叶家各联号欠合伙钱庄2125920两，一下子叶家所有钱庄均倒闭。为了还清欠债，不得不将叶家五金店除老顺记、新顺记外，先后出顶。②

　　文化企业商务印书馆也陷入股灾。经理夏瑞芳以其所拥有的商务印书馆股票作抵押，向公司借款10万用于购买橡皮股票，结果血本无归。夏瑞芳在这次金融风潮中的损失，从以下材料可窥见一斑。7月22日，郑孝胥日记记道："午后，商务印书馆开特别会议，夏瑞芳经手，被钱庄倒去十四万。"③会后，董事会由高梦旦出面致信在国外的张元济通报相关情况。张

①　陈诒先：《上海橡皮风潮》，《上海地方史资料》（三），第171页。
②　沈孝锟：《叶澄衷发家史——记上海五金商业第一个买办资本家》，《南市文史资料选辑》第1辑，1990，第113页。
③　劳祖德整理《郑孝胥日记》第3册，1910年7月22日，第1265页。

元济写给郑孝胥、印有模、高凤池的信中讲道："得梦翁信，知沪上钱庄相继倒账，本公司被正元等家倒欠共有七万之数，为之惊骇不置。又闻粹翁为正元调票，致被波累，有六万之巨。"①

橡胶股票风潮的冲击还在不断发酵。上海金融市场的银根一直很紧，各地受上海的影响亦风潮迭起、风声鹤唳。1910 年 10 月 8 日，总号设在上海、全国各地设有 17 处分号的源丰润银号出现危机。

> 星期六晚大约九点钟的时候，该票号无款兑付一张由源吉钱庄开来的七万五千两的汇票，源吉钱庄是该票号的联号，并已存在和它差不多的时间。源吉钱庄持票向源丰润票号贴现，而后者当时无款支付。当本市许多银行号听到这个消息以后，便纷纷以他们手中的汇票向源丰润和源吉兑付现款，结果造成数目共达四十万两以上的汇票同时持往兑现。②

无力兑付的源丰润银号宣告倒闭。源丰润上海总号亏倒后，"核算其亏空外间 1500 万，而外欠乃有 1700 万，唯外欠多系官场不能收"。③ 京师源丰润"素为京中极大之商号，近因上海源丰润本庄倒闭后大受牵累，竟于前晚赴外城总厅呈禀请封。闻亏欠外款有六百余万两之巨，警厅一面派警弹压，一面请示民政部堂宪作何办理。日来银根大紧，京师金融界顿觉为之恐慌"。④ 源丰润杭号"短少仅只十五万七千余金，所有藩司杭府两处官款，以英德赔款磅亏为最要，除存庄现银及确有抵解外，仅不敷三万余元"。⑤

源丰润是宁波巨商严信厚、严义彬父子经营多年的银号，向来以资本雄厚、信用卓著见称。当时源丰润"几与西号等"，实力"不在大清、交通

---

① 《致郑孝胥、印有模、高凤池》，《张元济全集》第 2 卷 "书信"，第 515 页。郑孝胥曾任商务印书馆董事长，印有模曾任商务印书馆总经理。

② 《山西票号史料》，第 430 页。

③ 《山西票号史料》，第 431 页。

④ 《都中钱商之恐慌》，天津《大公报》1910 年 10 月 13 日，第 5 版。

⑤ 《大银号搁浅之善后法》，《申报》1910 年 10 月 14 日，第 1 张第 4 版。

（银行）之下"。① 源丰润的倒闭，既有经营的问题，还与政治动荡、官场倾轧有关。上海道蔡乃煌骤向该号提取巨款，使钱庄一时不能周转，直接导致此结果。

> 今年六七月间，橡皮股票跌落，银根顿紧，上海市面为之恐慌，源丰润亦因之不能支持，其东翁直隶侯〔候〕补道严子均托和（荷）兰银行买办、江苏试用道虞洽卿为之担保，并以南京劝业场之地皮、股票等件作为抵押，向上海道蔡乃煌借款一百二十万，蔡以借公款放债坐收最优之回扣可以饱私囊，遂不问其地皮股票之价值如何以款贷之。近蔡因被参追缴公款，极力收复各处贷款，源丰润因迫于追缴周转不灵遂致倒闭。又一函云，上海源丰润倒闭之故，因已革上海道蔡乃煌骤向该号立提巨款，一时不能周转，致有此变。而蔡乃煌所以如此者，因以请拨款项之故为度支部奏参革职大为愤恨，故特为此举使市面摇动，以实其前致电部中维持市面之说。②

晚清由上海道台经手外放的上海海关库款通常有四五百万两。库款的外放仅限于两类庄号，一是源丰润附设的源通银号及与源丰润来往的大钱庄，占库款的十分之六；二是义善源附设的丰裕银号及与义善源来往的大钱庄，占库款的十分之四（这是偿还庚子赔款的财源，到期是要提还的）。历来上海道台在外放库款时向源丰润等有关庄号"稍分余润"，宦囊之肥久为官场注目。

1910 年 9 月沪关库款到期，需提取源丰润等庄号存银 190 万两以支付庚子赔款。度支部侍郎陈邦瑞与蔡乃煌素有嫌隙，便联合门生、江苏巡抚程德全参奏蔡氏"以市面恐慌为恫吓"而"不顾国际之交涉失败"。蔡氏虽有辩驳，但最终以失败收场。蔡乃煌不仅被立即革职，清廷还限令他在两个月内将所放款项如数收回。既遭革职复被训斥的蔡氏恼羞成怒，遂一举从源丰润

---

① 《交通银行史》第 1 卷，商务印书馆，2015，第 82 页。
② 《源丰润倒闭之原因》，天津《大公报》1910 年 10 月 15 日，第 5 版。

银号提回官款 200 万两。以此，源丰润银号应声而倒，9 家与其往来的钱庄、银号也随同倒闭。① 侍读学士恽毓鼎奏："近日源丰润、新泰等银号倒闭，牵动市面，闻初十日京城钱店骤倒二十余家，人心惶惶，不可终日。若不亟图补救，恐此风一传，相继者当不止此。可否请旨饬下度支部速发现银数十万两，交商会承领，设法维持市面，以安商业而定人心。"② 他说的就是这件事。

源丰润倒闭后，不仅与之往来的各地商号、钱庄、银行受到牵累而遭受损失，还波及大批企业。一时间，上海市面惨淡无光，哀声四起。两江总督将上海的金融风潮上奏朝廷，两度电请维持沪市办法："请饬度支部、邮传部各拨银二百万两，分交大清、交通二银行，会同沪道妥商办理。"但度支部的态度一如从前，邮传部亦以"臣部现无现款存库，兼以本年兴筑张绥开海吉长各路，成本浩繁"为由，予以拒绝。③

经 10 月源丰润事件冲击，1910 年上半年上海尚有 91 家钱庄，骤然减至 51 家。源丰润设在北京、天津、广州、杭州、宁波、厦门、福州等地的分号同时告歇，并引起各地金融波动。一些名门望族在这次金融动荡中遭遇灭顶之灾。1940 年代初，李叔同的盟兄袁希濂在《予与大师之关系》一文中说："一倒于义善源票号五十余万元，再倒于源丰润票号亦数十万元，几破产，而百万家资荡然无存矣。"④ 李叔同家族的衰落，也与这场风潮关系极大。

源丰润事件还不是这次金融风波的终结。1911 年 3 月 21 日，义善源又宣告破产，总负债达 1400 万两，设在全国各地的 24 家分号亦纷纷倒闭，与其往来关系密切的 36 家钱庄也受到了不同程度的牵累。

义善源由李经楚与苏州富豪席志前合伙在上海开设，李经楚是李鸿章之兄李瀚章 11 个儿子中家产最多的一个。义善源在南帮中虽创办较晚，但影

---

① 闵杰：《清末上海橡胶风潮述论》，叶显恩主编《清代区域社会经济研究》（上），第 138 页。

② 《银庄钱店倒闭多家请速拨现银维持市面片》，《恽毓鼎澄斋奏稿》，史晓风整理，浙江古籍出版社，2007，第 121～122 页。

③ 《邮传部札交通总银行函》（宣统二年十月初一日），交通银行档案，档号：398－3475，中国第二历史档案馆藏，转引自《交通银行史》第 1 卷，商务印书馆，2015，第 82 页。

④ 王慰曾：《浅析"桐达李家"的破产中落》，《天津市文史研究馆诗文选集》，天津市文史研究馆，2003，第 286 页。

响很大，在全国各地开设分号 20 余处，与其来往频繁、关系密切的钱庄有 36 家，尤以上海、香港、汕头、广州、北京、汉口、济南等处的经营为佳。其所设分号如江宁的定善源、芜湖的宝善长、南昌的裕恒长等，享有相当好的声誉。与其他票号一样，义善源的存款、放款、汇兑等业务以官府和绅宦富户为主要对象。义善源与上海道及江海关的关系比较密切，如光绪三十一年（1905）上海道署所解第一批庚子赔款 160 万两白银，基本通过义善源汇入列强在华银行。在北京，据光绪三十二年（1906）账册统计，义善源是南帮中唯一参与揽存户部等衙门款项的票号。光绪三十三年（1907），李经楚出任清政府邮传部右丞兼交通银行总理，义善源结交官府的条件更加优越。

义善源不但积极发展与官府的业务，也参与实业招股。1906 年，义善源在北京、天津、上海为南京金陵自来水有限公司招收股本；同年，为河南彰德广益纺纱有限公司在外埠代招股票；1910 年，在设立分号的城市为山东峄县中兴煤矿有限公司招收股金。此外，义善源还发行票券。据 1910 年统计，在诸票号发行银两票中，义善源属南帮票号中发行数额最多的一家。[①]

义善源的最终倒闭也与政治优势的丧失有关。交通银行隶属邮传部，李经楚为交通银行总办，故义善源常向交行通融款项借以支持。人事变动后，盛宣怀任邮传部尚书，欲揽交通银行之权，迫义善源交回借款。时人对此有详细的报道：

> 倒闭之远因，义善源为合肥李瀚章所开，资本殷实，素著信用。自去年源丰润倒闭，该埠金融紧急，义善源遂大受影响。外间已时有谣言，幸执事丁价侯竭力弥缝未被拖累，然移东补西左支右绌，已有岌岌不可终日之势。倒闭之近因，义善源内容既日渐空匮，然所赖以维持者有交通银行为之接济。此中经手人即为交通之总办义善源之主人李经楚是也（李经楚私移交通款弥补义善源亏空）李剜肉补疮本极竭蹶，邮尚盛杏荪复清查该银行出入款项，李不得已将义善源所借交通款悉数移

---

① 《交通银行史》第 1 卷，第 84 页。

往交通，诅盛一面清查，一面即将交通与义善源往来断绝，于是义善源遂失其周转之运用。

困境之下，李经楚曾求盛宣怀能念旧情网开一面："杏哥亦念昔日吾家文忠公相待之厚，以放松一步，俾李氏不致荡产倾家。幸甚！"然盛宣怀"闻言颔之，而用其极辣手段如故"。"二十日该号接山东来电，知有汇款五万两由交通银行划付，随即往领，诅该银行以义善源所欠既达一百七十万，且盛尚书正在严查，故将该款扣存不发。"[①] 义善源最终被抽走交通银行款项约170万两，遂于1911年3月倒歇。

1911年10月，源丰润、义善源倒闭的波澜刚刚有所平息，武昌起义的消息传来，作为全国经济、金融中心的上海又出现震荡。市面上谣言蜂起，各种商业顿形停滞，银根再次骤紧，上海钱庄又成批停业。存户为躲避风险，纷纷向钱庄提取存款。受到恐慌提存冲击，从10月10日到20日，承大、志大、端大、余大（合称"四大"，为著名商人叶澄衷、德华银行买办许春荣合股开设）和衍庆、晋和、敦和、慎德、升大、大庆等汇划钱庄宣告停业。到1912年初，上海钱庄便只存28家了。[②]

表1-4　1904~1911上海钱庄歇业状况

单位：家

年份	北市	南市	共计
1904	4	1	5
1905	3	1	4
1906	5	4	9
1907	13	3	16
1908	5	4	9
1909	11	16	27
1910	8	8	16
1911	38	4	42

资料来源：中国人民银行上海市分行编《上海钱庄史料》，上海人民出版社，1960，第94页。

---

① 《上海义善源倒闭之详情》，天津《大公报》1911年4月9日，第5版。

② 洪葭管：《20世纪的上海金融》，上海人民出版社，2004，第62、63页。

如表1-5所示，在此次金融风潮中，山西票号不再像1883年那样可以独善其身，在1910年前后尤其是1911年后多家闭歇清理。

表1-5　1904~1921票号歇业号名一览

年份	票号家数	歇业	
		歇业号名	歇业家数
1904	26	（平）协和信、乾盛亨	2
1905	27	（平）永泰裕	1
1908	25	（祁）长盛川、（南）晋益升	2
1910	25	（南）源丰润	1
1911	24	（南）义善源	1
1912	24	（南）源丰润公记、（平）其昌德	2
1913	20	（平）协同庆、（太）协成乾、大德川、（太原）义成谦	4
1914	17	（祁）合盛元、（太）大德玉、（太）志成信	3
1916	13	（平）蔚盛长、（祁）存义公、（南）天顺祥	3
1917	12	（太）锦生润	1
1918	10	（平）百川通	1
1920	9	（平）蔚长厚	1
1921	5	（平）蔚泰厚、新泰厚、宝丰隆、（太）世义信	4

资料来源：《山西票号史料》，第467、549页。

与1883年上海钱庄倒账风潮主要限于钱庄不同，1911年橡胶股票风潮连带政局动荡的影响，波及范围非常大，京师社会、金融市面充满混乱恐慌。1911年10月24日，袁世凯政治顾问莫理循（George Morrison）在给友人的函电中描绘了当时的混乱图景。

　　财政恐慌就要在北京发生了。国库贮备的白银不足一百万两，可以肯定，它无力支付官员的俸禄。而失信又会加深财政恐慌。消息灵通的汉人、满人已经离开北京。汉人害怕满人报复大批出走或将他们的家眷送走。满人出走是因为害怕将来的下场。各种财宝从北京运往安全的地方，如天津、上海的外国租界，更珍贵的则运往奉天，人们相信那里在日本人的保护下可保安全。

……

摄政王、庆亲王、那桐和旁人大量提款使政府银行处境困难。庆亲王从大清银行提款二十五万两白银直接导致了我在 15 日电讯中所报导的危机。由于东方汇理银行以为期六月利息七厘向大清银行贷款一百万两，恐慌稍微平息。目前户部正努力从四国银行（法国东方汇理银行、德华银行、美国财团、汇丰银行）得到一千二百万两为期一年的贷款。……皇室丝毫无意要动用其积累起的价值达一千多万英镑的财富（在 1900 年就达九百万英镑以上，从那以后，特别是前几天，又大大增加了），这时朝廷也预见到不得不离开北京的可能性。①

橡胶股票风潮造成巨大心理冲击，1910 年梁启超忧心地写道："陈逸卿之事发于上海，其影响波及长江沿岸诸市。又未几而加以源丰润之事，影响遂波及于全国。今既已举国惴惴，儌然不可终日矣，然岂止于此而已，窃恐自今以往，此等风波之继踵而起者，且未知所终极。吾一念及此，不寒而栗焉。"②

这次风潮造成的心理创伤，使金融从业者很长时间还不忘惨痛教训。虞洽卿创办证券物品交易所时，就有人提醒他"证券交易，虽无本万利，但风险极大，弄不好会身败名裂"，举的例子便是橡胶股票风潮。③ 1921年，上海信交业一度畸形发展，投机者趋之若鹜，钱业方面一直小心翼翼，与之保持距离。钱庄经理人秦润卿总结道："幸当时钱业主持者，老成持重，鉴于橡皮股票殷鉴不远，避之若浼，得免牵累，是又不幸中之大幸也。"④

---

① 骆惠敏编《清末民初政情内幕——〈泰晤士报〉驻北京记者、袁世凯政治顾问乔·尼·莫理循书信集（1895~1912）》，刘桂梁等译，知识出版社，1986，第 764~765 页。

② 《中国最近市面恐慌之原因》（1910），《梁启超全集》第 8 卷，第 2284 页。

③ 楼鹏飞、方印华：《纪实虞洽卿》，宁波出版社，2014，第 37 页。

④ 《上海钱庄史料》，第 119 页。

第三节　市场投机与经济泡沫

晚清这三十年（1880～1910）爆发两次如此大规模的金融破产风潮，原因何在？此前已有学者以金融风潮为研究对象，从宏观上对社会经济、政治状况做了系统论述；也有学者就钱庄业、票号业的整体性衰亡做了主观、客观方面的诠释。[①] 这些阐释无疑有助于加深对风潮起源的理解。事实上，除了上述原因，导致钱庄、票号两次破产风潮的直接原因还在于过度的市场投机。

商业投机自古有之，近代以来，随着列强的进入，赚取暴利的投机模式也如影随形进入中国。1860 年代以后，中国沿海商人和西方商人大多进行丝茶投机。1869 年英国驻上海领事麦华陀（Walter Medhurst）报告："本国市场对每季最初运到的丝茶所付异乎寻常的价格，对诱发这里不顾一切的投机精神自然有影响，首批到达的产品投放市场时……造成了价格上涨。"同时，"大量的供应货物""赶紧运往"英国市场，"没有几个月，就存货过多，以至在这一年剩下的时间内再也恢复不过来"，其结果显然是"大批投机者毋容置疑地亏本了"。[②] 在 1883 年倒账风潮中，胡光墉的破产虽有政治等若干因素，但不可否认投机生丝贸易是导致其最终破产的直接原因。胡光墉在 1860 年代初投机大米生意而获利，1880 年代初又专注于生丝投机。1881 年 6 月买进 3000 包生丝，1882 年 5 月存货增至 8000 包，10 月达 14000 包，这自然会抬高上海的丝价。到 1882 年 9 月底，上海一级生丝的价格已高涨至每包 17 先令 4 便士，而在伦敦仅值 16 先令 3 便士。然而进入 1883 年，意大利生丝产量逐渐恢复并开始回升。西方商人意识到胡光墉迟早要出售存货，便停止按现价买进。1883 年 11 月，胡光墉不得已开始抛售囤积的生丝。史料记载："频年外洋丝市不振，光墉虽多智，在同、光时代，世界

[①]　郑亦芳：《上海钱庄（1843～1937）——中国传统金融业的蜕变》，台北，中研院，1981；
　　　李永福：《山西票号研究》，博士学位论文，华东师范大学，2004。

[②]　郝延平：《中国近代商业革命》，第 335 页。

交通未若今便，不通译者每昧外情，且海陆运输利权久失，彼能来我不能往，财货山积，一有朽腐，尽丧其赀（资），于是不得已而贱售，西语谓之拍卖，遂露窘状。"① 12 月 5 日，声名卓著的阜康银号受累倒闭，"红顶商人"胡光墉破产。

徐润是晚清著名买办。从 1861 年到 1867 年充当英国主要代理行宝顺洋行的买办，1870 年代以后投资并经营商业、工业保险业等各种企业，范围涉及钱庄、房地产、茶叶、生丝、棉布等。他将主要资金投于上海租界的房地产。1883 年初，其所购土地累计达 2900 亩，另有已建房产 320 亩。② 为了在房地产方面快速扩张，徐润利用个人信用和资产抵押频频向钱庄举债借贷。1883 年上海房地产市场动荡，严重依赖融资渠道实行"滚动开发"的徐润注定在劫难逃。11 月，他在金融上崩溃了。在陷于困境的钱庄主的压力下，徐润交出了他的全部房地产（原价 220 万两）和企业与当铺的全部股票（约为价 982530 两），用以偿付总额达 250 万两的债务。③ 大商家的破产直接导致金融动荡，与其有业务往来的钱庄或附属于商号的钱庄，因银根紧缩引起倒账进而倒闭。

最无所顾忌的投机活动莫过于对新发行股票的投机。股票和房地产是泡沫经济的主要载体。④ 晚清中国引入西方股份制的同时，在 1880 年代掀起了空前的购买股票风潮。受轮船招商局和开平煤矿筹股开办成功的鼓舞，1880 年代初，许多省份试图通过发行股票来建立合股矿业公司。到 1882 年，至少有 14 家这样的新企业成立。许多个体商人和钱庄也做这些股票的投机交易。当时《申报》报道：

> 自招商局创办股分（份）以来，风气竟至大开，凡属公司自刊发章程设局招股之后，不须一两月而股分（份）全行卖完，亦可见人情之善变，而中国富强之效殆即基此矣。……真买股者少而非真买股者多，此大弊也。

---

① 刘体仁：《异辞录》，张固宁点校，山西古籍出版社，1996，第 85 页。
② 徐润：《徐愚斋自叙年谱》，第 68 页。
③ 郝延平：《中国近代商业革命》，第 370 页。
④ 徐滇庆等：《泡沫经济与金融危机》，中国人民大学出版社，2000，第 12 页。

通计内地官商家有余资，可以出而附股历十年二十年而不动者，偻指可数。平常股户盈绌无定，无此耐久之气象也。试思各公司、各矿局每创一处，其纠资必在二十万至四十万，少亦十万，今乃不下三四十万，而谓凡是股票必有人买，凡卖股票数日即完。……然则股分（份）虽易招集，而其实十之八九皆非真欲买股之人也，非真欲分该公司该矿之利也。……股愈卖而愈易，价亦愈涨落而不定，而股分（份）从此大坏，市面亦从此大衰。①

表1-6为1882年9月几家企业的股票价格情况。

表1-6　1882年9月26日企业股票市场价格

单位：两

公　　司	票面额	市场价格
轮船招商局	100	253
上海机器织布局	100	110
开平矿务局	100	216.5
湖北长乐铜矿	100	168
热河平泉铜矿	105	256
湖北鹤峰铜矿	100	155

资料来源：张国辉《洋务运动与中国近代企业》，中国社会科学出版社，1979，第300~301页。

人们疯狂地购买股票导致股票价格暴涨，但许多新企业并未成立起来。1883年下半年股票价格开始暴跌，许多钱庄蒙受重大损失。1883年10月18日的《字林沪报》评论道，导致如此众多的钱庄破产，并非完全由于个人存户提款太多，"盖尝访诸阛阓中人，究其所以然之故，莫不曰为去岁以来各项股分（份）票涨落不定因而受亏者多也"。② 怡和洋行在上海的股东威廉·帕特森（William Patterson）10月10日写道："已有几家钱庄破产，并且有可能继续增加。这大多是由于中国公司的股票投机所造成。"③

---

① 《论买卖股票之弊》，《申报》1883年11月1日，第1张第1版。
② 《论市面倒盘之多》，《字林沪报》1883年10月18日，第1版。
③ 致 J. B. 欧文，1883年10月10日，怡和档案，转引自郝延平《中国近代商业革命》，第365页。

到 1884 年，股价跌至最低点，开平煤矿股票跌至每股 29 两，招商局股票跌至每股 34 两。[①] 与 1882 年 9 月的价格相比，这两种股票平均降低了 87%。[②] 风潮过后，一份评论这样写道：

> 自去岁矿务及各公司大兴广招股分（份），忽然搁起银数百万两，而支绌情形乃昭然显露矣。当各矿举办之初，不过暂借富商之力，众擎易举，原期大有利于国家；不谓市廛奸侩特开售卖股票之风，以致举国若狂，纳股者非富家藏窖之银，乃市肆流通之宝，而害遂不可胜言矣。倘使如初办时章程，不论官商愿入股者，仅取常年官利及分派彩结花红，则入股之人必自付此项银两实为有余，本是存款不过移东就西，并非左支右绌，方肯纳股，如此之股虽集千万，于市面何害乎。乃今所收股银，大抵钱庄汇划之银，平时存放与人，有收回之日，一入各公司股分（份），永无可提之日矣。初时争先恐后、贪得无厌者，原冀得股之后，股票骤涨，即行出脱，岂知未能大涨，而人心不足，稍有盈余，必图大获，乃久之而盈余且不可得矣，又久之而如本以售亦无人问矣。将左支右绌、东移西撮之银，以易此无用纸券，一旦债主催逼，无地容身，为伙者亏空店本，为东者累及他人，倒闭纷纷，逋逃累累，而市面不可问矣。因是九月底期银，银号、钱庄一律催收，急如星火，以致沪上商局大震，凡往来庄款者皆岌岌可危，虽有物可抵，有本可偿，而提现不能，钱庄之逼一如倒账……[③]

可见，疯狂的股票投机使"巨额资金从商品流通领域转入生产领域，使正常的商品流通受阻"，[④] 这就是 1883 年金融风潮的实质。

1910 年爆发的橡胶股票风潮则是因上海钱庄参与国际橡胶股票投机活

---

① 徐润：《徐愚斋自叙年谱》，第 164 页。
② 郝延平：《中国近代商业革命》，第 368 页。
③ 《论市面之败宜官为维持》，《字林沪报》1883 年 11 月 1 日，第 1 版。
④ 杜恂诚：《民族资本主义与旧中国政府（1840～1937）》，上海社会科学院出版社，1991，第 27 页。

动失败而引起的一场波及全国的金融恐慌。可以说，橡胶股票风潮和随后的倒账风潮是国际性投机活动与钱庄内部的投机性、经营机制不当等多种原因交相作用的结果。梁启超总结道："夫投机事业，最足以扰乱市场，虽生计社会极稳健之国，犹且病之，况我中国股份懋迁公司制度，尚未颁定，无所以防其弊。而我之投机者，乃以其暗昧之眼光，以欲与至敏猾之外人竞，安所往而不败？此次恐慌，缘橡皮公司投机倒产而发端，尚不过小惩大戒而已。"[1] 上海商务总会议董贝润生分析道："上海市面之坏，实坏于橡皮股票，总计其数约有数千万金。其股票之在华人手中者，约占十之七八。此十之七八之股票，当购入时，其代价大率向庄家挪移，一朝亏损，遂至无可弥补，此一原因也。正元等三庄倒闭，洋商票款，业已借债归偿，而华商所执之票，因债款未办，分文无着，以致演此恐慌，此二原因也。"[2]

投机的另一面是钱业本身的投机心理与投机行为。钱庄的投机性经营术可归纳为两个方面。一方面，在出于满足实际需求的银元买卖中，利用"洋厘"等兑换比价的季节性波动，囤积货币以操纵行市，投机牟利。钱庄以提供工商业流动资金为主要业务，而中国近代工商业是以农副产品加工和土产、原料出口为主的，受农业生产季节的影响，由此工商业流动资金的需求表现出明显的季节性。一般商业在春、夏两季为营业淡季，需款不多，入秋为购销两旺之季，需款较多，冬至年底商家互相结账，需款最多。有些投机钱商在银元需要骤增时囤积银元，故意加剧银根紧缺程度，操纵洋厘上涨超出正常比价，然后抛售牟取暴利。有的钱庄通过囤积银两，人为抬高银拆利息，进行投机牟利。

另一方面，买空卖空，即买卖双方不是出于满足金融市场对货币的实际需求，而是根据各自对日后货币兑换比价涨落的相反估计而进行的货币买卖。双方只是根据估价与日后行市的正误收取相应的差价，所以是一种赌博性的投机活动。买进不是为了日常消费或生产投入，目的就是再卖出，在买卖之中牟取利润。另外，几乎所有的钱庄主都接受中国股票作押，放出贷

---

① 《中国最近市面恐慌之原因》（1910），《梁启超全集》第 8 卷，第 2284 页。
② 《总商会集议挽救市面事补录》，《时报》1910 年 10 月 12 日，第 4 版。

款，而这些股票在市场上大部分贬值。英国驻上海领事 1883 年在贸易报告中写道："（钱庄）放出以本地矿业或其他公司股票作抵押的大量贷款，这些公司大部分还处在初创阶段，钱庄主为证券贬值所困扰。因这些建设项目失败而引起信誉缺乏，是下半年度金融市场银根紧缩的一个原因。"[①] 钱业的投机行为与投机心理也反映了钱业经营者原始的经营理念。他们专注于投机倒把生意，只注重眼前利益，对钱业的发展缺乏长远的眼光与规划。

钱庄参与商业投机和股票投机，加上钱业投机，结果必然是"泡沫式繁荣"的形成及"繁荣"过后的泡沫破裂。正如梁启超所言："现在各通商口岸号称大行号者，十九皆无实本，而惟仰银号、钱庄之把注。银号、钱庄亦十九无实本，而全赖滥发庄票之弥缝。全国之生计社会，如累层楼而无其基，无日不可以坍塌，故虽及微之风波，亦受不起也。"[②] 肆无忌惮的经济投机最容易产生泡沫效应。著名经济学家、前美国经济学会会长金德尔伯格将泡沫经济定义为：

> 泡沫状态这个名词，随便一点儿说，就是一种或一系列资产在一个连续过程中陡然涨价，开始的价格上升会使人们产生还要涨价的预期，于是又吸引了新的买主——这些人一般只是想通过买卖牟取利润，而对这些资产本身的使用和产生盈利的能力是不感兴趣的。随着涨价常常是预期的逆转，接着就是价格暴跌，最后以金融危机告终。通常"繁荣"的时间要比泡沫状态长些，价格、生产和利润的上升也比较温和一些。以后也许接着就是以暴跌（或恐慌）形式出现的危机，或者以繁荣的逐渐消退告终而不发生危机。[③]

中国的经济学家也认为，泡沫经济专指那些由于经济投机活动而导致市场价格大起大落的现象。[④] 1636 年荷兰的郁金香泡沫、1719～1720 年巴

---

① 郝延平：《中国近代商业革命》，第 368 页。
② 《中国最近市面恐慌之原因》（1910），《梁启超全集》第 8 卷，第 2284 页。
③ 徐滇庆等：《泡沫经济与金融危机》，第 2 页。
④ 徐滇庆等：《泡沫经济与金融危机》，第 3 页。

黎的密西西比股市泡沫和 1720 年伦敦的南海股市泡沫，是世界近代史举世共知的几次泡沫危机。中国晚清的两次金融破产高潮与它们有很大的相似性，都是由于投机炒作产生泡沫繁荣，最终由泡沫破裂而导致破产恐慌。

第四节　晚清政府的危机应对

严重的金融风潮直接造成大批经营主体破产，给社会经济生活带来冲击。面对社会经济的崩坏局面，清政府确实如大多数研究者所说，常常表现得束手无策，其不当行为甚至加剧了危机，即使制定了一些政策法令，推行了部分经济改革，也是内外相逼的结果。不过，客观而言，清政府也不是完全没有履行政府职能，起码在危机的最终收束阶段，政府通过介入企业破产处理，设法维持金融秩序，在一定程度上发挥了政府效能。从某种意义上来说，近代中国的企业破产机制，正是中国由传统走向现代这一历史转型时期诸多经济制度中的一种。它以保护债权人利益为原则，对企业资产结构进行强制性清理，是现代企业制度运作中不可或缺的必要组成部分。通过清理，有的企业被淘汰而实体消亡，有的企业则实现产权重组得以起死回生。因此，规范化的破产清理不仅有利于维护债权人的利益，使债务得到清偿，债权得以保障，而且有利于维护债务人的权利与安全。危机处理尽管只是亡羊补牢，但当年能够承担这一责任的，也只有清政府。

应急举债、维持稳定

在 1883 年上海钱庄倒账风潮和 1910 年橡胶股票风潮中，大批钱庄、票号纷纷破产倒闭，构成清末民初两次危害极深、波及面甚广的传统金融破产高潮。面对严重的破产与动荡的金融局面，晚清政府首先采取应急举措，通过发布告示、举借外款、融通国内资金，使动荡的金融局面得以缓和，趋于稳定。

1883 年 1 月 12 日，上海金嘉记源号丝栈突然倒闭，揭开了上海钱庄倒账风潮的序幕。到 2 月 11 日春节后钱庄开市时，上海 99 家钱庄有 44 家停业。针对此种情形，上海道台邵友濂立即发布告示："银货往来，全凭信义，诈倒取财，大干法纪。自示之后，凡已倒者，务将欠款赶紧全数还清，不准折减图让；其安分贸易者，不得饰辞亏本，有心干没，倘敢执迷不悟，仍蹈前辙，则国法森严，断难曲贷，身临三尺，虽悔已迟，勿谓言之不预也。其各凛遵，毋违特示。"① 以此警示众人，安定人心。

1910年橡胶股票危机引起上海正元、兆康、谦余三家钱庄同时倒账歇业，"债务纠葛，沪局岌岌"。两江总督张人骏即据实上奏："上海于是月十五十六日，连倒大钱庄三家，亏欠中外公私款项数百万，市面大震。各国商人所设银行，因不信中国之钱庄，欲将所放之款收回，市情尤汹惧。"他"饬上海道将善后事宜悉心筹画，慎防流弊"，并"卒由江海关道代各钱庄向各国银行借银350万两，以资周转"。② 最后由上海道蔡乃煌出面商借汇丰、麦加利、德华、道胜、正金、东方汇理、花旗、荷兰、华比各外资银行款项350万两，以救济钱庄，稳定上海市面。③

1910年10月8日，总号设在上海、全国各地设有17处分号的源丰润宣告倒闭，亏空公私款项2000万两之巨，设在北京、天津、广州、杭州、宁波、厦门、福州等地的分号同时告歇。上海市面为之一紧，上海钱庄由上半年的91家骤然减至51家。

上海商务总会急邀各业领袖召开特别大会，商讨救援办法。钱业董事、商会议董林莲荪认为："现在市面已处于至危极险地步，全国皆被影响，……目下治标办法，唯有急电枢府、商部、度支部、江督、苏抚代奏，请饬大清、交通两银行迅速筹款五百万，发交商会救济市面；一面妥筹押款办法，除地产外，如有华商公司妥当之股票，亦准抵押，借救眉急。"会上众董"皆以为市面已臻绝地，万不及标本兼治"，最后议定按照林莲荪提出的"治标"办法，分电军机处、度支部、农工商部、两江总督、江苏巡抚，言

① 郭孝先：《上海的钱庄》，《上海市通志馆期刊》第3期，1933年，第806页。
② 《谕饬江苏江海关道维持上海市面》，《东方杂志》第7卷第7期，1910年7月25日，第96~97页。
③ 《江苏苏松太道蔡乃煌革职余闻》，《东方杂志》第7卷第10期，1910年10月25日，第80~81页。

明"沪市日来庄汇不通，竟如罢市，上海工厂数十家，工人二三十万人，一经停工，于商业治安，均有关系，事机危迫"，要求迅速拨款维持上海市面。[①] 政府据以上闻即下旨，由张人骏、程德全查明情形，设法维持。[②]

张人骏奉旨后，"亲至上海，与中外官商筹议挽救之策，旋议定借洋款200万两，由各业商以产物作抵，借资周转。又由度支部电令大清银行解银百万两至上海"。[③] 张连日接晤官商，察访情形，"并经英领袖总领事、德领事官暨英商汇丰银行总理、怡和总理来辕商论，均以规复华商与洋商交易信用，以期流通市面为要著"。通过实地了解情形，张人骏判断："上海商务，华洋流转，向以拆票庄票为凭，至华商庄号汇划办法，亟应设法挽回，以资补救商市机关。钱庄、银行实系各业交往之枢纽，自应先就银钱各庄号，严密取缔，务使底蕴秩序，明白了当，维持方有把握。"他据此参酌众议拟定管理钱业条规，并责成上海道及商务总会、南北市钱业董事迅速妥筹办理。[④] 农工商部计划指示大清银行贷款300万两，交通银行贷款200万两，作为救济上海市面之用；度支部决定奏请朝廷拨款救济。[⑤] 度支部还电令大清银行解银百万两，"交沪房商会以利周转，并令呈交切实押据，约定分期归还"。[⑥] 上海危急，京师市面亦极端紧张。邮传部命令铁路总局从京奉铁路拨款30万两作为救济，度支部尚书镇国公载泽也投放70万两用来维持市面。

1911年3月21日，义善源宣告破产，总负债达1400万两，设在全国各地的24家分号亦纷纷倒闭，与其业务往来密切的36家钱庄受到不同程度的牵累。上海市面再次紧张。上海道刘燕翼与商务总会总协理、各议董及钱业

---

① 《总商会集议挽救市面事补录》，《时报》1910年10月12日，第4版。

② 《谕令两江总督江苏巡抚维持上海市面》，《东方杂志》第7卷第10期，1910年10月25日，第130页。

③ 《谕令两江总督江苏巡抚维持上海市面》，《东方杂志》第7卷第10期，1910年10月25日，第130页。

④ 《谕令两江总督江苏巡抚维持上海市面》，《东方杂志》第7卷第10期，1910年10月25日，第136页。

⑤ 《山西票号史料》，第433页。

⑥ 《民政部尚书善耆、步军统领衙门左侍郎乌珍等为会陈源丰润倒闭安定市面的奏折》（宣统二年九月十三日），民政部档案，档号：1509-376，中国第一历史档案馆藏。

董事等在洋务局商议维持金融事宜。各议董"以市面现洋甚缺，查金陵造币厂有新铸一两重之国币一百万元，即日运至沪上，存储通商银行。随后尚有三百万元陆续运来。因请观察与通商银行切实商量，即将此款流通市面，则大局必可平稳。观察允之。惟须先与江督及该银行酌妥协再行宣示。此说果行，洋厘必将跌落，市面可望大转机也"。①针对上海银洋拆日见增高的情况，上海道刘燕翼指出，"私抬洋拆，最与市面大局有碍，恐奸商故意垄断"，于是"除饬县廨密查严禁外，并又移请商会谕饬钱业各商，勿将洋拆再行高抬，以维市面"。②山东巡抚孙宝琦针对由山东分号被累倒账而引起的市面恐慌，"严饬司道一面出示晓谕，一面拨济公款，并电请度支部及直隶督臣拨运银元铜元以资接济，又饬藩运两库及各州县收发官款一律搭用官银号银钱票"，经多方维持，"现在人心安贴，风潮渐息，市面安静如常"。③

综上可见，与1883年上海钱庄倒账风潮的危机程度相比，1910年橡胶股票风潮有过之而无不及，但在地方政府牵头、中央政府支持、各地商会予以配合的有效作用下，危害得到一定程度的遏制，减少了危机对社会和金融秩序的破坏。

主持清理、查账追账

在应急调控的同时，政府权力还渗透到具体破产案件的清理过程。地方政府切实主持破产清理工作，查封倒闭的钱庄票号，帮助债权人查账追账，保障债权、保护债务，履行了地方政府直接参与地方事务管理的社会职能。

在1883年上海钱庄倒账风潮中，泰来钱庄是首批倒闭的钱庄之一。泰来钱庄倒闭后，蔚长厚等票号具控英会审公廨，上海道邵友濂立即札饬陈太守派差协捕在提执事人谢松亭，并对该庄人欠与欠人之银进行查究。"兹闻金州矿务局及山东赈济局亦有银两存在泰来庄，由该局盛总办查得所存银洋

---

① 《四纪本埠惊闻鄂乱情形》，《申报》1911年10月16日，第1张第5版。
② 《鄂乱影响》，《申报》1911年10月16日，第2张第2版。
③ 《又奏维持官银号银片》，《政治官报》第1246号，1911年4月21日，第416页。

无几，阅帐箱内之帐簿，知该庄被人欠银三万余两。当将各户名抄录，即行将银洋、帐箱交与寿康钱庄中之钱业董事屠姓收存，再行禀请海关道邵观察究追，并呈该庄被人所欠银两之各花名单，请为按户查究。邵观察查得该庄倒欠先经蔚长厚等具控在英公堂，为特札饬陈太守府追该局之银，并发该庄被人所欠银两之花名单，着即查核究追，太守奉札立即再行添差赶紧缉拿谢松亭到案严追，一面查究该庄被人所欠银两是否属实核夺办理。"①

京师阜康票号倒闭后，"凡富室巨商存有钱店票庄银钞钱帖者一闻是信，大为恐怖，各持帖钞分往店庄取银，以致都中各钱业皆有岌岌乎不可终日之势，市面为之大紧"。顺天府尹"饬令清理公私款项并据掌柜人汪惟贤自行投到顺天府并亦附片陈明在案，查该号经手款项繁多，会同饬令，迅速信致号东，在籍在京赶紧筹措，以清帐目，为此出示晓谕以重款项而安人心"。②

1910 年 7 月，从事橡胶股票投机的正元、谦余、兆康三庄倒闭后，上海道蔡乃煌立饬公共公廨派差协探，将该三庄账据及正元正副经理何兆政、陆宝润带至捕房进行严讯。其中兆康庄股东唐寿江在倒闭后即入西洋籍，"希图寄顿顽抗"。上海道"除由各债户邀同众商诘问葡领外，并乞迅饬将其上海、汉口产业及广东原籍祠堂家产一并发封备抵，以儆刁顽而安商业等情。……请旨将三品衔候选道唐寿江先行革职，一面由人骏分咨鄂、粤将汉口产业并原籍香山县唐家村唐寿江名下财产本房祠堂一体查封备抵，仍咨行通缉解沪归案究追"。③ 义善源受累倒闭后，上海道"即以电话饬令上海县田春霆大令公廨宝子观诚员请查钱庄案，特派员关烔［绚］之太守赶速往该号调查账略，并将所有现款送交，商会以便清理各债"。④ 京号由邮传部派员查封。

汉口义善源钱庄倒闭后，由度支部电咨鄂督饬夏口厅将庆余公司产业查封备抵亏倒部款。⑤ 受京沪义善源倒闭之影响，济南分号衡丰号几乎同时歇

① 《钱庄倒闭续述》，《申报》1883 年 10 月 18 日，第 1 张第 3 版。
② 《巨庄亏闭续闻》，《申报》1883 年 12 月 26 日，第 1 张第 2 版。
③ 《宁藩司樊（增祥）奉苏抚院札准督部堂咨电奏上海兆康钱庄股东唐寿江亏倒巨款请转通缉恭录谕旨文》，《南洋官报》第 126 期，1910 年，第 31～32 页。
④ 《上海义善源倒闭之详情》，天津《大公报》1911 年 4 月 9 日，第 1 张第 5 版。
⑤ 《山西票号史料》，第 451 页。

业，"计亏欠藩库已汇未解洋款、兵饷 42 万余两，运库 62 万两有奇，为数颇巨"。山东巡抚孙宝琦"派委道员潘盛年押同该号执事人张相甫赴沪质对清理，并饬该司等派员将该商号在东之房屋、器具、账籍及铺伙人等分别看管，查封备抵。一面将洋款、兵饷择要设法筹解，以免误限"。①

日升昌倒闭的消息传出后，司法部电兹山西按察使和山西高等审判厅，转饬平遥县知事，将日升昌资本家李五典、李五峰扣留，并派警将资本家本籍达蒲村不动产和日升昌总号财物看管。司法部又责成山西高等审判厅草拟日升昌破产处理办法，并经部核示，确定以日升昌总号所在地平遥县为宣告破产和执行地，由平遥县知事办理。按照破产通则，所有破产之宣告、管财人之选定、破产人财产之调查、债权之扣押、债权人声明、债权人通告等程序，均应由各该地方先行办理，以期迅速，并将债权调查清楚，移送平遥县以便统一办理。

商事立法、规范破产

晚清政府也试图通过商事立法，使破产清理制度化、规范化，以规避破产风险，维护债权、债务。

1883 年上海道台邵友濂发布告示，提出一些处理破产倒账的条例。如比照京城办法处罚破产后闭门逃债者，"京城钱铺藏匿现银，闭门逃走，立拿监禁，家产查封，仍照诓骗财物律计赃、准窃盗论罪，120 两以上充军，1000 两以上发黑龙江安置当差，1 万两以上拟绞监候，均勒限追赔，不完治罪。各业如有仿此者，比照京城钱铺办理"。并进一步告示天下，对待倒歇者，"除札饬县委各员，实力查追，照例治罪外，合行剀切示禁"。② 这是比较原始的民间惩办破产的条例。

1910 年两江总督拟定《管理钱业条规十二条》，对处理破产和规避破产做了进一步规定，但仍然没有形成严格意义上的法律，仅局限于条文规则。具体内容如下：

---

① 《山东巡抚孙宝琦奏请饬严追义善源号东将已汇未解各款迅筹拨抵等片》，《政治官报》第 1246 号，1911 年 3 月 23 日，第 415～416 页。
② 郭孝先：《上海的钱庄》，《上海市通志馆期刊》第 3 期，1933 年，第 806 页。

（1）责成上海道督同商会暨钱业董事，清查各钱庄资本及东主身家（其殷实者维持之，亏倒者即着破产，架空倒避者拿追严办，有保者严追保人）。

（2）庄号管事不准开设另店，并私挪资本作生意。

（3）庄号管事保家，应由各东主呈明上海道存案以凭责成取缔。

（4）钱庄等差应行严定，至少须若干万资本，始准列为末等钱庄。等而上之，亦以资本之多少为定。交易开盘，各有限制，不准逾越，滥放滥揭，分别注册存案，列表榜示周知。

（5）钱庄票主，除有现钱若干始准开设外，其所有产业并应报明存案。

（6）各庄分设支店，不准改易字号，只准其于本庄字号下加以某记，以别于本庄。

（7）卖空买空，最是败坏市面，本干例禁，以后如再违犯，即照例治罪。

（8）详订各庄号管事责任并违犯罪名。

（9）有开张钱业庄号，应由商会暨钱业董事，指定某某家殷实旧号向其揭款（照所禀资本若干，依等次分别办理），停其流通能支持一个月者，方准归行注册。

（10）换票流弊甚多，应严禁。

（11）钱业庄号应连环互保。

（12）实业商厂与庄号往来款项最大，利害相切，并应责成上海道督同商会及各业代表，调查各实业资本、器物及东主身家并所用工伙若干人，报官存案。如借款浮于资本或托名另营别业，即行查究。①

随着晚清立法高潮的到来，清政府针对具体商事运作制定了一些经济法规，出台了一系列商事专门立法，在激励投资和创新的同时，试图用法规来规范市场和企业行为。《商人通例》《公司律》《破产律》是其中最主要的。

---

① 《江督取缔银钱各庄号条规》，《申报》1910年10月22日，第1张第4～5版。

《商人通例》要求商人必须有规范的簿记制度。《公司律》对商人和股东的权利做了详细的规定，基本是近代企业制度的搬用。《破产律》是中国历史上第一部专门的破产法规，北洋政府与国民政府的《破产法草案》《破产法》都以其为蓝本。

1906 年由清政府起草的《破产律》分为实体法、程序法和罚则三编，共 337 条，分呈报破产、选举董事、债主会议、清算账目、处分财产、有心倒骗、清偿展限、呈请销案等项，详细规定了处理破产的办法，程序自始至终由地方官主持，商会协助。该律不仅用于处置商人破产事件，还处置普通民人的破产事宜，部分行使了民法的功能。该律第 40 条规定债权人按其债权额平等受偿，符合现代破产法对所有债权人一律公平的原则。但是该规定一反以往的清偿程序（即先清偿外国人债款，其次是官府的债款，然后才是让中国商人平均受偿），得罪了户部，户部强烈反对。最终于 1908 年 11 月被明令废除，成为一部短命的破产法。《破产律》虽然仅存一年有余，没有起到应有的施行效果，但对政府和经济界人士启发很大。①

日升昌的规范清理与《破产律》有相当关联。当时负责主持日升昌清理工作的京师高级审判厅虑及没有破产法可依，司法部遂责成山西高等审判厅草拟日升昌破产处理办法，后来又依清理情况制定复业清理条件等，这些都援引了《破产律》。清理义善源开封分号时，河南巡抚宝棻在奏请严追欠款的奏折中说道："岂能任听日久悬宕，商律破产具有专条，李经楚世受。"② 这说明政府官员对规范破产的必要性已有所认识。

可以说，1883 年上海钱庄倒账风潮期间的破产处理是按照破产习惯法进行的，1910 年橡皮股票风潮中的破产清理并没有因为专门破产立法的出现有大的改观。在晚清企业破产机制运作中，还是习惯法起着主要的法律规范作用。在民法典付缺、民事基本法存在"自始的缺陷"的历史条件

① 张世慧、史慧佳：《辛亥鼎革与商事审判：1912 年上海纯泰钱庄破产案》，《近代史研究》2020 年第 1 期。

② 《河南巡抚宝棻奏义善源票号倒闭请严追欠款片》，《政治官报》第 1314 号，1911 年 6 月 28 日，第 55 页。

下，习惯法作为惯行于社会生活中的一种行为规范，被认可为法的规范而得以强制实行。[1] 但是，晚清政府《破产律》的破题之功毕竟还是应该看到。

不难看出，在处理破产、维持市场时，中央政府与地方政府各施其政，体现了一定的职能分工。中央政府主要进行宏观调控，地方政府负责具体事务管理与监督。同时，地方政府的清理作为也离不开当地商会成员的积极支持与配合。他们参与理结破产案件的具体工作，推进清理工作的顺利开展，在协调债权、债务关系，合理解决资财纠纷方面发挥了重要作用。因此，构建合理的"破产"机制是一项社会工程。如何发挥政府与社团在处理企业破产中的作用，是需要谨慎考量的问题。大致而言，政府以"服务社会"为主，社团以"服务行业"为重，两相协调，二者角色功能就会相得益彰。

在清末民初的两次金融破产风潮中，上海道台的破产处理举措及活动最为瞩目，资料记载也最为翔实。上海道台的具体官衔是苏松太道台，是苏州府、松江府和太仓州的主官，也被称为"江海道""江海关道""沪道""海道"。上海的地理优势使上海道台职能不断扩大，到19世纪后期成为"东南地区最重要的职位"。[2] 在这两次金融风潮中，上海道台不仅具体主持对外借款事宜以缓解危机，而且负责对倒闭企业进行清理追账事务。

在1883年上海钱庄倒账风潮中，两江督抚和上海道台发挥了突出作用，这和当时地方督抚势力发展是相对应的。20世纪初新政改革后，中央政府开始收回权力，1910年前后的破产高潮中出现了一种新的迹象，即中央政府参与其中，制定纲策，地方政府则负责具体运作，制定破产清理原则，规范清理。其中既显示了央地关系的变化，也是晚清政府面对新形势一个不断学习的过程。应该说，当年中央政府与地方政府共同处理破产事件取得了一定的效果，尽管对清政府而言，在金融层面取得的这一点进步来得太晚了一点。

---

[1] 李显冬：《从〈大清律例〉到〈民国民法典〉的转型——兼论中国古代固有民法的开放性体系》，中国人民公安大学出版社，2003，第32页。
[2] 梁元生：《上海道台研究——转变社会中之联系人物（1843~1890）》，陈同译，上海古籍出版社，2003，第20页。

第二章　信用的危机：北京政府时期两次挤兑风潮

1916、1921 年，中国银行和交通银行两次发生严重挤兑，造成金融混乱乃至社会恐慌，不仅对银行及整体经济金融造成巨大打击，而且显现了政治经济体系的致命缺陷。当时报端指出："今日之现象，岂仅纸币不兑存款不付而已哉，直是政府对于国民仅存一丝残喘之信用而亦全行打破之。"①

作为非常态的危机事件，挤兑发生时各种矛盾往往集中爆发，可谓观察金融体制及其实际运行的极好视角。关于两次中、交两行挤兑，现有研究多是单向考察停兑、挤兑的原因，如对于 1916 年停兑的分析，有的直接归咎于梁士诒个人，有的认为是政治斗争所引起，也有的认为缘于财政亏空；关于 1921 年京津挤兑的研究则少之又少，有学者以谣言为中心解释此次危机的发端。②事实上，两次挤兑风潮背后体现的是政治失控、财政窳败、银行经营财政化、社会承受力低下、币制落后等一系列问题，这些因素相互激荡，导致与政府关系密切的中国银行和交通银行信用急剧下降，从而使危机迅速生成、发酵。

第一节　从挤兑到停兑

银行运营的基础系于信用，时人有言："顾客之供给银行者，非现金之

---

① 《国家信用坠地》，《时报》1916 年 5 月 15 日，第 1 张第 2 版。
② 比较值得注意的论文主要有余捷琼《民国五年中交两行的停兑风潮》，《社会科学杂志》第 7 卷第 1 期，1936 年 3 月；洪葭管《上海中国银行反对停兑事件试析》，《档案与历史》1985 年第 1 期；郑起东《北洋政权与通货膨胀》，《近代史研究》1995 年第 1 期；杭斯《旧中国中行、交行的两次停兑风潮》，《新金融》1995 年第 5 期；董昕《中国银行与停兑令风潮探因》，《辽宁教育行政学院学报》2007 年第 1 期；马建标《谣言与金融危机：以1921 年中交挤兑为中心》，《史林》2010 年第 1 期。

资本，为一种信任心而已。"① 挤兑、停兑，即是"信任心"受挫，即信用危机的直接表现。1916 年初，中国、交通两行发行的可兑换钞券出现挤兑。当时中国的流通货币为银元，为流通方便，中国、交通等几家银行被授权发行等值的可兑换钞券，挤兑即人们争相将可兑换钞券换成银元。5 月 12 日，为应对日趋严重的挤兑局面，段祺瑞内阁以国务院名义下达停兑令，要求财政部、交通部转饬中国、交通两行："自奉令之日起，所有该两行已发行之纸币及应付款项，暂时一律不准兑现付现。"② 可兑换钞券是信用发行，停止兑换即意味着银行信用的破产。由于中国、交通两行均具国家银行性质③，兑换券发行为政府特权所授，袁世凯当政以后也一直以政府名义推广中国、交通两行纸币，因此，两行纸币信用的破产在相当程度上又对政府信用形成冲击。

停兑令发布后，金融市场乃至整个社会经济立即发生剧烈波动，停兑"不过一月，而百物昂贵，除房租外，几无一不为八与十之比较。纵米麦转运各路特为减价，而最高之白米，其价已涨至十四元有奇，最次者亦已十二元，面粉一月前价每斤京钱七百文，现则八百二十。贫民所日给之小米，一月前每斤京钱五百六十文，现则六百四十文"。④ 纸币贬值、物价横涨、市场信心缺失，市面恐慌与金融乱象愈演愈烈。

政府下达停兑令，事后看不免仓促，不过衡诸当时的金融形势，确也其源有自。早在 1916 年 4 月，中国、交通两行的北京、上海、天津等分行已

---

① 羲农:《兑现潮中之舆论一斑》,《银行周报》第 5 卷第 46 号, 1921 年 11 月 29 日, 第 21 页。

② 中国银行总行、中国第二历史档案馆合编《中国银行行史资料汇编》上编, 档案出版社, 1991, 第 265 页。

③ "国家银行之性质与普通银行不同, 凡维持金融, 经理国库, 发行钞票, 代理公债, 皆为其特别职务, 在在与国家财政社会金融有莫大之关系。"《关于整理财政之公函》,《申报》1915 年 11 月 18 日, 第 10 版。1915 年 10 月 31 日, 袁世凯以大总统身份正式申令:"中国、交通两银行具有国家银行性质, 信用夙著, 历年经理国库, 流通钞票, 成效昭彰。着责成该两银行按照前此办法, 切实推行, 以为币制、公债进行之辅助。该两行应负责任, 协力图功, 以副国家调护金融、更新财政之至意。"《大总统关于中交两行同具国家银行性质申令》(1915 年 10 月 31 日), 中国第二历史档案馆编《中华民国史档案资料汇编》第 3 辑"金融"(1), 江苏古籍出版社, 1991, 第 68 页。

④ 《大中华杂志》第 2 卷第 7 期, 1916 年 7 月, 中国银行北京分行、北京市档案馆编《北京的中国银行 (1914~1949)》, 中国金融出版社, 1989, 第 132 页。

有储户提取存款和挤兑钞票，① 市面已出现钞券不稳的传言。据当时官方呈文："近日市面忽有用日本邮局布送匿名传单之事，阅其词语，系立意破坏中国、交通两银行信用，使市面恐慌自行扰乱之计……中下程度之商民，不免被其摇惑。"② 中国银行张家口分行报告该行总管理处："本月四号口市（张家口）忽有谣传，风潮倏起，市上有不收中交两行钞票事，人心危虑，致兑现蜂集。……多数铜元券来兑者要求换给银元，其时市面洋价逐步飞涨，一日之间自一吊三百八十四文涨至一吊四百数十文之价。"③ 挤兑风起立即推涨银元，民众急着脱手日益贬值的纸币。财政部为稳定币值曾通令各省："近日各报登载政府将发行不兑换纸币，全系谣传，本部并无此项计划。"④ 但政府的辟谣适得其反，各地挤兑、提现不减反增。根据停兑令下后数天的统计，中国银行总管理处仅存现洋 63 万元，交通银行只剩 11 万元，经外国银行提取之后，两行合计所余现金不满 40 万元。⑤ 银行储备在挤兑之下已成空壳。

从挤兑到最终停兑发生，原因很多，时人多将之归咎于时任交通银行总理梁士诒。时任中国银行上海分行副经理的张嘉璈记述："袁政府计划以武力震慑西南，保持北洋系原有势力，亟须宽待军饷。当时参预财政人员如梁士诒等，献计将中国、交通两行合并，集中现金，并建议发行一种不兑现钞票。适值北方人心动摇之际，此种计划，传闻市面，京津两行钞票兑现增加，而以交行为甚。于是国务院决定采取钞票停兑，存款止付政策。"⑥ 张嘉璈的判断多多少少带有阴谋论的色彩，即停兑是梁士诒为政府取利而刻意为之。在谈论金融危机时，阴谋论总是会有市

---

① 洪葭管编著《金融话旧》，中国金融出版社，1991，第 61 页。

② 《从京师警察厅总监吴炳湘详内务部文——办理日本邮局散发匿名传单经过情形》（1916 年 3 月 8 日），中国人民银行总行参事室编《中华民国货币史资料》第 1 辑（1912 ~ 1927），上海人民出版社，1986，第 193 页。

③ 《中行总管理处之票纸及张家口中国银行关于市上谣传因风潮忽起不收中交两行钞票等的函》（1916 年 4 月 10 日），中国银行档案，档号：J031/001/00294，北京市档案馆藏。

④ 《财政部致各省财政厅电——为报载发行不兑换纸币辟谣》（1916 年 5 月 3 日），《中华民国货币史资料》第 1 辑（1912 ~ 1927），第 195 页。

⑤ 《政府不兑现之自杀政策》，《时报》1916 年 5 月 17 日，第 1 张第 2 版。

⑥ 姚崧龄编著《张公权先生年谱初稿》上册，第 26 页。

场，但事实上金融危机千变万化、骤起旋落，没有危机处理经验的政府常常不免手忙脚乱。上海《时报》转载的《字林西报》一则社论谈道："以记者之意，宁谓此举系出于一时心理上之错乱。"① 这样看似简单的判断或许倒更切合停兑令出台的真实状况。当然，时人对梁士诒和北京政府的指责也绝非空穴来风，停兑局面的造成，中国、交通两行尤其是交通银行的空虚实难辞其咎。

在民国初年的政争中，梁士诒及其交通系与袁世凯关系密切。《字林西报》有言："总统府中，重大财政事项，袁总统恒倚如左右手，譬如行军者，袁大总统为前路先锋，梁士诒乃为其后路粮台。"② 民初几年，兼任交通银行总理的梁士诒，正是凭借与袁世凯的特殊关系极力提升交通银行的地位，使其与中国银行齐平。1913 ~ 1915 年，交通银行业务迅速发展，年收益一度超过中国银行。然而，银行与政治过度紧密形成的畸形利益关系也使交通银行逐渐成为梁士诒服务于袁世凯政府的私人"金库"。至 1915 年，交行先后为财政部垫借 3115 万多元，筹集公债 1000 多万元，居全国各金融机关之首。③ 1915 年袁世凯筹划复辟帝制，梁士诒以筹措帝制费用自任，单为所谓"大典筹备处"垫付费用即达 2000 万元之巨。中国、交通两行同具国家银行性质，在某种程度上都成为北京政府或者说袁世凯的垫款机器，但两者沦陷程度轻重有别。如到 1915 年底，中国银行给政府垫款共 1204 万元，交通银行则达 4750 万元。交通银行给政府垫款的数额占到它当时全部放款的 94%、全部存款的 72%。④ 过高的垫款比率严重影响银行的正常运营。

为维持运转，中国、交通两行不得不利用手中的发行权增加兑换券的发行。1912 年交通银行发行额约库平银 80 万两（约合 100 余万元），1913 年较 1912 年增加 5 倍多，达 450 万两；1915 年较 1913 年又增加 5 倍多，

---

① 《金融界兑现之风潮汇志》，《时报》1916 年 5 月 16 日，第 3 张第 7 版。
② 岑学吕编《三水梁燕孙（士诒）先生年谱》（上），文海出版社，1966，第 189 页。
③ 翁先定：《交通银行官场活动研究（1907 ~ 1927）》，《中国社会科学院经济研究所集刊》第 11 集，中国社会科学出版社，1988，第 394 页。
④ 洪葭管：《在金融史园地里漫步》，中国金融出版社，1990，第 207 页。

达 2486 万两（合 3000 余万元）。^① 对此，1916 年 6 月 22 日哈尔滨的《远东日报》写道："交通银行久为梁派窟穴，帝制问题兴，梁即以筹措财政自任，其实梁并无点金之术，不过恃一交通银行为外府耳。帝政中一切筹备及对付滇、黔义军等费用，泰半出自交通。"^② 中国银行发行总额也是与年俱增。对于银行而言，发行过巨、准备不足，本身即面临巨大的挤兑风险。

表 2-1 1912~1921 年中国、交通两行兑换券发行数额

单位：元

年份	中国银行	交通银行
1912	1061636.21	1190337.06
1913	5020995.09	6748144.42
1914	16398178.71	8936440.92
1915	38449228.38	37294665.21
1916	46437234.70	31946837.26
1917	72984307.42	28603836.39
1918	52170299.25	35144563.48
1919	61680088.39	29272653.72
1920	66884103.65	39170192.57
1921	62493340.87	30143233.03

注：1912 年中国银行发行额数据 1061636.21 元为 743145.35 两折合所计，交通银行 1912 年发行额为库平银 793558.04 两。

资料来源：《中国银行民国元年至十七年兑换券发行数额表》《交通银行民国元年至十六年兑换券发行总额表》，《中华民国货币史资料》第 1 辑（1912~1927），第 147、162 页。

不过，金融的运行基于其信用性质，常常可以在危机的边缘保持运转。危机从酝酿到爆发，中间有很大的弹性。危机真正爆发，通常和遭遇强劲、猛烈的催化剂有关。如果说此前中国、交通两行尤其是交通银行的经营已经

---

① 《交通银行 1915 年营业报告》，中国人民银行北京市分行金融研究所、《北京金融志》编委会办公室编《北京金融史料》银行篇（5），中国人民银行北京市分行金融研究所，1993，第 4 页。

② 《〈远东日报〉谈中、交两行纸币停兑的内幕》，《中华民国货币史资料》第 1 辑（1912~1927），第 207 页。

给危机埋下了伏笔，那么袁世凯帝制走向失败即为危机的催化剂。

早在1916年2月，云南护国军都督府即发出布告，宣称："袁世凯背叛民国，弃总统而称皇帝，既失元首之资格，即不应运用国家之机关，业经本政府代表中华民国声罪致讨。将来共和统一政府成立，所有中国、交通两银行原有纸币，自应担负责任。惟该银行于本政府起义以后发出之纸币，并一切公债及各项存款，于本政府起义以后未经取去者，均认为袁世凯个人之交涉行为，本政府概不承认。"① 受此影响，以香港为首的南方商人团体纷纷质疑："刻下抵抗义师之兵费，专赖中、交两银行为之吸收挹注，闻不日将由两行再发钞票5000万元。查中国银行原有现金不过600万元，各户存款已达4000余万，该行前发钞票5000余万，今再益以2500万，是以600万之本金，负债至12000万内外矣。交通银行久为袁氏之外府、梁氏之私产，凡袁政府无名之费，大率取之该行，据最近调查，其纸币之弊端殆倍于中国银行。如此滥发钞票，妄自挪用，将来破产万不能免。"② 紧接着滇黔用兵，广西、广东、浙江先后宣布独立，山东也频频传出骚动，"滇黔桂粤浙方有组织军政府之宣言，而南京又有十七省代表会议之召集"。③ 分崩离析的政治形势与愈演愈烈的战争，在悄无声息中严重降低了政府残存的威信。

政治信用危机，使与政府已经成为利益共同体的中国、交通两行面临巨大考验，两行对政府的垫款危机日益凸显，政治和经济的危机相互激荡，愈演愈烈。危机之下，中国、交通两行开始亟谋拯救，以所存准备过少，不足应付当前不良局面为由，数度函请财政部、交通部拨还欠款以济急需。此时两行的困境已被一些消息灵通者得知，开始纷纷涌向两行提现。报端记载："近来因时势日急，北方形势日危，一般富有造孽钱之大老，纷纷将存款提出。最先提去大宗者为某总长，前后积资分存于中交两行者共二百二十万之巨。取消帝制时，某见事不妙，首将交通之一百万提去，后去职赴津，又将中国之百万提去现款，改存花旗银行，而杨度、孙毓筠、顾鳌、施恩、张镇

---

① 《云南政府之布告》，《中华民国史档案资料汇编》第3辑"金融"（1），第464页。
② 《在香港的商人发出传单反对袁世凯滥发钞票和公债》（1916年2月），《中华民国货币史资料》第1辑（1912~1927），第191页。
③ 《今日之大局观》，《时报》1916年5月13日，第2张第4版。

芳、袁乃宽等一般人物纷纷仿照办理。至不兑换令下之前一晚，某前相国（徐世昌）遣人至该行坐提现款八十万而去。"[1] 为抵制谣言、极力维持局面，4 月 27 日北京政府密咨各部院转饬京内所属各机关，禁止官吏将所存中国、交通两行公款提存外国银行："乃近日闻有官吏，将所存该两行公款，纷纷提存外国银行，如果属实，殊堪骇异，亟应严行禁止，以裕金融，而维持市面。相应咨请贵部、院查照办理，并转饬所属各机关一体遵照办理可也。"[2] 然而，政治混乱下酿成的民众不安心理，在谣言和银行本身困境的交互作用下渐成难以控制之势，政府举措也由于其信用不再而难见成效。提现风潮有若星星之火，对发行过巨的银行形成重大威胁。在此背景下，毫无应对经验的北京政府有若惊弓之鸟，停兑令在他们看来似乎已不得不发。

第二节　中国、交通两行不同的应对

北京政府的停兑令，是政治、经济信用丧失的产物，停兑令反过来又打击了政府、银行的信用。这一点从停兑令下达后，各地执行中出现的巨大分歧就看得出来。由于袁世凯图谋称帝造成的信任缺失，南北各省已经四分五裂，不仅是护国反袁力量反对停兑，北京政府内部的反皖力量也跃跃欲试。他们认为，"北京政府之宣布此项办法，其用意系欲使中交钞票价值暂时减跌，俾南方军队不愿收受，造成独立各省经济上之恐慌，而北方则可席卷两行之现银，以发给军饷"，[3] 把停兑令当成反对北京政府和段祺瑞内阁的口实。长江巡阅使张勋鉴于自身处境要求变通办理，发电称："安徽一省向能独异，故惟饬令暂守秘密，勿遽实行，静俟京津等处暨通商各大埠确有办法，再行斟酌从逢。盖不欲一隅徇全国，尤不欲以一隅抗全国也。"[4] 引人

---

① 《记停兑禁提现款之黑幕》，《时报》1916 年 5 月 24 日，第 1 张第 2 版。

② 《财政部密咨各部院转饬京内所属各机关文——禁止官吏将所存中、交两行公款提存外国银行》（1916 年 4 月 27 日），《中华民国货币史资料》第 1 辑（1912～1927），第 195 页。

③ 《金融界兑现之风潮汇志》，《时报》1916 年 5 月 15 日，第 3 张第 7 版。

④ 《请取消银币停止兑现令由》（1916 年 5 月 16 日），北洋政府外交部档案，档号：03/22/004/01/003，中研院近代史研究所档案馆藏。

注目的是，直系首领、江苏督军冯国璋连上三电，强烈要求取消停兑令，严词指出："地方秩序，系乎金融通塞、人心之恐慌与否，非命令可以行之。况值此举世危疑之日，不知政府何术以处此。滇黔等省先后独立，对于金融犹竭力维持。惟恐商民苦痛，今乃以中央政府而布此骚动。全国之令，置国家之存亡、商民之生死于不顾，窃为我国家痛之。"①

对待停兑令，中国、交通两行步调亦不一致。交通银行停兑行处明显多于不停兑行处。有的行处，如汉口、九江、安徽、湖南等省市一度停兑，不久恢复兑现；山西、张家口两地交行开始时照常兑现付现，后以不能支持又复停兑。停兑令在中国银行则遭到激烈抵制。当时报载："中交两行即通电各省分行查照遵办。除交通各分行无异议外，中国分行均不赞同，尤以上海、汉口、南京、镇江反抗最力。略谓：交行自杀，系属自取；中行陪杀，于心难安。宁可刑戮及身，不忍苟且从命。"②

中国、交通两行应对停兑令的差异，在上海体现得至为明显。交通银行上海分行遵循总行的意图，对库存现银能否应付挤兑并无把握，选择遵令停兑。中国银行上海分行则在停兑令消息传出后全力抗拒。③ 5月15日，中国银行上海分行股东决议，通知经理"照旧兑钞付存，不能遵照院令办理"。④ 中国银行上海分行正副经理宋汉章、张嘉璈与浙江兴业银行董事长叶揆初、常务董事蒋抑卮，浙江地方实业银行总经理李馥荪，上海商业储蓄银行总经理陈光甫诸人议定，"由李、蒋、陈三君分别代表中国银行股东、存户及持券人，各请律师向法庭起诉"。沪行还成立股东联合会，推张謇为会长、叶揆初为副会长、钱新之为秘书长，并在报纸刊登公告，"借股东作后盾，以相抵制"。⑤ 中国银行上海分行的举动得到了外商银行的支持，"从第三天（15日）

① 《中交两行停兑始末》，《护国军纪事》第5期，1916年，第48页。

② 《北京特别通信》，《新闻报》1916年5月20日，第1张第2版。

③ 洪葭管、董昕对中国银行上海分行成功抵制停兑令做了论述，强调外力支持，似未能从中国银行本身深刻分析其能够成功抵制的原因。本书主要通过经济层面的分析，重在与交通银行上海分行在基本银行实力方面的比照，丰富对这一问题的解释。

④ 《中国银行行史资料汇编》上编，第265页。

⑤ 姚崧龄编著《张公权先生年谱初稿》上册，第27~28页。

开始，外商银行开会，指定华俄道胜银行提前出仓，接济中国银行上海分行"。①

中国银行上海分行之所以敢于顶着压力抵制停兑令，与前述直系首领冯国璋的态度大有关联。冯国璋民元后即任江苏督军，在长江流域经营有年，具有重大的影响力。停兑令下达后，他坚持"通电所属地方，一体照常营业"，② 更具实质意义的是，他还"特嘱南京中国银行照常营业收兑钞票，并发给现洋三十万交中国银行以资周转"。③ 他的这一态度，是处身直系势力范围的中国银行上海分行坚持兑付的重要后盾。

当然，应对挤兑局面还需银行自身实力的配合，现有研究也多强调中国银行上海分行的相对优势。然而事实上，单就影响兑付的关键要素——银行的发行和准备而言，该分行并不比交通银行上海分行有多大优势。据当时报载，交通银行上海分行"发行本埠纸币计洋140余万元，库存现洋现银暨其他银行钱庄立时可以收进者，综计合洋70万元"；④ 而据日本驻上海总领事有吉明发给外务大臣石井菊次郎的密报："上海中国银行钞票发行额约400万元，内250万元系中国银行直接发行，150万元系取得浙江银行及浙江兴业银行确实担保的领券发行。本分行的准备中，有二百余万元的现金准备。"⑤ 另张嘉璈记述："当时中国、交通两银行发行之兑换券统计7000余万元，现金准备约2300余万元。内中：中国银行存有现银350万两、银币488万元；交通银行存有现银600万两、银币540万元。此项现

---

① 李思浩等述《关于上海中国银行1916年抗令兑现的回忆》，林汉甫笔记，《文史资料选辑》第49辑，文史资料出版社，1964，第105页。

② 《中交两行停兑始末：各处之反动》，《护国军纪事》第5期，1916年，第49页。

③ 《冯将军之态度》，《时报》1916年5月15日，第3张第7版。

④ 《交通之内容》，《时报》1916年5月17日，第3张第7版。

⑤ 《日本驻上海总领事有吉明致外务大臣石井菊次郎的机密报告——宋汉章、张嘉璈谈停兑令后上海中国银行的措施》（1916年5月20日），《中华民国货币史资料》第1辑（1912～1927），第222～223页。所谓领券发行，是指由领券银行按照一定条件（一般是缴六成现金准备和四成公债与期票）向发行银行领用一定额度的兑换券，加印上一个暗记后代为发行。此项制度对领券银行因所缴准备金中有一部分可收取利息，钞票发出后长期在外流通，流通时间越长越有利息上的好处；对发行银行则在收受现金和其他准备的条件下，推广发行可以扩大其兑换券的流通范围。参见《中国银行上海分行史（1929～1949）》，经济科学出版社，1991，第11页。

金准备之半数，属于上海中国、交通两分行。"[1] 如若以此数据和表 2-2 所列发行总额相除，核算所得，中国银行上海分行现金准备与发行数额比为 25.9%，交通银行上海分行为 34.6%，都低于准备金的六成标准，后者甚至略高于前者。

表 2-2　中国、交通两行各分行发行数额（1916 年 4 月 20 日～5 月 16 日）

单位：元

	中国银行	交通银行
京　行	7532326	15105710
津　行	3103267	4167700
沪　行	4016319	1864000
汉　行	1545161	1998541
其他分行	22944969	18477999
总　计	39142042	41613950

资料来源：《中华民国货币史资料》第 1 辑（1912～1927），第 237～239 页。

不过，从中国、交通两行整体的经营态势看，中行较交行稳健应为公认的事实。这使两行上海分行从各自总行有可能得到的支持不可同日而语，而且中行没有像交行那样深地陷入袁世凯政府的危机，使其无须承受交行那样巨大的政治信用危机。曾任中国银行北京分行副理的吴震修说："社会各方面均认为交行是袁世凯称帝的筹款机关，不能与中行相提并论。"[2] 更有甚者，当时甚至传出弃交行而单独维持中行的消息，乃至有中交合并之议。中国银行全国各地股东及海外各地股东听闻后，纷纷发电发函抗议："近闻政府又主中交合并之议，交行自停止兑现，信用已全丧失，若强使合并，必致

① 姚崧龄编著《张公权先生年谱初稿》上册，第 26 页。另有报载："本月十日时，中国银行存现款三十五万两、银元四百四十八万元；交通银行存现款六十万两、银元五百四十万元。"《中交停兑之京中情形》，《申报》1916 年 5 月 16 日，第 2 张第 6 版。综合其他资料，张嘉璈所述数据比较可靠。
② 《做派不同、手段各异的央行大佬——民国三大国家银行领军人物面面观》，文昊编《我所知道的金融巨头》，中国文史出版社，2006，第 29 页。

淆惑观听，扰乱人心，中行信用随以俱亡。"①

此外，中国、交通两行的不同应对，还系于两行的背景、管理层的能力和作风。中行上海分行副经理史久鳌认为："中国和交通两银行同是北洋政府的金融机关，它们的上海分行设在上海租界里，都在上海地区发行钞票，为什么奉到停兑院令以后，中国沪行拒绝执行，照常营业，而交通沪行则遵令办理，闭门停业呢？这是与两行的政治背景、经济力量以及负责人的胆量和经营作风等都有关的。"② 这应该属于中肯之言。中行上海分行在张嘉璈等人的主持下，与江浙资本结合，尽力走依靠市场经营的发展轨道，这和交行在梁士诒主持下完全依赖政府大相径庭。在危机出现时，中行上海分行坚持兑付在某种程度上正是其自树信用的宣言书。

当然，中行上海分行自树信用的举动也承受了巨大的风险。停兑令的发布，造成急于兑换的心理预期，此时该分行继续兑付，必然会面临大批的挤兑者，能否顺利挺过挤兑难关成为银行实力的极大考验。张嘉璈回忆："我与宋经理汉章接电令后，惊惶万分……随即核算上海分行所存现金准备，计合发出纸币，与活期存款数额，总在六成以上，足敷数日兑现付存之需，应可渡过挤兑及提存风潮。即使不敷兑现与提存，尚有其他资产可以抵押变现，提供兑现付存准备。"在实际操作中，困难甚至还超过想象："（5月15日）现金准备消耗几达十分之八。设星期六兑现，仍如前二日之拥挤，则几乎不能继续维持。思之不寒而栗。"③ 直到外资银行表态支持中行上海分行，人心才明显安定，"兑现者仅四百余人，全天兑出三十余万元。第四、五两天人数减少，兑出银元不过一、二十万元。第六天情形更见缓和，各银行收到中行钞票，随即用出，并不持往中行兑现，市面流通情形已与未起风潮之前无异"④。外资银行的支持，实际意义超过资金上的直接资助，更多

---

① 《中国银行行史资料汇编》上编，第266页。
② 《做派不同、手段各异的央行大佬——民国三大国家银行领军人物面面观》，文昊编《我所知道的金融巨头》，第28页。
③ 姚崧龄编著《张公权先生年谱初稿》上册，第27、29页。
④ 李思浩等述《关于上海中国银行1916年抗令兑现的回忆》，《文史资料选辑》第49辑，第105页。

的是一种信用的传递。

从 5 月 11 日接到停兑令,到 5 月 19 日兑现风潮平息,中国银行上海分行一度站到了危机的风口浪尖。成功抵制停兑令,不仅使上海分行,也使整个中国银行信誉大增。张嘉璈自述:"上海中国银行之钞票信用,从此日益昭著。"① 中国银行和交通银行的差距也由此彻底拉开,用中行老人姚崧龄的话说:"抗拒停兑令获胜对中行的影响远非几年业务数字的发展所能表达,它使中行各级领导人对银行信用的重要性有了深刻的认识……使广大人民及中外金融界、工商界人士对中行的信任度大大地提高。"②

中国银行上海分行成功的危机处理进一步凸显了交通银行的困境,时人讥讽:"今日之交通银行,从此乃断绝交通矣,散此数百千万纸币于全国,而不交不通,此本一笔糊涂帐。"③ 作为交行总理,梁士诒也在寻求自救之道,与多家外商银行洽商接济交行事宜。5 月 16 日,梁士诒亲至日本横滨正金银行,提出由银行团承兑中交两行纸币的方案,"银行团给予不超过三千万元的借款,俾便恢复两家政府银行钞票的发行,此项借款以盐余担保"。④ 具体内容是:"目下停兑中之中、交两行纸币,由银行团承受,其溢出准备金之差额即作为对该两行之透支,将来由盐税剩余部分偿还。"⑤ 日本横滨正金银行经过评判后致梁士诒书面备忘录,认为:"即使银行团方面接受贵督办的要求,其结果也只有融通目前两行发行额减去其准备金的差额部分,这与贵督办所希望的使两行纸币能顺利循环流通的目的,还很难达到。"⑥

---

① 姚崧龄编著《张公权先生年谱初稿》上册,第 29 页。

② 《中国银行行史资料汇编》上编,第 298 ~ 299 页。

③ 《不交通银行》,《时报》1916 年 5 月 14 日,第 1 张第 2 版。

④ 《英国驻华公使朱尔典致英国外交大臣格雷函——中国政府要求借款,梁士诒并提出全面维持中、交两行的非正式建议》(1916 年 5 月 16 日),《中华民国货币史资料》第 1 辑(1912 ~ 1927),第 241 页。

⑤ 《日本横滨正金银行北京分行经理实相寺致正金银行总裁井上准之密报——梁士诒提出由银行团承兑中、交两行纸币的方案》(1916 年 5 月 22 日),《中华民国货币史资料》第 1 辑(1912 ~ 1927),第 236 页。

⑥ 《日本横滨正金银行北京分行经理实相寺致税务处督办梁士诒的书面备忘录——对梁士诒提出由银行团承兑中、交两行纸币方案的答复》(1916 年 5 月 22 日),《中华民国货币史资料》第 1 辑(1912 ~ 1927),第 240 页。

日本是梁士诒的依靠对象，也一直欲借梁士诒染指中国金融，日本对梁士诒借款方案的却步，侧面显示了交行的危机之深。上海方面，中国银行率先得到外国银行允诺 200 万两借款，财政部试图分一半给交通银行，财政部致电外交总长："闻上海商人与上海各外国银行商议拟向各外国银行借出银二百万两借与上海中国银行借以维持市面……惟中国银行与交通银行同为国家银行，本无区别，且中国银行库款尚较交通银行为多，似应分交两行协同办理。如能照本部上开办法办理，则此款应由中国政府担负偿还。"① 对于这样的提议，中国银行上海分行则在回电中告以："银行团既因交通银行分借半数以致犹豫不允。"② 这样的回答，既令交行蒙羞，也让财政部知难而退。

1916 年 6、7 月，中国银行除北京分行外，其他各地分行基本恢复兑现。交通银行几近全面停兑的局面则持续了将近一年。1917 年 1 月 20 日，交通银行向日本兴业银行、朝鲜银行和台湾银行借款 500 万日元，为恢复兑现准备资金。4 月底，交通银行上海及江、浙两省各地分行一律开兑。至此，该行大部分停兑分支行陆续开兑。③

1916 年的停兑事件是银行信用流失的产物，而危机爆发的催化剂又是政府政治信用的崩溃，银行与政治信用交相丧失，最终酿成危机。在危机来临关头，张嘉璈主导的中国银行上海分行在直皖两系的政治矛盾中以直系为后盾，抗令兑付力维银行信用，由此奠定了中行在金融业内无可撼动的地位。相对而言，梁士诒和交通银行则过度将自己绑在袁世凯的战车上，使银行完全沦为政治权力的工具，在政治危机、财政危机、信用危机交互爆发后，不可避免成为众矢之的，为此付出了惨痛代价。

---

① 《上海商人拟向各外国银行借中国银行款二百万如中交两行协同办理政府担负偿还》（1916 年 5 月 17 日），北洋政府外交部档案，档号：03/22/004/02/001，中研院近代史研究所档案馆藏。

② 《二百万两一款仍归中行承借交行七十万元一节亦请转询速办》（1916 年 5 月 31 日），北洋政府外交部档案，档号：03/22/004/02/018，中研院近代史研究所档案馆藏。

③ 《交通银行陈报各行停兑暨筹备开兑情形呈稿》（1917 年 4 月 20 日），《中华民国史档案资料汇编》第 3 辑 "金融"（1），第 492 页。

第三节　京钞问题[①]

京钞是中国、交通两行在北京地区（包括北京、天津、济南、热河等地）发行并流通的钞票。[②] 根据日本横滨正金银行北京支行（分行）对中交两行发行状况的调查，至 1916 年 5 月 16 日，交通银行总发行额为 4161 万元，其中京钞 1510 万元，占全行发行额的 39%；中国银行发行纸币 3914 万元（内缺无锡、扬州、芜湖、宜昌四分行发行数），其中京行发行京钞 753 万元，占总发行额的 19%。[③] 由于两行的京行钞票发行量远远高于其他分行，可用于兑换的现银储备与发行钞票间缺口巨大。1916 年 5 月 12 日停兑令发布后，北京地区的恐慌特别突出。从停兑之日到 6 月袁世凯死，钞价迅速跌落，不数日即降至 6 折左右。[④] 中交两行作为国家银行，只要未倒闭，终究还需兑付钞票。8 月 20 日，众议院通过了中国银行先行开兑、交通银行速筹兑现的决议。10 月 26 日，中行恢复兑现。中行开兑初时，市面平稳，第一日约兑出 90 万元，第二日约兑出 115 万元，第三日约兑出 105 万元。[⑤] 同时百元京钞市价由 78 元增至 83 元，再由 83 元增至 87、92 元，市面呈现停兑以后前所未有的活跃景象。[⑥]

[①] 1916 年 6 月 1 日的总统令否定了 5 月 12 日的国务院停兑令，声明"一俟金融活动，即照纸币额面全数担保照常兑现"，即 1916 年 6 月 2 日是京钞的上限。1920 年发行"整理金融短期公债"以收回京钞，到 1921 年 1 月 31 日京钞问题得以解决，这是京钞的下限。江苏省钱币学会主编《中国近代纸币史》，中国金融出版社，2001，第 156 页。

[②] 关于京钞的停兑与整理，余捷琼《民国五年中交两行的停兑风潮》将整理京钞划为五个时期；姚崧龄《中国银行二十年发展史》有四个步骤之说；张公权《一年半以来之中国银行》有六个步骤之说；邓先宏《试论中国银行与北洋政府的矛盾》有五个时期之说。

[③] 于彤：《略论民初的京钞风潮及北京政府对京钞的整理》，北京市档案馆编《档案与北京史国际学术讨论会论文集》（上），中国档案出版社，2003，第 421 页。

[④] 余捷琼：《民国五年中交两行的停兑风潮》，《社会科学杂志》第 7 卷第 1 期，1936 年 3 月，第 87 页。

[⑤] 余捷琼：《民国五年中交两行的停兑风潮》，《社会科学杂志》第 7 卷第 1 期，1936 年 3 月，第 88 页。

[⑥] 余捷琼：《民国五年中交两行的停兑风潮》，《社会科学杂志》第 7 卷第 1 期，1936 年 3 月，第 89 页。

但是，中行开兑并没有建立在充足保证金的基础上，"中行开始兑现时原只有现款1030万元，而此时京钞流通及存款数已达46137422元"，[①] 以1000万现金应付近5000万流通筹码，困难可以想见。由于停兑已久，人们对钞票未来又缺乏信心，因此普遍急于兑换，这使捉襟见肘的现金储备雪上加霜。最重要的是，在停兑这一段时间里，中行一直在发行钞票，开兑后更是加速发行。5月12日停兑时，中行的京钞流通额与存款额分别为5371501元、20784558元，10月26日京钞开兑时分别增加到20461741元、25675681元。到11月30日京钞开始限制兑现时，流通额和存款额又分别增加到22160033元、26163740元。[②] 余捷琼谈道："估计自10月26日开兑至11月30日五周中，钞票收回当在1500万元以上，是在此五周之内，实新发中行京钞约2000万元。收回者远不如增发者之多，结果钞票愈兑而愈多，任何兑现计划，都难免失败。"[③] 而且，财政当局借银行恢复兑现为名，趁机筹款。据统计，1916年6月底陈锦涛就任财政总长时，财政部结欠中行垫款已达15203168元，欠交行垫款更是达到16879838元。[④] 经过停兑风波，1917年政府垫款仍有增无已，计自1月至6月逐月增垫，共增垫6411580元。

巨额的钞票和有限的现银，加上其他种种压力，使敞开兑现的政策难以为继。11月3日，中行发出布告，每日限制兑现4万元，每人每次限兑200元，但仍无法满足兑现需求。不得已，11月30日，又改为每人每次以10元为限。自1916年10月26日开兑至1917年6月，8个月中，中行实际上大规模兑现只限于1916年11月3日前的数天，之后兑现已有名无实。

1917年5月，黎元洪和段祺瑞的府院之争爆发。5月24日，段内阁辞

---

① 余捷琼：《民国五年中交两行的停兑风潮》，《社会科学杂志》第7卷第1期，1936年3月，第89页。

② 张家骧：《中华币制史》下册，民国大学，1925，第163～164页。据张嘉璈统计，10月26日开兑时，中行京钞流通额和存款两项共50023740元，到11月30日京钞不但没有因兑现而减少，反而增为54793397元。张公权：《一年半以来之中国银行》，《银行周报》第3卷第14号，1919年4月29日，第13页。

③ 余捷琼：《民国五年中交两行的停兑风潮》，《社会科学杂志》第7卷第1期，1936年3月，第93页。

④ 《财政部民国五年债款报告书》（结至7月底），余捷琼：《民国五年中交两行的停兑风潮》，《社会科学杂志》第7卷第1期，1936年3月，第87页。

职，政局不稳再次导致钞价狂跌。6月4日，中行总裁徐恩元被免职更是雪上加霜。5月24日至6月6日，两周之内中行京钞市价跌去12.1%，交行京钞市价跌去6.3%。此后政局继续恶化，7月1日，张勋复辟，中行北京分行总管理处移至天津，京钞全无行市。中行实际上再次停兑。

中行开兑、限兑的同时，交通银行亦在谋求解决之道。停兑风波时，时任财政总长的周自齐曾建议将交行并入中国银行整理，准中行专理国库及发行，同时将中行改为商股，限制政府垫款。国会方面，主张停办交行、改中行为中央银行的更不乏其人。① 交行总理梁士诒在袁世凯死后的第二天提出中交合并，以图把交行的困难转嫁给中行。这一提议很快招致中行旅沪商股联合会的坚决反对，交行的股东也反对中交合并。1916年6月11日，天津交通银行股东联合致电大总统及交行等，认为交行实力本在中行之上，"近因政府借款过巨，积欠未偿，加以此次院令停止兑现，蜚语所中，遂致困难。今只须政府将积欠之款4600余万如数偿还，本行即绰有余裕，原状可立时恢复"，希望政府"竭力维持，撤销原议"。② 7月8日，交行股东在天津成立商股股东联合会，陆宗舆为会长，提出三项决议，强调交行商股占六成，有关交行一切处分须先征得商股同意；要求政府对于交行不应歧视，应力予维持，与中国银行一律待遇。③ 不过，在开兑问题上，鉴于中行开兑未取得预期效果，处境更为困难的交行不得不谨慎行事，虽在1917年1月得到日本借款500万日元（相当于480万银元），但是并没有立即开兑。

张勋复辟失败后，梁启超任财政总长。王克敏、张嘉璈任中国银行正、副总裁。梁、张决议更张财政，推出全力提高钞价办法。第一，减少京钞流通，归复京钞汇兑办法（1917年8月下旬）、创设京钞星期存款（1917年10月下旬）、委托各行吸收钞票（1917年10月下旬）、中行添招京钞股本（1917年11月中旬）。第二，推广京钞用途，路局停止搭现（1917年10月

---

① 余捷琼：《民国五年中交两行的停兑风潮》，《社会科学杂志》第7卷第1期，1936年3月，第88页。

② 《交行股东反对与中行合并》，章义和、杨德钧编《交通银行史料续编（1907～1949）》（下），复旦大学出版社，2018，第1459页。

③ 《交通银行简史》，第31页。

16 日起）、征收机关照收京钞（1917 年 10 月 16 起）。[①] 但是效果仍然甚微。
11 月，南方战事又起，票价再趋下落。11 月 23 日内阁改组，梁启超随段祺
瑞去职，钞价 10 天内跌去 10%。[②]

　　垫款与日俱增，京钞不断增发，势难根本解决京钞问题。1917 年 7～9
月，中行共垫款 7838500 元。10 月到翌年 1 月，中行逐月分别垫借 1497728
元、1527045 元、2261657 元、1494882 元。这一时期，京钞数额已超过
8000 万，约为停兑时的 3 倍。[③] 1918 年 1 月后，钞票行市已在五八—五九
折，跌破六折；到 12 月，交钞更是跌至四八折，创下历史新低。

表 2 - 3　京钞价格变动（1917 年 2 月～1921 年 2 月）

月份	1917 年		1918 年		1919 年		1920 年		1921 年	
	中钞	交钞	中钞	交钞	中钞	交钞	中钞	交钞	中钞	交钞
1			612.0	610.2	605.9	605.9	555.7	560.2	687.9	681.9
2	955.5	856.7	589.7	588.3	721.2	721.4	644.8	645.8	697.4	697.4
3	973.3	861.2	589.8	580.0	684.2	684.3	668.2	680.7		
4	978.2	856.5	653.3	652.6	669.7	669.7	683.3	690.7		
5	960.2	836.7	633.5	635.6	641.2	638.2	667.1	673.7		
6	861.2	796.6	610.2	609.6	621.2	619.5	604.7	620.8		
7	795.5	754.1	591.7	591.0	543.5	561.8	502.6	507.2		
8	753.0	731.3	582.3	581.2	549.4	552.0	528.9	535.4		
9	735.9	724.0	532.7	531.2	512.1	515.8	595.5	615.5		
10	749.7	756.7	517.1	516.9	490.5	502.9	625.4	626.1		
11	690.9	692.9	496.4	493.7	517.7	529.1	649.1	647.0		
12	627.9	624.0	488.7	488.6	507.9	511.7	696.2	689.3		

　　注：基数 = 1000。

　　资料来源：余捷琼《民国五年中交两行的停兑风潮》，"附录二"，《社会科学杂志》第 7 卷第 1
期，1936 年 3 月，第 149～153 页。

---

　　① 余捷琼：《民国五年中交两行的停兑风潮》，《社会科学杂志》第 7 卷第 1 期，1936 年 3 月，
　　　第 100 页。

　　② 余捷琼：《民国五年中交两行的停兑风潮》，《社会科学杂志》第 7 卷第 1 期，1936 年 3 月，
　　　第 101 页。

　　③ 余捷琼：《民国五年中交两行的停兑风潮》，《社会科学杂志》第 7 卷第 1 期，1936 年 3 月，
　　　第 102 页。

1918 年 3 月，曹汝霖接任财政总长。时当中国参加欧战，协约国允将庚子赔款展期五年，中国银行即"约同交通银行呈请政府，以展期之赔款作为担保，发行五年为期之六厘短期公债 4800 万元，以供收回中、交两行京钞之用"。[1] 经交通银行总理梁士诒、中国银行副总裁张嘉璈的极力倡议，财政总长曹汝霖决议发行公债救济中交两行。1918 年 5 月发行六厘短期公债 4800 万元、长期公债 4500 万元，以归还中国、交通两行欠款及补助两行准备金。到 6 月底，公债募集期满，两月中，中行募得长短两公债各 12409830 元，交行募得长短两公债各 9750120 元，以之收回两行京钞共 44319900 元。[2] 由于京钞总量实在太过巨大，用于回收京钞的公债差不多是京钞总额的半数。5、6 月钞价仍延续下跌之势。民国七年公债既未能全数收回京钞，也未达到提高钞价的目的。

表 2 - 4 1918 年 1 ~ 6 月中国银行对政府垫款及钞价

1918 年	中行对政府垫款(元)	钞价	
		中钞	交钞
1 月	59392724	612.0	610.2
2 月	59587759	587.9	588.3
3 月	62734343	589.8	590.0
4 月	66867739	653.3	652.6
5 月	63545008	633.5	635.6
6 月	58477262	610.2	609.6

注：基数 = 1000。
资料来源：张公权《一年半以来之中国银行》，《银行周报》第 3 卷第 14 号，1919 年 4 月 29 日。

京钞问题难以解决的症结，还在于不断增加的发行，而发行所要应付的又主要是逐年增多的政府垫款。只有停止垫款，才有可能减少京钞发行，彻底解决京钞问题。张嘉璈连任中行副总裁后，鉴于当时京钞泛滥、垫款剧增、

---

[1] 姚崧龄编著《张公权先生年谱初稿》上册，第 40 页。
[2] 《财政部关于七年短期公债暨七年六厘公债办理结束情形呈》（1920 年 11 月），《中华民国史档案资料汇编》第 3 辑"财政"(2)，第 897 页。

钞价猛跌的态势，提出："收缩京钞与停止政府垫款，必须同时并进。……如垫款继续增加，则京钞发行额亦必随之增加，而票价跌落将无底止。"① 同时，交行董事长梁士诒也撰国民须知数千言，印刷十万册，分发各地，请一致信赖与爱护中交两行："夫中国、交通两银行，为中华民国四万万人民之金融机关，非大总统个人之金融机关，亦非独立各省都督个人之金融机关，我国四万万人断不能听此两银行受两方政治上之影响而牺牲。"② 他提出拯救两行的三个办法：第一，请中央政府与独立及非独立各省，凡军事及行政费用，不得以势力迫两银行总分行担负。第二，请中央政府与独立及非独立各省，认中国、交通两银行为全国人民之金融机关，不能认为一方之机关，对于两行之事务视为中立，双方一同保护，照旧营业。第三，由各地商会劝告人民，对于两行持绝对的信用态度，由商会任维持之责。③ 这其中，关键就是要政府切实自律，不向银行伸手，减轻银行的负担。

在中交两行的强烈要求下，1918 年 9 月 18 日，财政部正式发布命令："本部为整顿京钞起见，前经订定整顿各办法，分别遵照在案。兹特声明，自七年十月十二日起，不再令两行垫付京钞。两行除付京钞存款外，亦不得以京钞作为营业资金。"④ 政府主动停止向中交两行垫借款项，是京钞整理中关键的一步，收到了立竿见影的效果。张嘉璈"随笔"云："此举实为京钞结束之先声。于整理京钞有极重要之关系。盖中、交两行之各分行知两京行之漏洞已塞，敢将现金接济京行，扩充营业，收缩京钞。在社会方面，知京钞发行，已有限制，迟早有清理之一日，对于两行，渐具信心。自七年十二月起，京钞市价逐月回涨：十二月底为五一．四折，次年一月底为六四．一折，二月底为七二．七折，三月底为六四．八折。"⑤ 交行发行的京钞也

---

① 姚崧龄编著《张公权先生年谱初稿》上册，第 40 页。
② 岑学吕编《三水梁燕孙（士诒）先生年谱》（上），第 419 页。
③ 岑学吕编《三水梁燕孙（士诒）先生年谱》（上），第 420 页。
④ 《财政部复中、交两行函》（1918 年 9 月 18 日），《中华民国货币史资料》第 1 辑（1912～1927），第 355 页。
⑤ 姚崧龄编著《张公权先生年谱初稿》上册，第 42 页。

在 1919 年 2 月一度反弹到七二折的高度。① 不过，由于市场信心长期遭遇打击，京钞价格在短暂反弹后迅速回落。

为继续吸收京钞，财政部决定将未售完之公债提归公债局继续发募。1918 年 10 月 12 日至 1919 年 10 月 4 日的近一年中，共募得长、短期公债各 13243520 元，以之悉数收回京钞 26487040 元，全数分批切毁。② 到发行金融整理公债时，"中交两行尚未收回之京钞，其总数共约 3600 万元之谱"。③ 据梁士诒分析，"中交两行尚未收回京钞数目虽仅有 3600 万元，而财政部两三年来所借各银行京钞债款，尚负有京钞 2450 余万元之债务，此外交通部及各铁路积收京钞 2100 余万元，亦押在各银钱行号，作为借款押品，均未清理"；④ "此项京钞，其由交通部积存者约有 2100 万元，再向中交两行调查各银钱行号共约存有七八百万元，投机富商所积存者约有二三百万元；其个人零星存入银行者，不过 100 万元左右。观此可知所有之京钞，以积存于交通部者为最多，其余均在各银钱行号及投机商人之手，实际上真正流通于市面者，为数绝少。观于市面上买卖日用货物，并无京钞进出，要可见京钞已纯为投机物，如能收回，则裨益于商业民生者，为利至溥也"。⑤ 值得注意的是，此一时期，京钞未曾增发，且陆续收回，京钞流通已渐为减少，但价格依然未见提高。1918 年 4 月底，长短两期公债发行前京钞数额达 9300 万元；1919 年 10 月 4 日停募公债时，两行京钞约为 3800 万元，约为发行前的 40%。⑥ 然而京钞价格仍然在五折左右。

① 余捷琼《民国五年中交两行的停兑风潮》，"附录二"，《社会科学杂志》第 7 卷第 1 期，1936 年 3 月，第 149～153 页。
② 余捷琼：《民国五年中交两行的停兑风潮》，《社会科学杂志》第 7 卷第 1 期，1936 年 3 月，第 114～115 页；《交通银行简史》，第 26 页。
③ 岑学吕编《三水梁燕孙（士诒）先生年谱》（下），第 94 页。
④ 岑学吕编《三水梁燕孙（士诒）先生年谱》（下），第 95 页。
⑤ 岑学吕编《三水梁燕孙（士诒）先生年谱》（下），第 94～95 页。
⑥ 余捷琼：《民国五年中交两行的停兑风潮》，《社会科学杂志》第 7 卷第 1 期，1936 年 3 月，第 115 页。

表 2 - 5　京钞总额与京钞市价变化统计

单位：元

年月日	京钞额	指数	钞价	指数
1916. 05. 12	26106059	39	1000	152
1916. 10. 26	46137422	69	999	152
1916. 11. 30	48323773	72	965	147
1917. 08. 31	61341846	92	760	116
1917. 09. 30	61826650	92	745	113
1917. 10. 31	61180436	91	741	113
1917. 11. 30	63555334	95	638	99
1917. 12. 31	65028402	97	613	93
1918. 01. 31	59392724	89	592	90
1918. 02. 30	59587759	89	592	90
1918. 03. 31	62734346	94	660	100
1918. 04. 30	66867739	100	658	100
1918. 05. 31	63515000	95	609	93
1918. 06. 30	58477262	87	605	92
1918. 07. 31	40702698	61	585	89
1918. 08. 31	35789246	54	559	85
1918. 09. 30	44024309	66	528	80
1918. 10. 31	42186106	63	507	77
1918. 11. 30	38376199	57	476	72
1918. 12. 31	26516411	40	514	78
1919. 01. 31	26584076	40	642	98
1919. 02. 30	26717951	40	727	110
1919. 03. 31	27639288	41	648	98
1919. 10. 04	33260479	50	494	75
1920. 10. 06	48532060	73	611	93
1921. 03. 09	25406125	38	725	110

资料来源：余捷琼《民国五年中交两行的停兑风潮》，《社会科学杂志》第 7 卷第 1 期，1936 年 3 月，第 130 页。

　　1920 年 3 月，梁士诒再次出任内国公债局局长。借着钞价的暂时抬高，其本有再度发行公债以整理京钞之举，未料随后的南北和议破裂，南方战事再起，京津变乱发生，遂使整理再度推后。1920 年 7 月，京钞价格于半月内下跌 20%，为停兑后最低值，一度跌至四折左右。财政部乃再度积极筹备发行公债以谋彻底整理。9 月 19 日，财政部呈文大总统："查中央财政，近年以来无日不恃借债为生活，自外债停止，不得不求之内债。现计各银行号零星借款已达三、四千万，其中京钞借款有二千四百余万元之多。……京钞借款一项，利息既高，偿期又短，且有保价办法，亏耗甚巨，若不从速清理，受亏何所底止……国家收入所赖以挹注者，交通收入实为大宗。该部近数年来积收京钞共三千余万，不啻于无形之中收入减少一千余万。……倘对于积存之京钞无根本办法，匪特无形损失，年甚一年，即现洋押款纷纷到期，恐亦穷于应付。"[①] 为此，财政部决定发行整理金融公债 6000 万元，其中 3600 万用来专收京钞，2400 万作为偿还部欠京钞借款之用。9 月底，贾士毅等奉部令前往中国、交通两行调查京钞流通、库存等各数。调查结果如下：

交通银行：

（一）流通数计 4317637 元。

（二）库存数计 12938387 元。

（三）存款数内，交钞存款计 15011484.28 元，中钞存款计 8647112.58 元，共计 23658596.86 元。

中国银行：

（一）流通数共 7743073.50 元。

（二）库存数计 8091157 元。

（三）外存数计 16337441 元。

（四）存款数内，中钞存款计 21893820.67 元，交钞存款计 15887.76 元，共计 21909708.43 元。[②]

---

① 《财政部关于发行整理金融公债结束停兑京钞办法呈》（1920 年 9 月 19 日），《中华民国史档案资料汇编》第 3 辑 "财政"（2），第 910~911 页。

② 《中国银行行史资料汇编》上编，第 983 页。

整理金融公债1920年10月1日开始发售，至1921年1月31日截止，计第一个月售出债额34884465元，第二个月售出债额11641165元，第三个月售出债额3947935元，第四个月售出债额7605277元，总共售出债额58079242元，内除债额2400万元系以清理财政部京钞借款不计外，计实收回中国银行京钞22103223元，交通银行京钞11976019元，共计收回京钞34079242元。[①] 另规定持有京钞者还可以换取定期存单。这种定期存单几年之后可以十足付现，在未付现的几年内照给利息，这对京钞持有者诱惑较大。拖延近五年的停兑京钞问题，至此终算勉强获得解决。

表2-6 1918~1920年北京政府整理京钞发行公债情况

单位：元

公债名称	民国七年六厘短期公债	民国七年六厘长期公债	民国九年整理金融短期公债
发行日期	1918年5月1日	1918年5月1日	1920年9月6日
发行总额	4800000	4500000	6000000
中行配额	2400000	2500000	2400000
交行配额	2400000	2000000	1200000
中行募款	24819960	17487740	22883000
交行募款	19499940	8999330	11650000
财政总长	曹汝霖	曹汝霖	周自齐
备　注	以庚款展期五年为担保	以庚款展期五年为担保	以关税余额作抵，以盐税余额补充

资料来源：毛知砺《张嘉璈与中国银行的经营与发展（1912~1935)》，台北"国史馆"，1996，第208页。

金融公债在筹议发行时，财政总长对其抱有很大期望，认为"如此中、交两行停兑京钞既可肃清，本部京钞借款亦以整理，而交通收入可望增加，一举而数善咸备"。[②] 事后，梁士诒与财政总长周自齐也为他们的整理之举自鸣得意："数月以来，仰赖国务院毅力主持，交通部通力协助，中交两行

---

① 岑学吕编《三水梁燕孙（士诒）先生年谱》（下），第99页。
② 《财政部关于发行整理金融公债结束停兑京钞办法呈》（1920年9月19日），《中华民国史档案资料汇编》第3辑"财政"（2)，第911页。

暨各银行一致匡持兼筹巨款,且能于指定范围内,一律办理完结,金融活动,市面定宁,数载困难,一时洗涤。自齐、士诒亦庶可稍轻罪戾,徐图整理公债之方。"① 而事实上,京钞问题虽然得到了解决,但是对于北京政府而言,财政困难的问题并没有得到任何缓解。为整理京钞,北京政府发行的三种公债总计达 1.53 亿元,约占民国元年以来公债发行总额的 40%,比收回京钞之数要多 5000 万元。所消纳的京钞事实上都是由政府买单。根据财政部统计,到 1922 年 10 月,财政部向各银行的垫款仍达 31436523 元,其中结欠中国银行现洋 27948316 元,结欠交通银行 256897 元。② 这与 1916 年6 月时的财政垫款相比有增无减。因此,整理京钞对于维持金融稳定意义重大,但北京政府的财政困境并未如预期那般得到缓解,反而使财政进一步陷入外债、内债的双重压力。

如果说整理京钞使政府财政走向更为困窘的境地,那么以发行公债收回京钞,却在重塑中国、交通两大国家银行信用的同时,为金融投机者创造了机会。1918～1921 年是新设银行数量最多的几年。1918 年发行的六厘短、长期公债是北京政府时期数额最大的一笔公债,这一年新设银行数量从之前的三五家突然猛增到 10 家。1919、1920 年,新设银行数量持续增加。1921年,发行整理金融公债 6000 万元,当年新增银行 23 家。③ 1922 年新设银行18 家,1923 年为 15 家。千家驹认为:"民十、十一年银行业之特殊发达,决不是因为中国那几年的产业有什么长足的进展,所以需要这许多金融机关来融通资金。"关键在于公债发行给了这些小银行倒手的机会,投机者兴风作浪,不仅平时在行市上翻手为云,覆手为雨,逢低吸进,逢高抛出,而且还由于与当权者联系密切而大获其利。所以,"许多新设的银行并不开设在产业中心的上海,而为政治中心的北京。据民十四之调查,全国中国银行数为一百四十一,开设在京兆及直隶之银行,计有三十七个,占总数百分之二

---

① 岑学吕编《三水梁燕孙(士诒)先生年谱》(下),第 100 页。

② 《李景铭统计国内各银行垫款数目的报告》(1923 年 3 月 9 日),《中华民国史档案资料汇编》第 3 辑"财政"(2),第 989～990 页。

③ 《北京政府发行各种内债及借款与新设银行对照表》,黄德铭:《中国、交通银行的发展与政府的关系(1896～1927)》,硕士学位论文,东海大学,1984,第 145 页。

十六以上。但到了 1921 年，北平及河北所占全国银行的百分数仅有百分之九点九了”。①

京钞整理以公债购进京钞，收回的京钞被全部逐出市面，金融市场由通货膨胀即转为通货紧缩，但让人意外的是，挤兑仍然未能避免。张嘉璈后来反省：“津钞挤兑中，吾始体会银行论所谓通货膨胀遏止之结果，为通货收缩之语。京津两处，向有中交两行不兑现京钞数千万流通市面。今一旦收回，市面筹码顿形减少，银根自必紧迫，吾当时尚无此经验。一心注意于收束京钞，而尚未想及收束之后果，致累及津行，铸此大错。”② 因此，1921年挤兑风潮在一定程度上又与整理京钞无法脱掉干系。

第四节　1921 年挤兑风潮

第一次停兑后，辛亥以来中国、交通两行并驾齐驱的局面被打破，中国银行开始独领风骚，交通银行一度坠入低谷，经过几年才渐趋复苏。然而，1921 年 11 月，中国、交通两行钞票再次突遭挤兑，对中国金融又一次予以重击。

关于 1921 年挤兑发生的原因，当时即有多种说法，包括某华人绅士故意造谣说、新下野某系政客造谣说、某国阴谋造谣说等。③ 当时政府和社会各界更多将此归咎于国际和国内破坏势力的造谣等外部原因，全国商会联合会召开的紧急会议也认为中交挤兑是某国利用华盛顿会议召开，阴谋国际共管中国。为此，特致电华盛顿会议申明：“我国内地钞票照常通用，随时兑现，万勿轻信奸人谣传。”④ 日本使馆人员的报告对阴谋之内情似比较详尽：“据银行公会中的谈话，此番挤兑之原因，政府扣留了十数通的电报，均英美商人之来往信件，其内容均关于挤兑问题……在中国内地之英美商人均从中、交两行提出存款。根据这些情况，有理由可以推断英、美方面计划在全

---

① 千家驹：《中国的内债》，北平社会调查所，1933，第 30～31 页。
② 姚崧龄编著《张公权先生年谱初稿》上册，第 56 页。
③ 《北京金融界之小风波》，《申报》1921 年 11 月 18 日，第 3 张第 10 版。
④ 《金融恐慌之昨闻》，天津《大公报》1921 年 11 月 25 日，第 2 张。

国范围内同时进行挤兑。"① 并称："据几位美国新闻记者私下谈话，此番之金融界之扰乱，实乃以安格联和汇丰银行的'阿联'为中心的阴谋计划……美国人方面非常愤慨，但尚未获充分证据……值得注意的是美国人方面指责这仅是英国人的行为。"②

如前所述，挤兑风潮起因往往纷繁复杂，阴谋论极易在此背景下发酵，但常常不免将问题简单化。③ 时任中国银行北京分行副理的吴震修对各种阴谋操作的说法就不以为然。他谈道："有人说：是由于某派某政客所指使；有人说：是日本在太平洋会议时期有意造谣，破坏中国金融；也有人说：是因为总税务司安格联命令各海关不再收受中、交钞票。我认为这些说法，都是报纸上外间推测之词，不尽可信"，"在风潮未发生前，总税务司确曾一度拒绝拨付公债本息，并命令各海关不收受中、交钞票，对于中、交的信用，大有影响，但是远在几个月以前，不能说是挤兑的主要原因。至于政客们在报纸上利用中、交两行，互相攻击，更是常见的事，不可信以为真"。④日本驻华公使小幡致内田外相密电也分析："这次事件的原因，在一般中国人中间，相传系由于英美人特别是英国人的阴谋。至于其阴谋之动机，则又有各种分析。一说是英国人想尽快破坏现政府，使陷于无政府状态，再推动吴佩孚出来掌握政权。另一说是为了促进在华盛顿会议上通过对中国共同管理的议案，首先破坏其市面，使其内政财政陷于绝望的混乱状态。这二说多不免有些过分的猜测，难以置信，但多数中国人几乎都相信这是事实。"⑤其实，未必所有的中国人都愿意相信阴谋论。1921 年 11 月 24 日，国民党

---

① 《日使馆人员柿内君密报——中、交行挤兑情况》（1921 年 11 月 18 日），《中华民国货币史资料》第 1 辑（1912～1927），第 1252 页。

② 《小幡致内田外相密电——汇报中国金融界扰乱的背景》（1921 年 11 月 19 日），《中华民国货币史资料》第 1 辑（1912～1927），第 1252 页。

③ 马建标虽然指出了谣言不一定是危机的主要原因，但论述中实际把谣言作为中心（《谣言与金融危机：以 1921 年中交挤兑为中心》，《史林》2010 年第 1 期）。本书将把考察的中心放在危机本身的经济、政治和财政环境上。

④ 《吴震修访问录》（1961 年 11 月 18 日），《中华民国货币史资料》第 1 辑（1912～1927），第 1250～1251 页。

⑤ 《日本驻华公使小幡致内田外相密电——关于中、交挤兑之原因的报告》（1921 年 11 月 18 日），《中华民国货币史资料》第 1 辑（1912～1927），第 1252～1253 页。

人叶楚伧在上海《民国日报》发表的时评中就公开提出质疑，"北京中交兑现潮，在潮流初来时，一般都说有某国破坏；在潮流平息以后，却又牵起了在北庭下的政潮；究竟是某国破坏吗？是因某国而联带到政潮的吗？是单纯的北庭下的政潮吗？恕我们是在幕外的，不能将理想推论到事实了"；"何以一时说是某国破坏，过后又起了国内政潮？何以在风潮平息后，又枝枝节节的使人添上别种忧虑？我们正在这儿更正谣言，北京方面及一部分言论界，偏要横生枝节；我们因事太混沌，不能不于现状维持后，联想到根本的追究。""根本追究的步骤：第一是风潮的来由；第二是中交的实际状况"。①

的确，谣言或可推波助澜，催生危机，但银行面对的内外环境及自身素质往往更能决定事态的走向。吴震修说："这次风潮发生时……中行头寸很紧，库存现金几等于零，全靠我和襄理王绍贤（王寿彭）等临时向联行和北京银钱同业张罗应付，每天勉强度过难关，情形早已不妙……这完全由于中、交两行内部早已空虚，市面上偶有风吹草动，便弄得不可收拾。"② 报人张煊也认为："此次挤兑风潮虽原因至为复杂，而两行发钞票过多，亦未始非一原因……（交行）惟被五大、戊通等公司之垫款所累……今五大、戊通等公司，以为与行中有关系之人所经营，故无确实可恃之担保品，而拖用款项至数百万。"③ 这应该是业内人士站在金融运行角度做出的内行观察，比之一般的阴谋论更具参考价值。

观察重大的金融事件，当时当地的实际经济金融态势应为关键的指标。1921 年的国内政治和经济金融形势，相较于第一次风潮时并无明显好转。袁世凯称帝败亡后，南北对立，北方政府内部相互倾轧，内阁总理频繁更换如走马灯，政局几无宁日。政府的管控能力严重不足，政府在国民乃至工商界心中的信用度每况愈下，金融形势尤其不容乐观。1920 年 7 月，直皖两

---

① 楚伧：《维持现状追究根本》，《民国日报》1921 年 11 月 24 日，第 1 张第 3 版。
② 《吴震修访问录》（1961 年 11 月 18 日），《中华民国货币史资料》第 1 辑（1912～1927），第 1250 页。
③ 《张煊呈国务院总理文——呈请稽核中、交钞票、清理交行账目》（1921 年 12 月 12 日），《中华民国货币史资料》第 1 辑（1912～1927），第 1258～1259 页。

军在京津发生战争，是为北洋系内部兵戎相见之始，此后北京政府连年内战。战争使京师金融大乱，中、交钞价在半月之内下跌 20% 以上，中钞价格指数从 612.5 跌至 406，交钞从 615.5 跌至 406，钞价仅为面值的 40% 出头，几乎创出历史低位。其后，内争依然不断，"京中人心不定，金融紊乱，钞价依然徘徊于五折之间"。① 1921 年南北统一谈判破裂，新四国银行团借款迟迟未能到位，依靠外债维持的北京政府财政陷入极度困境。政府各部门的欠薪已达 20 个月以上，陆军、海军、司法、教育等各部总长都因部员的索薪而下台，教育部部员"因薪水欠到半年，生活都感困难，于是有相率罢工之议"。② 社会对政府、银行信心降到了历史低位。1921 年下半年，银根开始告急："九、十月间，银根紧急，连日银拆明盘七钱，暗盘逾一两之际。"③ 11 月初，天津银根持续吃紧，5 日天津方面的报告写道："本星期市面，银根仍紧，各货行市虽好，而销路无多，客帮交易，亦多寥寥，均因银根紧迫使然……刻下货物押款利息约在一分四五厘之谱。"④ 7 日，天津方面再次报告："本星期街市银根仍紧，各外行生意及销货情形，均与上星期同。押款利息仍一分五六厘。"⑤ 不断走高的押款利息加上年关将近导致的习惯性资金紧张，1921 年又恰逢各地交易所纷纷开张，投机空气浓厚，进一步加剧了资金的紧张局面。有人说："自今春中法银行停业而后，交易所滥兴以来，有识者已逆料金融市场迟早必发生一种突如其来之变动，是以我国之金融界，虽未至于年关而已有一种戒严之准备。"⑥

此时的银行也面临新一轮的财政垫款压力。为清付 1916 年停兑后遗留的京钞，北京政府发行的三种公债总计达 1.53 亿元，比收回京钞之数要多

① 余捷琼：《民国五年中交两行的停兑风潮》，《社会科学杂志》第 7 卷第 1 期，1936 年 3 月，第 117～118 页。
② 《靳内阁将为穷逼倒》，《申报》1921 年 11 月 16 日，第 3 张第 10 版。
③ 裕孙：《民国十年上海金融之回顾》，《银行周报》第 6 卷第 2 号，1922 年 1 月 10 日，第 9 页。
④ 《各埠金融及商况》，《银行周报》第 5 卷第 45 号，1921 年 11 月 22 日，第 9 页。
⑤ 《各埠金融及商况》，《银行周报》第 5 卷第 46 号，1921 年 11 月 29 日，第 9 页。
⑥ 羲农：《金融界之年关戒严》，《银行周报》第 5 卷第 45 号，1921 年 11 月 22 日，第 1 页。1921 年 10～11 月，在上海外国领事馆注册领照的交易所就达 80 余所。当时中国工商实业水平并不高，交易买卖总额很有限，这些交易所成立的目的就是投机。

5000 万元。据财政部统计，到 1922 年 10 月，财政部向各银行的垫款达 31436523 元。[①] 其中，中国、交通两行仍然是财政垫款的主力。从 1918 年起，交行先后为财政部垫付款项十余笔，总额达 2000 多万元。财政部的垫借款中有 500 多万元是由交行为财政部向其他商业银行借款所开出的担保性保单，保单到期兑现，交行头寸不足，严重影响其信用。[②] 1921 年底，中国银行对财政部的现洋垫款也达 28733640 元。[③] 据统计，中国银行北京分行对财政部的放款占其总放款的 90% 左右。[④]

不断增加的垫款照例由银行通过增加发行转嫁给市场。表 2 - 7 所列为中国、交通两行钞券发行及现金准备状况。表 2 - 8 中，交通银行的现金准备只有 13%，北京、天津两分行发行额合计约 1053 万元，而现金只有 40 万元，其余是所谓的保证准备，即政府公债券等。这不仅远远无法达到控制风险的要求，而且比第一次挤兑时也有大幅度下降，这样的准备状况几乎不具备抗风险能力。"（交通银行）北京、天津、张家口三处，所发钞票约计有千二百万之谱，而天津方面之准备金，只能自顾。"[⑤] 中国银行较交通银行整体状况较好，如表 2 - 7 所示，现金准备达 53%。即便如此，应付挤兑依然艰难。1921 年，中国银行北京分行共发行兑换券 1271629 元，上半年现金存有 845868 元，尚属稳健；遭挤兑打击后，年底现金直降到 91832 元。[⑥] 银行被国家财政拖累的困境，当时就有人明确揭示："近年以来政府惟以借债度日，而无确实抵押之内外债为数甚巨，内债之无确实抵押者，在六万万元以上，是仅就财交两部所欠者而言。至于各地方政府之官欠，尚不

① 《李景铭统计国内各银行垫款数目的报告》（1923 年 3 月 9 日），《中华民国史档案资料汇编》第 3 辑 "财政"（2），第 990 页。
② 《交通银行简史》，第 28 页；《财政部欠款清单》，交通银行总行、中国第二历史档案馆编《交通银行史料》第 1 卷，中国金融出版社，1995，第 350 页。
③ 黄德铭：《中国、交通银行的发展与政府的关系（1896~1927）》，硕士学位论文，东海大学，1984，第 156 页。至 1921 年，财政部积欠中国银行京行款项也已达 2000 余万元之巨。《京行致财政部函》（1921 年 10 月 20 日），《北京的中国银行（1914~1949）》，第 104 页。
④ 《中国银行北京分行 1914~1927 年放款主要对象统计表》，《北京的中国银行（1914~1949）》，附页二。
⑤ 《北京金融界风潮别报》，《申报》1921 年 11 月 19 日，第 3 张第 11 版。
⑥ 《中国银行北京分行资产负债表》（1921），《北京的中国银行（1914~1949）》，第 460 页。

在内，故今日各银行中大都官欠累累，而性质俨如呆账者。若将所有政府及地方债款，悉数清理，则我国银行之活动，可立而待。"①

表 2-7 1921 年挤兑时中国、交通两行发行钞票及准备数目

单位：元

银行	钞票发行额	准备金	
		现金准备	保证准备
中国银行	62493340.87	33147171.07	29346169.80
交通银行	40693754.76	5153207.54	35010547.22

资料来源：《中国银行资产负债表》（1921 年 12 月 31 日），《中国银行行史资料汇编》上编，第 1902 页；《发行独立准备公开制度之创设及实行》，《交通银行月刊》增刊第 1 号，1925 年 4 月，第 4 页。

表 2-8 1921 年挤兑时交通银行几大分行之发行钞票及准备数目

单位：元

分支行	钞票发行额	准备金		
		现金准备	本票准备	保证准备
总管理处	7518.00	0	7518.00	0
北京分行	7129890.00	0	7129890.00	0
天津分行	3400000.00	400000.00	3000000.00	0
上海分行	8979044.38	2303839.00	6145215.38	530000.00
张家口分行	792910.00	42910.00	750000.00	0

资料来源：《发行独立准备公开制度之创设及实行》，《交通银行月刊》增刊第 1 号，1925 年 4 月，第 4 页。

财政困窘、银根紧缩、投机狂热、钞券滥发，这些都是金融风潮产生的温床。当京津地区出现兑付困难的传言时，立即触发恐慌性挤兑。11 月 12 日，交行天津分行出现挤兑风潮，并很快蔓延到北京。当时报载："11 月 15 日下午一时北京交通银行忽然发生挤兑风潮。初由各代兑之钱铺到京行声明，持天津及张家口钞票之人纷纷来兑现，问之则曰：交行将不稳。于是该行一方面嘱其照常代兑，一方面则设法筹集现金。中国银行之挤兑为时较

---

① 蒿庐：《财政与金融之关系》，《银行月刊》第 4 卷第 3 号，1924 年 3 月 25 日，第 5 页。

迟，然在下午数小时已纷扰不可名状……所有小商店均皆拒用两行之票，亦有跌落其价至七八折者。17 日各代兑之小钱庄已将代兑牌子撤去，因此兑现之人乃集中于两总行……各商店钱庄对于两行纸币多拒绝不用。"① 突然发生挤兑，使现金储备不足的中、交两行的分行顿陷困境。16 日，中行"挤兑一日，提存兑现约百万元，行力不支。省长传见想维持办法"。② 商讨结果，只能实行限兑。中行总裁冯耿光描述当时限兑的场景："于付款时，故意将现洋反复敲打，手续异常缓慢。只听见叮铛叮铛的声音不绝于耳，十分热闹，实际上是为了多拖延时间，少兑出现洋。后来连一点现洋亦不搭付，等于停兑了，于是中交钞票在市面上又有了行市。其情形的严重，不亚于 1916 年的停兑风潮。中交两行都感到内部空虚，彼此相互探听对方实力情形，生怕倒闭在对方的前头。"③ 美国驻华公使在函电中也透露了问题的严重性："两行实际上已停止付款，政府机构仍接受钞票。徐恩元通知我，这是历来最剧烈的危机。流通中的银币已完全消逝，商业停顿，内阁正在讨论延期支付。"④

第五节　两次应对之比较

1921 年的挤兑来势迅猛，然而正所谓来得急去得也急，旬日之间，挤兑风潮即告消解。11 月中旬开始出现挤兑，到 21 日，挤兑已基本被控制，"中、交门首持票兑现者人数颇稀"。⑤ 当时有人写道："以此次兑现风潮而论，其来也如风雨骤至，不可向迩。其去也又若万马奔腾，阴霾立散……今

---

① 《民国十年北京中、交两行挤兑的经过》，《中华民国货币史资料》第 1 辑（1912～1927），第 1255 页。

② 全国政协天津市委员会文史资料委员会、中国银行天津分行合编《卜白眉日记》第 1 卷，1921 年 11 月 16 日，天津古籍出版社，2008，第 168 页。

③ 冯耿光口述，林汉甫整理《旧中国银行二三事》，《近代银行业秘辛》，中原出版社，1985，第 53 页。

④ 《美驻华公使舒尔曼致美国国务卿电——续报中、交停兑风潮》（1921 年 11 月 19 日），《中华民国货币史资料》第 1 辑（1912～1927），第 1254 页。

⑤ 《民国十年北京中、交两行挤兑的经过》，《中华民国货币史资料》第 1 辑（1912～1927），第 1255 页。

也兑现风潮，已成往事，难关稳渡，信用如常。"① 由于挤兑很快得到控制，较之第一次停兑对经济金融造成的重大伤害，这次挤兑事件虽然造成巨大震荡，却未动摇金融的根本，其中缘由，颇值探究。

应该说，1921 年挤兑时，北京政府的表现比 1916 年停兑时要沉稳得多，北京政府没有仓促采取停兑措施。面对挤兑局面，政府首先急谋拨款救助市面，维持信用。15 日晚，政府在棉花胡同靳宅内开会，所有阁员及银行界要人均列席。会议决定救济方法有二："（1）切商税务司安格联迅将应拨关余 1200 万两，尽日内拨出 600 万，专供救济市面之用；（2）由银行公会暨中交两行，自向外埠各分行，商量援助之法。"② 16 日，财政部正式行文税务处，请其在应拨关余之款 1200 万两内先拨 600 万两，专供救济市面。③ 总税务司安格联起先以 "这些余款是一项业已授与总税务司的信托财产，它们不能移作别用" 为由予以拒绝，④ 后经外交团努力交涉，关余得以提前拨充市面。这 600 万两既是实际的资金支持，更为市场注入了信心。当时中国、交通两行对这笔资金的期待非常迫切，以致张嘉璈得知安格联最初反对的态度时，不无急躁地认为："安格联与其他一些英国人的阴谋是要搞垮二家银行。"⑤

金融风波与信心关系极大，为防止挤兑蔓延，安定人心，政府尽力采取措施引导舆论："饬由警察厅、步军统领衙门，对于造谣人民，严密拿办。"⑥ 无论是政府方面还是舆论界，都竭力暗示挤兑是外国人密谋共管中国的阴谋，以此激起全民的民族敌忾心，社会上出现了几乎一边倒的反对挤兑的舆论。⑦ 同时，政府与新闻界合力，为银行的兑付能力大造声势。

① 羲农：《难关稳渡后之金融》，《银行周报》第 5 卷第 47 号，1921 年 12 月 6 日，第 1 页。
② 《北京通信》，《申报》1921 年 11 月 19 日，第 3 张第 10 版。
③ 《北洋政府拟商拨关余应付中交挤兑》（1921 年 11 月 16 日），《上海总商会月报》第 1 卷第 6 号，1921 年 12 月。
④ 《总税务司安格联致外交使团团长备忘录——拒绝缴付中国政府海关余款维持中、交兑换》（1921 年 11 月 17 日），《中华民国货币史资料》第 1 辑（1912 ~ 1927），第 1264 页。
⑤ 上海档案馆译《颜惠庆日记》第 2 卷，1921 年 11 月 30 日，中国档案出版社，1993，第 94 页。
⑥ 《北京金融界风潮别报》，《申报》1921 年 11 月 19 日，第 3 张第 11 版。
⑦ 《甚勿入流言之股》，《申报》1921 年 11 月 18 日，第 4 张第 15 版；《上海各团体致全国国民电》，《申报》1921 年 11 月 20 日，第 4 张第 14 版。

《申报》刊载报道称："中国银行发出钞票之数，合天津北京两方面，仅500万元，张家口80万元，合计不满600万元。而天津之准备金，实有360万，北京有百余万，张家口数十万，合计近500万。"[1] 很明显，这一数据乐观高估了中国银行的准备金数额，银行方面显系有意放风，报界也极力宣传，目的在于安定人心。京畿卫戍司令部总司令王怀庆甚至提出以军权干涉挽救金融，表示"中国、交通两银行系国家银行，断无一行既倒，一行可以独存之理"，倡导银行界"通力合作、万众一心"。[2] 王怀庆还亲临银行现场，相关报道称："兑现时，王怀庆坐交行，殷鸿寿坐中行，秩序井然。"[3] 政府的一系列举措对维持市场稳定发挥了正面作用。11月23日，美国驻华公使舒尔曼（Jacob Schurman）在致国务卿的电文中说道："虽然基本的事实很少变化，但由于心理的因素，危机已显然缓和下来。"[4]

不同于五年前，此次挤兑中国、交通两行及整个银行界基本上步调一致，合作良好。16日晚，中国、交通两行领导层冯耿光、曹汝霖、任凤苞、周作民等议定应对方针："（1）总银行及分行存贮准备金，一律公开，随时任人参观或稽核；（2）各银行无论总行分行，应定期实行同行拆款方法；（3）对于外国银行，只于协助方面供给现款；（4）将历来充分准备情形，报告商会财政部及新闻界。"[5] 银行公会也开会讨论维持金融办法，为解除挤兑威胁，决定"一面由银行公会与商会负责，由商会令各大商号一律通用，归该两会负责兑现责任；一面由财交两部通电全国各收税机关及各路局，所有津张中交钞票，一律照现洋收用"；[6] 同时议决电请府院饬海关收

---

① 《北京金融界风潮别报》，《申报》1921年11月19日，第3张第11版。
② 《王怀庆以军权干涉提出挽救金融办法警告书》，《中华民国史档案资料汇编》第3辑"金融"（2），第521页。
③ 《国内专电》，《申报》1921年11月19日，第2张第8版。
④ 《美驻华公使舒尔曼致美国国务卿电——中国金融危机业已缓和》（1921年11月23日），《中华民国货币史资料》第1辑（1912～1927），第1254～1255页。
⑤ 《北京金融界风潮别报》，《申报》1921年11月19日，第3张第11版。
⑥ 《北京金融界风潮别报》，《申报》1921年11月19日，第3张第11版。

用两行钞票,并商令汇丰收受,以应放关余作抵。① 天津是挤兑的重灾区,中国、交通两行与天津商会协商,商会答应出面帮助维持钞券:"先由救济贫民入手,仿照民国五年办法,由三津磨房商(即米面铺)收受中交钞票。凡以中交钞票买米面者,一律照常收用,以免贫民恐慌。"② 为避免市面完全停滞,银行公会议定:"每日各商业银行代汇中、交津口钞票一万元均作票汇,汇水与中交两行一律。"③

综上可见,无论银行界还是整个工商界,普遍都采取了联合应对危机的立场,中国、交通两行更是基本站在同一条战线上。11 月 21 日,中行天津分行经理卞白眉在日记中写道:"省长公署开会,省长提议先维中行,予意最好同时设法。"④ 此所谓"同时设法",即指中、交两行应一并维持。对两行的合作态度,当时舆论予以充分肯定:"此次风潮起后,实抱有无限之乐观。第一即为银行业之团体稳固,第二即为舆论界之……莫不赞助我银行界。"⑤ 至于所有参与主体,报端亦有公论:"因北京有责任之机关,如政府、使署、中外银行、商会、商行及京津各报,均不为谣言所动,竭力顾重中外人之利益,协同消减恐慌。"⑥

京津地区发生挤兑后,上海市面也受到冲击。《申报》载:"沪市谣言,已纷纷而起,神经过敏者流向中交两行兑现者,较平日为多,中行则较平日多兑出七八万元。"⑦ 由于上海各银行准备充足,这种兑现行为很快得到化解。中国、交通两行上海分行"特于本行照兑以外,并托福源、福康、永丰、宝丰等钱庄,代为收兑,及虹口法租界、英租界南市各小钱庄,亦均十足兑现,以免商民跋涉之劳,于此可见其准备充足,随处可以兑现也"。⑧

① 《卞白眉日记》第 1 卷,1921 年 11 月 19 日,第 168 页。
② 《天津通信》,《申报》1921 年 11 月 19 日,第 3 张第 11 版。
③ 《有关本行券停兑及借款事项与步军统领衙门卫戍司令部往来文书》(1921 年 11 月 24 日),交通银行档案,档号:J032/001/00381,北京市档案馆藏。
④ 《卞白眉日记》第 1 卷,1921 年 11 月 21 日,第 168 页。
⑤ 羲农:《兑现潮中之舆论一斑》,《银行周报》第 5 卷第 46 号,1921 年 11 月 29 日,第 19 页。
⑥ 《北京经济恐慌垂定》,《申报》1921 年 11 月 19 日,第 3 张第 10 版。
⑦ 《中交兑现之昨讯》,《申报》1921 年 11 月 18 日,第 4 张第 14 版。
⑧ 《中交兑现之昨讯》,《申报》1921 年 11 月 18 日,第 4 张第 14 版。

对人心尤其具有安定作用的是，中国银行上海分行主动出售现洋，回收钞券。据当时报端记载："两日已达 50 万元之数，昨日又售出 20 余万元，收回钞票，可见该行准备之充足矣。"① 正因为上海银行业的良好经营态势，使之应对挤兑风潮时底气十足。17 日，上海银行公会召集中国、交通、浙江实业等 20 多家银行开紧急会议，议决向各埠发出公电，电文说明："日来京津谣言甚重，其中必有阴谋。沪市金融界甚安，中交两行并无兑现风潮。"② 上海总商会亦致函北京、天津、汉口、哈尔滨等地商会："沪市安谧，并无挤兑情事，金融界团力甚坚，均有准备，惟恐传闻失实，请代宣布。"上海银行公会还邀请报界人士召开谈话会，借此向社会说明："上海银行公会及钱业公会，双方已联络互助，准备充足，不仅可以自保，转以余力维持他方。"③ 通过这些努力，上海局势很快趋于稳定。11 月下旬，上海已有报告："本埠金融，渐趋和平。洋厘亦略跌小。最高为七钱三分三厘七五，最低为三分一厘。较上周最高价，已跌去二三厘之谱。银拆因用款甚稀，尚趋平松。"④ 银根基本恢复正常。作为国内最大都市和最强经济体，上海金融市场的稳定运作对安定人心、消除恐慌、恢复信用起着无可替代的作用。

与 1916 年停兑一样，在 1921 年挤兑风波中，中国银行再次出手，率先放开限兑。中行要求"当地商会、钱业公会、银行公会及政府检查该行帐目及库存"。检查结果，根据中行自己公布的数据，"京、津两行在外流通的钞票共约 370 万元，而该行现金库存为 210 万元，即发行的现金准备为 57%"。⑤ 同时中行紧急向天津调集现款，卞白眉日记称，到 24 日中行"准备大致不离"。⑥ 11 月 30 日，中行天津分行特请英国名会计师司塔门审计其财务状况，并将资产负债等审计结果登报公告。截至 1921 年 11 月 29 日，

---

① 《中交兑现三志》，《申报》1921 年 11 月 20 日，第 4 张第 14 版。
② 《中交兑现之昨讯》，《申报》1921 年 11 月 18 日，第 4 张第 14 版。
③ 《中交兑现再志》，《申报》1921 年 11 月 19 日，第 4 张第 14 版。
④ 《上海金融》，《银行周报》第 5 卷第 46 号，1921 年 11 月 29 日，第 1 页。
⑤ 《津中行挤兑系日人煽动》，《中华民国货币史资料》第 1 辑（1912～1927），第 1248 页。
⑥ 《卞白眉日记》第 1 卷，1921 年 11 月 24 日，第 168 页。

因各处现款陆续运到，中行天津分行库存现金 2590233.64 元，存放各银行 476093.87 元，对应的发行券为 3319531.5 元，① 放开兑付有了充足的现金支持。12 月 1 日，中行在京津恢复无限制兑现。中行之所以能做到这一点，当事人吴震修分析："当风潮发生时……中行内部的人心比较团结，平时虽然彼此斤斤较量，遇有实际需要，还能缓急相助，而且这时上海、天津、汉口等地中行的业务都较京行为发达，我又和他们尽量联络，多给垫款利息，因此京行挤兑时，经过各方面筹划协助，终于在两星期后，无限制兑现，把风潮平息下来。"② 这里提到的各地帮助是中行能够成功控制挤兑的关键。

中国、交通两行相较，交通银行的挤兑严重得多。"交行的情形，与中行有所不同，内部人心涣散，上海、天津等处分行的实力，并不比京行强。平时对于汇拨款项，各行之间早已具有戒心。一旦发生风潮，竟致呼应不灵。"③ 美国驻华公使舒尔曼致电美国国务卿报告："交通银行情况尤为严重。"④ 之所以如此，梁士诒的汇报较能说明问题："今姑就交通银行一方面言之，所发津、张两处钞票为数七百余万元，本非至巨，积存财产公债数复不赀（资），徒以京、津以外各处分行同时感此风潮，彼此不能挹注，因之现金来源益形枯竭，不得已，津、张两处钞票始与中行同时限制兑现……虽有日金二千万借款以为周转，但比年借与政府及代政府担保之款已至三千四百余万元之多。"⑤

问题的出现政府自然难辞其咎，银行本身的经营路径也存在问题。交通银行及其控制者交通系承继辛亥以来一直走的"官方"路线，和中行上海分行为代表的市场化发展方向背道而驰，当中行放开各分行业务，鼓励为商

---

① 姚崧龄：《中国银行二十四年发展史》，传记文学出版社，1976，第 66 页。
② 《吴震修访问录》（1961 年 11 月 18 日），《中华民国货币史资料》第 1 辑（1912～1927），第 1251 页。
③ 《吴震修访问录》（1961 年 11 月 18 日），《中华民国货币史资料》第 1 辑（1912～1927），第 1251 页。
④ 《美驻华公使舒尔曼致美国国务卿电——京、津中、交两行发生挤兑风潮》（1921 年 11 月 16 日），《中华民国货币史资料》第 1 辑（1912～1927），第 1254 页。
⑤ 《交通银行董事梁士诒等陈述京津挤兑风潮情由暨拟解决办法致大总统等呈稿》（1921 年 12 月 1 日），《中华民国史档案资料汇编》第 3 辑"金融"（2），第 524 页。

人服务时，① 交行却还在津津于从中行的政府业务中分一杯羹。交行发放给各地分行的营业方针写道："银行代理国库，固由于国家特许，尤在各分行、支行、汇兑所与各省财政厅及地方征收机关相近者常时联络，设法招徕……中国银行虽得代理国库优胜之权，国家财政支绌之际，时有青黄不接之患，届时需借巨款，中国银行或有未能接济之时，我行当可趁此时机分认借款，要求抵押，国库代理部分自必转入我手。"② 两行的经营理路不仅决定了各自不同的处境，且直接影响了他们在危机中的应对和生存能力。当时人们对这一点也都心知肚明，吴虞在日记中写道："过马幼渔，谈久之，云中国银行不难兑现，交通银行恐不免倒闭。"③

交通银行的信用和实力均不及中国银行，放开兑付过程也艰难得多。11月19日，中国、交通两行的张嘉璈与曹汝霖在北京银行公会办公处会晤，张嘉璈答应帮助交行。同时交行的主要股东如曹汝霖、梁士诒等人也纷纷出资接济交行，④ 交行放开兑现显露希望。曹汝霖表示："现正向各方面筹集巨款，且已确定根本计划。"不过，正如时论所言："交通银行之情形，较中行为复杂，益以平时办理不善，其系统颇为混乱。且发生问题以来，政府与银行，及银行内部意见有不相一致之处，遂不易确立具体之办法。"⑤

另外，直奉联合政权内张作霖与吴佩孚之间的矛盾逐渐显现，交通银行恢复无限制兑现还面临政治压力。当时报端有云："救济中交两行之举，今日已成为奉直两系政治之争。盖张作霖与曹锟各欲借此次风潮贷两行以巨款

---

① 1917 年，中国银行公布修正则例，明确各地独立发展的业务方针。第一，鉴于民五停兑之后果，各地分行发行纸币，应维持相当之独立。各地纸币之式样、颜色、流通区域、兑换准备金，均应独立保持。第二，鉴于国家统一业经破坏，政治一时难望步入正轨。中行业务对象，应由政府转移于商业。不应重视金库收入，不应依赖纸币发行特权，应着重于购买或贴现商业期票，尽量为商人服务。中行这一决策，大大促进各地分行的商业化发展，使其在自身迅速壮大的同时，积聚了良好的信用和抵御风险的能力。参见姚崧龄编著《张公权先生年谱初稿》上册，第 37 ~ 38 页。

② 《交通银行总处印送关于经理暨代表会议议定日后营业方针致各行函稿》（1917 年 2 月 27日），《中华民国史档案资料汇编》第 3 辑"金融"（1），第 364 页。

③ 《吴虞日记》上册，1921 年 11 月 27 日，四川人民出版社，1984，第 657 页。

④ 马建标：《谣言与金融危机：以 1921 年中交挤兑为中心》，《史林》2010 年第 1 期，第 30 页。

⑤ 《中交恢复原状之沪闻》，《银行周报》第 5 卷第 47 号，1921 年 12 月 6 日，第 25 页。

以为后来操纵之地，且各欲其条件之见纳于两行也。"① 在中行刚刚恢复兑现时，卞白眉即有耳闻："闻交通方面颇忌津先兑付，有借此挑拨奉直感情，借以中伤我行之意。"② 此则评论在直奉尚属联合的大气候中似乎言过其实，但也足见军阀割据、政局不靖的政治形势对金融的不利影响。直到1922 年 1 月 7 日，经梁士诒密派交行协理叶恭绰与奉系张作霖进行政治交易，在"梁（燕孙）、曹（润田）、任（振采）、叶（誉虎）四人共同担保"下，③ 由东三省官银号和奉天兴业银行借银 400 万元，交行终于恢复无限制兑现。

在两次挤兑风潮中，中国、交通两行同遭打击。不同的是，中国银行在风潮中很快复苏并蒸蒸日上，交通银行却从此在与中行的竞争中居于下风。发行额与存款额可直接反映银行的社会认可度与信用度。以中国、交通两行数据对比来看，1915 年两行发行总额相当，到 1921 年时，中行发行 6249万余元，交行发行 3014 万余元，中行为交行的两倍多（表 2 - 1）。从存款额看，1915 年中国、交通两行大致相当，中行略高；到 1921 年，交行存款仅 5451 万元，中行存款达 17619 万元，已是交行的 3 倍多。④ 可见，中国、交通两行五年间经过两次挤兑已彻底拉开距离。交行信用很长时间无法恢复。1922 年，钱玄同在日记中写道：

> 晨起回家。昨闻交通票又靠不住之说——因奉直战事，略露端倪也——故告媗贞，将家中所有交票取出，兑换现金。做此等事本无聊，偏偏一年要做上几次，这大概只有做了我们贵国的百姓，才会有这种特别任务的。偏偏我又是最怕揽这类玩意的！唉！出城兑现金，钱庄、银号每家仅能兑十元，要多兑，非到来日方可，而今日是礼拜六，银行不开门，明日更不必说，且到后天再看吧。在西河沿东口走了四五十步路，足痛

---

① 《金融风潮中之政潮》，天津《大公报》1921 年 11 月 23 日，第 1 张。
② 《卞白眉日记》第 1 卷，1921 年 12 月 4 日，第 169 页。
③ 曹汝霖：《一生之回忆》，春秋出版社，1966，第 216 页。四人指梁士诒、曹汝霖、任凤苞、叶恭绰。
④ 《交通银行与中国银行存款比较表（1912～1926 年）》，《交通银行史料》第 1 卷，第 310 页。

身疲极矣，真是活受罪！[①]

交行信用下降，一有风吹草动，就成为人们争相挤兑的对象。

1916、1921 年中国、交通两行两次挤兑，起因均与北京政府时期银行财政化、政局不靖、派系力量的消长、银行不得不为政府的信用缺失买单相关，然而前后两次挤兑风潮的具体路径又不尽相同。1916 年停兑时，政治对于中国、交通两行的影响可谓是决定性的。交行此前通过交通系与袁世凯的关系获得迅速发展，却也因与袁绑得过紧而遭遇重挫；中行上海分行则因为直皖两系斗争获得直系政治上的后盾，得以放手抵制停兑，成为维持银行信用的范例。从交行危机中看到的政治力带给银行的负面影响与中行上海分行抵制停兑中政治力意外产生的正面效应，都体现了此时期政治对于银行的绝对影响力。相较之下，1921 年，北京政府相比五年前可以说大为式微，时论直言："以现时国力与时局言，其困难情状较前尤甚。"[②] 这一年挤兑的发生，和弱势政府管控能力不足不无关系。危机发生后，这个相对弱势的政府却能够和银行界、商界、媒体及社会各界配合，应对相对沉稳，避免了危机的进一步恶化。在这两次挤兑风潮中，政治和银行间的复杂互动及种种结局，提示了政治和银行间复杂的互动关系，不是简单的肯定或否定评判可以涵括的。在政治与金融关系不健康、银行制度不健全的背景下，在政治与金融之间也包含了更多的可能性与复杂性。

相比 1916 年挤兑风潮，1921 年挤兑危机的克服，从银行本身来看，还在于其市场化发展的初见成效及整体实力的增强，尤其是民营经济在这一时期的崛起，开始充当稳定金融的支柱，银行和政府之间逐渐超出单向的依附关系。这应该是一个健康发展的趋向，但它的基础又是建立在北京政府无力管控的基础之上，并不是理性选择的结果。对此，时人有过精彩评论："此次风潮之起，似强混国家经济与国民经济为一。盖国家经济破产而国民经济安全者，国家经济犹有挽救之方。若国民经济同时牵连，斯为全局之破

---

① 《钱玄同日记（整理本）》（上），1922 年 4 月 15 日，北京大学出版社，2014，第 404 页。
② 《对于中交风潮之感想》，天津《大公报》1921 年 11 月 25 日，第 1 张。

产……我国现政府财政紊乱无序，国家经济或将陷于无能力之地位。然国民经济，健全如故，年来转益发达。观于各种新企业，可以明白，我国人今而后认定国民经济完全由国民负责，归国民维持。"[1]

两次挤兑，更深一层看，还和当时中国的货币制度有关。关于挤兑，时人有言："银行之活动系于信用，而信用为物，则操纵发挥，纯赖有神妙之手腕，兑现之办法，不过为求社会信用之一策，本不必有十足之准备，盖使银行而必须十足准备，则银行之作用不啻全失。"[2] 信用是银行运营的基础，信用在金融领域的重要意义理应得到足够的关注。对于处于银本位制度下的中国银行业而言，货币本不具有发行上的弹性，银行的信用风险主要体现在挤兑方面。这种缺乏弹性的信用风险会不会转化为危机，危机爆发后如何化解，是考验银行、政府、社会的一个难题。较之1916年，对1921年挤兑风潮的应对、处理，虽然让人们看到了进步的一面，然而风潮中所展现的中国货币制度的问题，势将成为此后中国金融界及政府努力解决的目标，直到1935年南京国民政府推行法币改革，挤兑风险才得以从制度上化解。

---

① 《金融之风浪教训》，《银行周报》第5卷第46号，1921年11月29日，第20页。
② 《北京中国银行兑现近状感言》，天津《大公报》1916年11月17日，第1张。

第三章　政商博弈：南北大变局中的金融界

作为经营、掌控主要经济资源的社会群体，银行家在 1926 年前后南北对立时期处于巨大政治风暴之中，可谓动静观瞻："银行亦不过商人之一种，今日忽有鹤立鸡群之局势，乃社会造成之也。"[①] 1920 年代中期，随着政治巨变的到来，梁士诒、张嘉璈、陈光甫作为几大银行的主事者，高度敏感于时势的变化，以其各自不同的经历、背景及政治取向，对时局变化做出同中有异、异中有同的因应。[②] 近代中国的银行多与政治、政府藤蔓相连，由此银行和银行家不仅缺乏广泛的民众基础，在政治力量面前也常常处于软弱无力的依从境地。但是，商业本能的利益驱使又会让他们时常出现与政治拉开距离的独立冲动，这在政权更迭的大变局年代尤为突出。

第一节　梁士诒与交通银行

梁士诒是论及北京政府和交通银行均跨不过去的重要人物。袁世凯任大总统时，梁曾出任总统府秘书长，1921 年出任北京政府总理，虽然不旋月即告垮台，却也可谓烜赫一时。梁士诒素有"财神"之称，善于理财，是北京政府许多派系都乐于借力的理财能手，曾先后出任多届政

---

①　上海市档案馆编《陈光甫日记》，1928 年 11 月 19 日，上海书店出版社，2002，第 89 页。

②　关于北伐前后银行家与政府的关系，学界多有关注。既往研究多强调政治强权对银行的压榨，注重上海金融家为蒋介石提供的财政支持，可参见小科布尔《上海资本家与国民政府（1927～1937）》，杨希孟、武莲珍译，中国社会科学出版社，1988；吴景平主编《上海金融业与国民政府关系研究（1927～1937）》，上海财经大学出版社，2002；王正华《1927 年蒋介石与上海金融界的关系》，《近代史研究》2002 年第 4 期；冯筱才《自杀抑他杀：1927 年武汉国民政府集中现金条例的颁布与实施》，《近代史研究》2003 年第 4 期。对银行家的商业本能与主体因应则关注不够，银行界对武汉国民政府的态度及其变化也相对被学界忽视。

府的财政高官，包括财政部次长、内国公债局局长、财政善后委员会委员长等要职。与梁士诒亲自打过交道的美国驻华公使芮恩施（Paul Reinsch）把他比作"中国的皮尔庞特·摩根"，说梁"是北京最能干和最有势力的人"。[①] 梁士诒执掌交通银行十余载，从筹议设立便参与其中，后两度入主交行，是交行初期发展中的核心人物。以国家银行之一的交行作为后盾，梁士诒政商两栖的优势尤为凸显，其亦官亦商的角色被发挥得淋漓尽致。[②]

活动于南北之间

1912 年 5 月，梁士诒以总统府秘书长的身份兼任交通银行总理。其虽于 1916 年 6 月离职，但仍以交通系的掌门地位，在相当程度上继续保有对交行的控制与影响。1925 年重新出山后，再度接过交行总理一职，直到 1928 年去职。梁和交行的关系，几乎贯穿整个北京政府时期。梁也是持有交行个人股份最多的大股东，用他自己的话说："本为交行最大股东，亦不能置财产于不顾。"[③] 交行总管理处文书科专管股务的董肖骞则回忆："梁士诒名下大约有一二千股，惟自己出面不多，均化名在子女或亲戚名下……而这些托人出面的股票，仍掌握在梁家手中。"直到 1931 年，梁士诒的交行股

---

① 保罗·S. 芮恩施：《一个美国外交官使华记》，李抱宏、盛震溯译，商务印书馆，1982，第 79 页。

② 关于梁士诒，既有研究主要侧重他 1916 年前的作为，多和洪宪帝制、交通银行的停兑危机及北京政府的公债发行等相关，且往往束缚于预设的评价标准，附和于既有的否定论断。如方平《梁士诒的内债观与民三、民四内国公债》，《历史教学问题》2002 年第 9 期；王雅文《论清末民初政坛上的梁士诒》，《史学集刊》2004 年第 2 期；苏全有《梁士诒与清末铁路利权回收》，《河南大学学报》2009 年第 6 期；姚会元《梁士诒与中华银公司》，《中国社会经济史研究》2012 年第 2 期；姚磊《梁士诒与交通系的形成与发展（1906～1916）》，硕士学位论文，华东师范大学，2011；夏正阳《洪宪帝制后梁士诒动向研究（1916～1918）》，硕士学位论文，苏州大学，2013。李吉奎在《梁士诒》（广东人民出版社，2005）中对北京政府末期梁的活动进行了部分交代，但并未展开深入论述。关于北伐前后梁士诒作为交通银行总理，在南北间的政治运筹与复杂面向，目前尚未见有专文研究。

③ 《致李耆卿述行事艰危嘱其赴南通谒张謇函》，陈奋主编《北洋政府国务总理梁士诒史料集》，中国文史出版社，1991，第 198 页。此函书中标注日期"1920 年"，有误，应为"1925 年 4 月 30 日"。

份仍有 800 股，加之承售其股票之各户 800 股，共 1600 股。[①] 权与利的交错，使梁士诒的利益与交行的命运时相牵绊。袁世凯时代，梁士诒借力政治，一度把交行经营得风生水起，一时间和中国银行鼎足而立，甚至有骎骎乎凌驾其上之势。袁世凯之后，梁士诒失去了强大的靠山，此时他的政治路和理财路便呈现十分复杂的轨迹。交行在他手中变成进退伸缩的棋子，他本人的身份也不断在银行家与政治家之间交错变换。

1920 年代前后，随着南方的崛起，中国政治中心发生南移，梁士诒政治高官和银行家兼具的身份，使其对时局变幻特别敏感。早在 1918 年，梁士诒和汪精卫便有文电往还，8 月汪精卫给梁士诒电报中有云："本日精卫与中山谈及燕老近来筹画及桂老所谈大要。中山谓据年来经验，知实现理想中之政治，断非其时，故拟取消极态度，将来从著述方面，启发国民。"[②] 可见此时梁、孙之间已有接触。[③] 1921 年 12 月，梁士诒得到张作霖支持，准备组阁。吴佩孚致电浙江督军卢永祥谈及梁与孙中山等的来往，说道："前此梁士诒赴粤，与陈炯明接洽，亦与孙文有所暗结，此次拟出组阁，将合粤、皖、奉为一炉，垄断铁路，合并中央，危及国家，殊堪懔栗。"[④] 吴佩孚所言固然有其派系斗争的立场，但所谈及的梁士诒和孙中山的关系，应该不是无的放矢。梁、孙接触，原因很多。首先，二人都是粤籍，这在重视乡籍关系的传统中国很容易成为私人接近的理由。其次，梁士诒以南方人身份，一贯主张南北调和，反对武力解决，因此两人接触没有太多的政治障碍。最后，梁士诒以文人厕身政治，不得不长袖善舞、妥洽各方，这大概是在军阀时代，没有武力支撑、仅靠派系争斗和财力运筹的政坛活跃者求取生存的必要门径。

1922 年直奉战争爆发，梁士诒依附的奉系战败，其一度避居香港。1923 年陈炯明叛变后，孙中山重整旗鼓，政治上联俄联共，同时和奉系也

---

① 《交通银行史料》第 1 卷，第 29、28 页。

② 岑学吕编《三水梁燕孙（士诒）先生年谱》（上），第 428～429 页。文中"燕老"即梁士诒。

③ 关于梁士诒 1920 年前后和孙中山的接触，可参见林家有《孙中山与梁士诒》，《近代史研究》1990 年第 3 期。

④ 岑学吕编《三水梁燕孙（士诒）先生年谱》（下），第 176 页。

有接触。此时赋闲在港、政治上以奉系为靠山的梁士诒，成为各方争相联络的重要角色。其门生记述："奉天张作霖、浙江卢永祥与先生信使往还，大元帅孙中山且欲邀先生共襄国事。先生以身在局外，尤易联络，因允以叶（恭绰）郑（洪年）二氏佐之。"① 与梁同属旧交通系的叶恭绰、郑洪年赴港拜谒梁士诒后，便到广州分任大元帅府财政部部长、次长，直接支持孙中山第三次开府广州。10月，郑洪年致函身在香港的梁士诒，告以："公如在港与各界接洽，应拿定一视同仁宗旨，不偏于何党何派，概牢笼之，方不至反响无成。以大气包举之，过此背时，至统一后，何党何派可提携，或何派应拒绝，系另一问题。此时非尽入我包涵中，时局无收拾之望。且恐半路即生枝节，公亦不宜过于消极。"② 可见，牢笼南北、尽人包涵，是梁士诒一系此时面对时局变化的应对之方。

然而，随着1924年国民党改组，梁士诒一系在广州的生存空间逐渐缩小，叶恭绰、郑洪年先后离开广州，梁不得不另谋出路。在给友人的信中，他谈道："天有阴暗向晦，外国政治家亦常淡置数年不谈也；盖政治家无不投机者，以时当泯泯梦梦，我则手无寸铁，不如藏以待时。"③ 9月5日，梁致函陈光甫谈及叶恭绰、郑洪年离粤北上，说道："誉甫（叶恭绰）仍是郢人，不忘故都之意，久居北方，凡事似较与北人共事较有趣味而合拍。"④ 梁士诒和南方孙中山的短暂蜜月就这样无疾而终。不过这一段经历毕竟为后来梁士诒与南方革命党人的继续接触埋下了种子。

1924年10月，直系在第二次直奉战争中战败，张作霖控制北京政府。以奉系为背景的梁士诒重新出山，在段祺瑞的支持下主持财政善后委员会。甫回北京，即谋求重新执掌交通银行，致函交行总理张謇，咄咄逼人地迫其离开交行："交行之事，近年以时局纠纷，是非倒置，弟出亡在外，不获奉

---

① 岑学吕编《三水梁燕孙（士诒）先生年谱》（下），第255页。
② 《郑洪年陈述唐绍仪推许及叶恭绰借英债函》（1923年10月21日），陈奋主编《北洋政府国务总理梁士诒史料集》，第380页。
③ 岑学吕编《三水梁燕孙（士诒）先生年谱》（下），第290页。
④ 《梁士诒致陈光甫函》（1924年9月5日），《上海商业储蓄银行有关政治官僚梁士诒、叶恭绰等劝导银行投资广东造币厂等事项致陈光甫来函》，上海商业储蓄银行档案，档号：Q275/1/2364，上海市档案馆藏。

笔砚相从。……据各董暨新之①所谈，如转移日金，借款补购九六公债，清偿奉天借款，筹划奉军，准备清理星渝各行呆账，恢复京行营业，清厘政府欠款等，种种问题，无法解决，以及各行营业之不易进行。……新之屡述难状，力求摆脱，词［辞］意坚决，已难强留，此间同人及重要各股东，亦以行事艰危，难任延阁。公既不获北来，新之又志在必去，均望迅筹办法，共资救济。弟承各方责望，又以与行关系稍深，情切同舟，谊难独逸。"②其间，曹汝霖曾力荐钱新之升任总理："如燕老肯任仔肩，董长一席仍以省之③为宜。谅公熟于南方情形，或不河汉斯言也。"④ 但事实上，驱走张、钱，另换交行原班人马才是梁之真正意图。在致李耆卿函中，梁士诒表露得更加直白："行事表面平静而实际艰窘。啬公不获北来，新兄以一人支持内外，备极艰苦。弟此次北来，观察各方面情形，新兄一人实难久支，迭向各方辞职。此间同人及重要各股东，以行事日趋疲敝，难任迁延，均渴望迅筹办法，借资救济。弟承各方责望，又以与行关系稍深，为公为私，均难坐视，不得已曲徇众意，勉与周旋。协理一席，新之志在必去，各方面都属意剑泉⑤。剑泉在财部及公债局有年，于行事本极熟悉。交行与财部往来款项，纠葛甚多，得剑泉佐理，尤多裨益。且剑兄与银行界暨各外界情感均好，各行同事亦多旧识，更不虞其隔阂。剑泉已表示同意。"⑥ 梁托李耆卿持此函见张謇，逼宫张、钱，取而代之意图可谓昭然若揭。在梁士诒的压力下，5 月 7 日，张謇致函钱新之："行事决意卸去。另函致股东会，届时乞提出。走任事之始，本约暂救危急。今行基少固，已遂初愿。何必以察察

---

① 钱永铭（1885～1958），字新之，浙江吴兴人，1917 年进入交通银行上海分行任副经理，1922 年任交通银行协理。

② 《致张謇述行事艰危等函》，陈奋主编《北洋政府国务总理梁士诒史料集》，第 197 页。原文标注 1920 年 4 月 30 日有误，应为 1925 年 4 月 30 日。

③ 应为"新之"。

④ 《曹汝霖致叶恭绰函》（1925 年 3 月 1 日），柳岳梅、梁颖整理《叶恭绰友朋尺牍》，上海图书馆历史文献研究所编《历史文献》第 3 辑，上海科学技术文献出版社，2000，第 201 页。

⑤ 卢学溥（1877～1956），字涧泉，又作鉴泉或剑泉，浙江桐乡人，1925 年任交通银行协理，1928 年任交通银行董事长。

⑥ 《致李耆卿述行事艰危嘱其赴南通谒张謇函》（1925 年 4 月 30 日），陈奋主编《北洋政府国务总理梁士诒史料集》，第 198 页。

之身，随漩涡而浮沉耶！"① 总理张謇与协理钱新之被迫辞职。5 月中旬，交行召开股东会，梁士诒当选为总理，卢学溥为协理。

交行业务南移

梁士诒活动于南北之间时，交通银行也正经历官商调整及业务重心的南北转换。1921 年，中国、交通两行爆发第二次停兑风潮，交行北京分行所受打击最为严重。在 1922 年 11 月召开的第一届行务会议上，交行已有将京行改为支行之提案。会后，京行虽勉强保住分行名义，但地位已在天津分行之下。② 12 月，京行宣布暂时停业清理。清理一年复业后，面对金融界"独立政治之外"③ 的一致呼声，原本主要依靠政府业务获利的京行，地位、规模大不如前。《1923 年下期营业报告》中说："京行未复业以前固无营业可言，而任务依然筹付，债权则不易催收，故现金只有流出而鲜收入，厥状至窘。复业以后亦复困于头寸汲深绠短，应付维艰。"1923 年下半年，京行仅盈余 8600 余元。当时京行所负债务与可收债权相较，计缺洋 226 万余元，只能依赖津、沪、汉、哈、长等行接济头寸，勉强维持营业。④ 之后的几年连年亏损，1926 年下半年北京分行营业纯损洋 49302.10 元，1927 年上半年纯损洋 98367.01 元。⑤

在京行趋于没落时，交行上海分行的业务却稳步发展。第二次停兑风潮后，江浙一带的各分支行在沪行带领下，减少政府放款和对特许业务的依赖、发行独立、准备公开、修订交行则例，逐渐走上商业化发展道路，业务优势逐渐凸显。表 3-1 为 1921~1923 年交行京、津、沪分行业务情况，可以看出，从存款、发行到纯益，1923 年时沪行优势日渐明显，业务中心南移已不可避免。

---

① 《张謇存稿》，上海人民出版社，1987，第 493 页。

② 《北京交通银行历史沿革与营业概况》，《北京金融史料》银行篇（5），第 18 页。

③ 《交通银行股东联合会之电文》，《银行周报》第 6 卷第 19 号，1922 年 5 月 23 日，第 23 页。

④ 《北京交通银行历史沿革与营业概况》，《北京金融史料》银行篇（5），第 27 页。

⑤ 《京行致总处函稿》（1927 年 8 月 22 日），交通银行档案，档号：J032/607，北京市档案馆藏。

表 3 - 1　1921~1923 年交通银行京、津、沪分行业务比较

时间	存款（两）			发行（元）			纯益（元）		
	京行	津行	沪行	京行	津行	沪行	京行	津行	沪行
1921 年上期	35814321.30	16174681.13	14900023.86	7552937	3999700	10777004.38	917278.660	229836.60	165079.94
1921 年下期	27744454.35	11986916.50	8519860.52	4662316	1920000	5617317.38	1149948.140	13337.27	9913.08
1922 年上期	26524345.83	9303880.22	10575544.97	439873	582390	5948154.00	96511.700	59890.69	79780.07
1922 年下期	5218018.97	7189623.46	13764332.01		2450000	9486716.00			
1923 年上期	2827991.88	8484621.77	10258849.58	2382500	4957750	9817616.00	95038.530	71132.22	226747.64
1923 年下期	3893527.61	7298749.02	11421141.12	2590000	6972800	11708484.00	9247.690	77696.12	385745.85

资料来源：《交通银行各分支行历年业务概况》，交通银行档案，档号：Q55/2/282，上海市档案馆藏。

交行业务中心的南移，直接影响了梁士诒的利益取向。1925 年，当广州方面挟国民革命之威日渐壮大，呈现明显的上升势头时，重新出任交行总理的梁士诒以北京政府老臣的身份，开始其明显的"南向"行动。1925 年底 1926 年春，梁士诒以"交行总管理处设北京，每受政局影响，且被军阀迭勒垫款"，"京津间交通阻滞，总管理处于各行之匡计头寸与调拨资金均感弗便"为由，① 将总管理处之会计股、稽核股及文书股之一部分移至天津。虽然声称"此乃临时应变之办法"，但此项举措当时就被判断为"注重工商事业脱离北京政治之牵掣"，② 表现了梁促使交行进一步脱离北方政府控制的意图。

再看梁士诒 1926 年的活动。1 月 13 日，梁离开北京，先后到天津、上海、香港，3 月下旬返回上海，在江浙沪宁各处"视察各分行及考核人事"。③ 梁的行迹透露了其进一步加重南方业务的考虑。当然，以梁对政治的敏感，其中或也不乏对正在准备北伐的广州政府的窥察。4 月 20 日，梁结束南方之行，北上天津，以行务缠身为由未进北京。梁氏南行及最终以行务为由留滞天津，大体显示了北京分行的没落及交行的商业化趋向。此时，交行股权结构状况是："交通部原有官股 4 万股中，因陆续抵还各银行旧欠，到 1927 年，已由原来股权占之 40%，下降到占 10% 左右，其余约 90% 均为商股所拥有了。"④ 这意味着北京已不再是交行业务的中心，体现了北方政府对交行控制的严重松动，既为交行赢得了更大的生存空间，也为梁士诒运筹南北减少了羁绊。故此，当北伐开始后，梁士诒把握时机，在南北间极尽暧昧之能事。

1926 年 12 月，国民政府由广州迁驻武汉。宋子文执掌汉方财政，邀梁士诒到武汉，梁年谱记载："（宋子文）屡电先生，极致钦崇，请先生赴汉，

---

① 《交行总管理处移津》，《申报》1926 年 5 月 27 日，第 1 张第 4 版。
② 《1927 年 5 月 1 日股东常会纪》，《北京金融史料》银行篇（5），第 161 页。
③ 《梁士诒昨日来沪》，《申报》1926 年 3 月 22 日，第 4 张第 14 版。
④ 韩宏泰：《北洋军阀时期的交通银行》，《文史资料精选》第 2 册，中国文史出版社，1990，第 478 页。

共商大计。"① 1927 年 2 月，梁方派赵庆华为代表到武汉同宋子文商谈。赵回去后笔述："相见之后，连日讨论财政计划，皆遵三水（梁士诒）所授转达，并加以管见，彼此极是惬洽。对于军需借款巨数，当时市况，势难办到；往返电商结果，许中国银行在同行往来项下透支，以五十万元为限，订明所取交通汉行钞票，必须运往湘、豫、赣、皖四省前敌使用，以免即来兑现。汉口中央银行钞票，就地发行，由交通汉行代兑，如此一转移间，市面不致牵动，中国银行及他银行若能照此办法，中央银行至少可有三四百万元往来之活动，于军事商业均有裨益，国民军财政，从此可宽裕矣。至对于银行将来之事业，拟以三行合作为最有便利之结合，凡属通商大埠，有中交两行分行之处，均设立中央银行分行，互相扶助，则无往不利矣。宋陈极端赞同。三水以为此行，会商既到恰好之处，电令北返。临行与宋约定，俟国民军到沪，即约会进行。"② 从稳定财政出发，宋子文本就力主维持中国、交通等银行正常的业务活动，认为："此等银行既有相当准备金，且基础巩固，故国民政府不加以何等之干涉，希望其照前自由营业。"③ 双方交流尚属顺畅。梁士诒从南方这里得到"自由营业"的承诺，以梁的北方身份，似也应该满意。

对南方形势的进一步发展，梁士诒也有期待。1927 年 1 月 16 日，梁士诒回访英国公使兰浦生（Miles Lampson）时分析道："现党军内部，未能统一，其中可分三派：一曰青年及共产派，二曰旧国民党即反共派，三曰黄埔学生队除外之老军队派。汉口事件，乃由左右二派竞争政权而生，现在暗潮极烈，不过在汉口之势力，仍以右派为胜利。"④ 梁士诒的观察应该不是无稽之谈。随着南京、武汉分裂趋势日渐明显，梁希望看到的右派胜利逐渐有可能成为现实，这让梁看到了希望。不过，由于毕竟分属南北两个阵营，梁士诒要和南方取得更密切联系还是难上加难，所以，对南方，尽管他竭力示好，但在未得到明确回应前，仍只能暂时"袖手且处旁观"，并

① 岑学吕编《三水梁燕孙（士诒）先生年谱》（下），第 492 页。
② 岑学吕编《三水梁燕孙（士诒）先生年谱》（下），第 510 页。
③ 《宋子文与日记者谈话》，《申报》1927 年 1 月 28 日，第 3 张第 9 版。
④ 岑学吕编《三水梁燕孙（士诒）先生年谱》（下），第 503 页。

不无自我解嘲地表示："若事机未臻纯熟，袖手且处旁观，亦未尝非制胜之道。"①

对交行继任者的安排

当和南方秋波暗送时，梁士诒对张作霖则谨慎地保持一定距离。1926年12月1日，张作霖在天津就任"安国军总司令"，力邀梁士诒组阁，梁婉言拒绝，致函张作霖解释："弟与公之关系人所共知，如果登台，不但不能缓冲，且必徒为射的。……弟为公计，屈伸进退，尚当从远大着想。"② 很明显，梁不希望站到台前，而是要在南北间留有余地。而且在梁看来，与国民党武力对峙实属不智，所谓："先生与叶君恭绰逆知此局之不能持久，而世界形势，不久即将剧变，北方政治立场，既甚薄弱，宜急与国民党相结，庶足安内攘外。"③

不过，梁士诒的观望未能一直持续。在南方迟迟对其示意没有明确回应时，1927年3月，以推动南北调和为旗号，梁士诒准备入府。为尽可能避免此举给交行全国业务尤其是在南方的业务带来冲击，梁欲交卸交行总理一职，对继任人选苦心焦虑。3月4日，梁士诒致函南方极具影响的银行家陈光甫，表示自己对交行"自应舍其职务以免拖累"，并劝陈接掌交行，理由有三："（一）居北之人必遭疑忌，故必择居南之人。（二）我兄向主南北妥协者，则人不疑借交行以济北。（三）我兄金融老手，信仰播于全国，声誉一播，行基自巩。"④ 交行元老、协理卢学溥亦致函陈光甫，从旁相劝："今日交行地位于社会经济金融全局关系极巨，固无南北之分，更无官商之别。倘有意补牵一发而动全身，固非交行之利，亦为诸公之福。"⑤ 二人都强调

① 岑学吕编《三水梁燕孙（士诒）先生年谱》（下），第500页。
② 岑学吕编《三水梁燕孙（士诒）先生年谱》（下），第500页。
③ 岑学吕编《三水梁燕孙（士诒）先生年谱》（下），第525页。
④ 《梁士诒致函陈光甫》（1927年3月4日），《上海商业储蓄银行有关接收上海总商会、共商政局、代理交行总理等事项国民党上海临时政委会、曹汝霖等致陈光甫函件》，上海商业储蓄银行档案，档号：Q275/1/2379，上海档案馆藏。
⑤ 《卢学溥回复陈光甫》（1927年3月6日），《上海商业储蓄银行有关接收上海总商会、共商政局、代理交行总理等事项国民党上海临时政委会、曹汝霖等致陈光甫函件》，上海商业储蓄银行档案，档号：Q275/1/2379，上海档案馆藏。

陈光甫的南方背景，希望陈能调和南北，帮交行渡过难关。于此，政治的影响、南方业务的重要性可见一斑。

关于梁士诒辞职的若干细节，在陈光甫和贝祖诒的通信中可见一二。陈光甫接到梁、卢的邀请函后，便写信给贝祖诒："燕荪因须出山，欲摆脱交通总理，嘱弟以董事资格代理，时局如此，弟不愿担任，惟友人颇有难，就此请兄一决。"[①] 17日，贝祖诒回复陈光甫，对梁之出山和交行前途不表乐观："时局愈趋纠纷，南北两方均有派别。燕老出山，能以和平统一之政策与南方谋妥协，本系福国利民之举，我侪小民皆宜馨香祷祝以求之。无如诒在汉耳闻目见，内容情形异常复杂，终恐难于成功。"贝具体分析了国民党的政治状况："盖党中有一部分绝无与北方妥协之可能性。若使北方完全归顺，又恐难以办到。如政局无解决之希望，交行分支行跨南北各省，当局困苦情状不言而喻。"[②] 或许为贝言所动，陈光甫回函卢学溥，婉言拒绝出任交行："推弟代理一节，拳拳盛意，奉诵之余，且感且痛。为公谊私交，弟又何敢推诿。奈敝行董事会议皆以当此多事之秋不允。"[③]

1927年3月，北方的张作霖政府筹组财政讨论会。此时，梁士诒及交通系全力以赴，通过银行界、经济人士的身份邀请南方银行界北上共商国策。曹汝霖、叶恭绰为此专函陈光甫："此次组织财政讨论会，张雨帅极为注重，对于诸公尤深钦仰，目前政局更新，诸待盘划，极盼命驾来京共商一是。"[④] 作为上海金融界的代表，陈光甫当然不会倒向北方，回函中表露了其真实顾虑："燕老救国志切，但时势已成社会革命，民心所向系非兵力所

① 《陈光甫致贝祖诒函》，（1927年3月），《上海商业储蓄银行有关接收上海总商会、共商政局、代理交行总理等事项国民党上海临时市政委会、曹汝霖等致陈光甫函件》，上海商业储蓄银行档案，档号：Q275/1/2379，上海档案馆藏。

② 《贝祖诒致陈光甫函》（1927年3月17日），上海市档案馆编《上海银行家书信集（1918～1949）》，上海辞书出版社，2009，第37页。

③ 《陈光甫致函卢洞泉》（1927年3月），《上海商业储蓄银行有关接收上海总商会、共商政局、代理交行总理等事项国民党上海临时市政委会、曹汝霖等致陈光甫函件》，上海商业储蓄银行档案，档号：Q275/1/2379，上海档案馆藏。

④ 《曹汝霖、叶恭绰致陈光甫函》（1927年3月）《上海商业储蓄银行有关接收上海总商会、共商政局、代理交行总理等事项国民党上海临时市政委会、曹汝霖等致陈光甫函件》，上海商业储蓄银行档案，档号：Q275/1/2379，上海档案馆藏。

得征服。燕老复出恐于大局亦无一补耳。"①

　　然而，对于陈光甫的说辞，梁士诒似乎无动于衷，数月后出任张作霖政府税务处督办。对此其门生解释道："三水与奉派联络，强半为交通银行关系，奉派中人，不明大势，……此中苦心，未知将来交通银行中人尚有知之者否也？"② 这一解释泰半被认为是梁门的自饰之词，不过若对当时交通银行的业务实况稍予关照，似也不无道理可寻。交行业务横跨南北，北方业务1926、1927 两年虽遭连年亏损，业务中心明显南移，但是总管理处等大部分机构尚在京津，且到 1927 年，财政、交通两部的政府旧欠仍多半为京行所放，因此交行北方各行利益及北方业务不能不在主事者考虑之中。1921 ~ 1927 年，中国银行北京分行对财政部的放款平均每年要占到放款总额的94.72%。交通银行对财部的垫款状况，虽然"摊认之数目恒视中行为少"，③ 但相抵于资力的强弱，交行在政府垫款方面遇到的困境不会比中行理想多少。兼具官僚和银行家双重身份的梁士诒，对政治变革于一个国家银行的影响应该深有体会，且早有盘算。在准备投身北京政府时，梁即欲辞卸交行总理以减轻交行在南方的压力；而在北方，挺身入府的同时又不忘记争取交行生存的空间。

　　在近代中国的大背景下，银行家利用政治的结果，多是为政治所利用。1928 年初，南京国民政府二次北伐，北军节节败退。5 月 3 日，国民政府下令通缉梁士诒。交行继任人选问题又被提上日程。张嘉璈日记载："梁当然辞职，宁政府拟派钱新之，正在商议中。"④ 7 日，交通银行上海各董事"决定报告宁政府，南方行务由董事会监督，因张静江本主张新之继任，但沪董事会，以政府委派，不合手续，故劝新之不就"，"董事会拟推卢涧泉暂代"。⑤

① 《陈光甫致函卢涧泉》（1927 年 3 月），《上海商业储蓄银行有关接收上海总商会、共商政局、代理交行总理等事项国民党上海临时政委会、曹汝霖等致陈光甫函件》，上海商业储蓄银行档案，档号：Q275/1/2379，上海档案馆藏。
② 岑学吕编《三水梁燕孙（士诒）先生年谱》（下），第 510 页。
③ 《交通银行第五届行务会议》（1926），交通银行档案，档号：Q55/2/385/12，上海档案馆藏。
④ 《张嘉璈日记》，1928 年 5 月 4 日，上海图书馆（下略）。
⑤ 《张嘉璈日记》，1928 年 5 月 4、7 日。

　　5 月 30 日张作霖决定下达总退却令。6 月 1 日，梁士诒离开北京暂住天津。国民革命军进入京津后，梁士诒潜往香港，仍挂念交行事宜。他在给汪有龄的函件中提出交行总理几个继任人选：陈光甫、李馥荪、卢洞泉，并说："弟与洞泉，共事三年。对行忠诚公正，毫无私意，亦无得失心。从前或有一二人视为北人，今日业无南北矣。但弟未尝征其同意，亦未露丝毫之意也。洞泉因一月以来，种种刺激，稍有灰心。故盼兄六月二日以后各事，亦不必有南北之形迹矣。至于协理人选，将来听总理自行征辟，而协商于董事可也。弟不置一词。"[1]

　　其实，此时的问题已不是梁士诒想不想"置词"，而是南京国民政府已不容他"置词"。11 月，南京国民政府完成对交通银行资本及人事的改组，胡祖同、卢学溥分任总经理、董事长。同时，"因国都建宁后，内务公务诸多不便，特将北平总管理处迁入沪行"。[2] 自此，梁士诒及交通系在交通银行的历史宣告终结。

　　在国民革命的大潮流下，梁士诒这一北方旧人，在政治和金融领域终究未能逃脱被弃之如敝屣的命运。应该说，在北京政府中，梁士诒不算是立场僵化的顽固分子，早在 1920 年代初，他即以政治兼银行家的敏感嗅到了时局丕变的气息，并主动向南方伸出橄榄枝。同为银行家的卞白眉在日记中曾记："彼辈善趋附，即目前身仍在北而与南已眉目传情者，大有其人矣。"[3] 梁士诒应该是其中的代表。当社会政治处于转型的阶段，梁的这种左右逢源的确为自己找到了更多的活动空间，也使其视如己出的交通银行顺利完成了业务中心的南北转换。但是，随着南北形势的逐渐明朗，梁士诒的长袖善舞逐渐显得乏力。南京国民政府建立后，相比其银行家的身份，梁士诒更多地被定位为"北洋遗老"，其离开交通

---

① 《梁士诒致汪有龄函》（1928 年 6 月 11 日），《交通银行史料》第 1 卷，第 124 页。汪有龄（1879～1947），字子健，浙江杭县人，毕业于日本法政大学，曾任北京政府司法部次长、法律编查会副会长，1920 年任《公言报》社长，1921～1931 年任北京朝阳大学校长，1931 年后到上海以律师为业，是民国时期著名的法律专家。

② 《交通银行总管理处迁沪》，《银行周报》第 12 卷第 40 号，1928 年 10 月 16 日，第 31 页。

③ 《卞白眉日记》第 1 卷，1927 年 2 月 28 日，第 436 页。

银行应该说也是以革命自居的南方得势后的必然结局。此正所谓成也政治，败也政治。

第二节　张嘉璈与中国银行

张嘉璈的名字与中国银行是紧密联系在一起的。[①] 1913 年 12 月，张嘉璈出任中行上海分行副经理。1917 年 7 月，张任中行副总裁，成为中行决策层的核心人物。作为新一代金融家，张嘉璈可以说是推动银行向商业化方向发展的践行者。任中行上海分行副经理时，他便力推银行和政府拉开距离。然而随着北方政府日渐颓废，南方革命势力迅猛推进，张嘉璈及其主导下的中行不得不做出应对。

业务中心南移

1916 年，第一次挤兑风潮爆发，张嘉璈领导中行上海分行成功抵抗北京政府停兑令，中行社会信誉日著，业务逐年攀升。1917 年底中行存款额为 14872 余万元，1926 年增至 32848 万元，[②] 增加了 1 倍多，占全国各银行存款总数的四成；钞票发行额 1917 年底为 72984307 元，1927 年底增至 159001102 元，占到全国各银行总发行额的半数。[③] 和同为国家银行的交通银行比，中行在成功抵御第一次挤兑风潮后，迅速拉开两者间的距离。1914 年中国、交通两行纯益比约为 1∶2，1926 年中行的纯益已是交行的 2.3 倍。[④]

在中国银行副总裁任内，张嘉璈主持修改《中国银行则例》，设法扩充

---

① 对张嘉璈与中国银行的研究，可参见洪葭管《张嘉璈与中国银行》，《近代史研究》1986 年第 5 期；毛知砺《张嘉璈与中国银行的经营与发展（1912～1935）》；姚崧龄《中国银行二十四年发展史》。
② 洪葭管主编《上海金融志》，上海人民出版社，2003，第 435 页。
③ 《中华民国货币史资料》第 1 辑（1912～1927），第 147 页。
④ 汪敬虞主编《中国近代经济史（1895～1927）》下册，人民出版社，2000，第 2243～2246 页。

商股，"尽量扩大商股权益，削弱官股力量，以免受到政局变动的影响"。[①] 1920 年前后，中行的商业化方向较之交行更为明显。中行商股比例从 1920 年的 59.28% 上升到 1923 年的 99.74%，官股只留下象征性的 5 万元，商股则达 1971.02 万元。[②] 与此相对应，中行业务明显向南方倾斜，南北易位趋势逐渐显现。1915 年中行北京分行纯益 78.3 万元，尚位于各分行之首；上海分行纯益 30.4 万元，位居第四；[③] 1920 年北京分行纯益减至 73.2 万元，较 1919 年计纯益减少 107.3 万元，相比之下，上海分行当年纯益上升到 71.7 万元。[④] 1921 年第二次停兑风潮后，北京分行元气大伤，加之"政局不宁，金融枯竭"，"业务只有力图收缩"，[⑤] 当年营业纯损 20.8 万元，1922 年纯损 31.55 万元，之后几年，接连亏损（表 3 - 2），至 1925 年 4 月，北京分行成为天津分行所辖的一个支行。

表 3 - 2　1921 ~ 1927 年中国银行北京分行历年损益情况

单位：万元

年份	1921	1922	1923	1924	1925	1926	1927
损益	- 20.8	- 31.55	- 68.42	- 29.47	- 52.85	+ 54.45	+ 107.05

资料来源：《中国银行北京分行 1914 ~ 1927 年放款主要对象统计表》，《北京的中国银行（1914 ~ 1949）》，附页一。

与此同时，中行南方分支行业务迅速发展。1921 年沪行即使受停兑风潮影响，纯益仍然达到 541756 元，存款额 2457 万余元，沪、宁、浙三行共

---

① 冯耿光口述，林汉甫整理《旧中国银行二三事》，《近代银行业秘辛》，第 46 页。冯耿光历任中国银行总裁等要职凡 40 多年。

② 数据来源参见邓先宏《中国银行与北洋政府的关系》，《中国社会科学院经济研究所集刊》第 11 集，第 355 ~ 356 页。原表数据计算有误，笔者做了重新计算。

③ 《中国银行致财政部函》（1916 年 2 月 12 日），《中国银行行史资料汇编》上编，第 1806、1808 页。

④ 《中国银行民国九年营业报告》，《中国银行行史资料汇编》上编，第 1871 ~ 1872 页。

⑤ 《民国十年中国银行营业纪略（二）》，《银行周报》第 6 卷第 18 号，1922 年 5 月 16 日，第 23 页。

发行 2183 万余元，远超京行 53 万余元的发行额。① 到 1923 年，南北业务消长更为明显。1923 年，京行纯损 684156.52 元，津行纯益 54403.30 元，沪行纯益 745152.95 元，宁行纯益 357262.26 元。② 到 1926 年，京行虽转亏为盈，但沪宁和京津差距仍在拉大，业务中心南移趋势更加明显。

向南方政府的靠拢

然而，在政治运作不规范的时代，政府对银行的影响却不能单纯从市场角度衡量。就银行本身而言，尽管总体上出现商业化趋势，但中国银行也免不了与政府的利益往来。陈光甫记载："闻当吴佩孚时代，银行经理以交接官场为职务，不屑与商人往来，结果中国银行一行吃亏四千万，而中行尚不敢宣布。"③ 同时，政治对银行的干预更是无法避免。1924 年第二次直奉战争爆发，直系吴佩孚责令中国、交通两行借款筹饷。张嘉璈回忆："吴佩孚派其军需邀我至其办公处，迫令借五百万元。我告以京行现款支绌，钞票借出，仍须兑现，无力承借。即被扣留以迄深夜，我仍坚决拒绝，告以尽可派军队到行强劫，但我绝对不能答应借款。彼终无法强迫，只好送我回家。"④ 无独有偶，1925 年 10 月底，和直系对立的奉系张作霖又向中行勒借巨款。张嘉璈记载交涉经过："彼向我说：'中国银行应领导先认大数，否则将采取非常手段。'我拒不答复。彼嘱其军需将我带至一办公室，种种胁迫。我告以中行无余款可借，请其到行查看库存，当知实情。结果经人调解，将我释放。"⑤ 如果说张嘉璈本就存有银行家独立于政府之外经营的商业本能，这些经历的刺激无疑使其对北京政府更陷于绝望，而把希望转寄到南方。后来，他的回忆也印证了这一点："1924 年春，我从新闻报导中获悉，孙中山先生改组国民党，成立广州国民政府的消息。……在我看来，这些变化将给

---

① 《民国十年中国银行营业纪略（二）》，《银行周报》第 6 卷第 18 号，1922 年 5 月 16 日，第 23、24 页。
② 《中国银行股东总会纪要》，《银行周报》第 8 卷第 17 号，1924 年 5 月 6 日，第 17 页。
③ 《陈光甫日记》，1928 年 1 月 18 日，第 10 页。
④ 姚崧龄编著《张公权先生年谱初稿》上册，第 67 页。
⑤ 姚崧龄编著《张公权先生年谱初稿》上册，第 69 页。

金融领域带来希望。打倒军阀，对于银行业可能是新的机会。"①

北伐前后，为向南方靠拢，中国银行做了一些工作。1926 年 6 月初，张嘉璈以中行副总裁名义移驻上海办公，就近指挥南方各分行。其本人回忆："第九届股东总会散会之后，我与总裁金还及各常务董事会商，认为中国银行之职责，系为全国民众服务。行务行政不应集中北京，宜由正副总裁分驻京沪，就近处理。可由本人以副总裁名义驻沪，指挥南方行务。各常务董事均极赞成，因于六月中携带秘书一人赴沪，在上海分行二楼辟室办公。"② 冯耿光亦说："看到南北政局将发生重大的变化，就和王克敏、张嘉璈两人商量，由王和我留在北方，应付北洋军阀，张嘉璈……正好赶到上海，就地与国民党联络，相机应付。"③

由于中行向被视为北京政府的国家银行，极易被广州方面敌视。1926年 7 月 30 日，贝祖诒在给陈光甫的信中谈道："思得一中行与政府两得其利之办法，盖利用收回广中行券以与粤政府合作也。……联络国民政府感情，俾得解释中行之地位与实在状况，使其将来于势力所能伸张之地，不致将中行任意摧残。"④ 贝祖诒的努力成效，见诸其报告："昨日当局对诒直言：赵恒惕等在长沙向中行借八十万元以打革命军，吴佩孚在汉口向中行索二百万元打西北军。当时国民政府极为痛心，并确认中行系资助军阀之具，故在中央执行委员会之意，中行实有封闭之必要。今此中行居然能与国民政府合作，可见以上云云并非中行心愿，不过出于吴佩孚之压力而已。我行既得此谅解，实予中行前途有莫大之利益。"⑤ 看得出来，中行得以幸免，和其曲意逢迎的态度有一定的关系。

除此之外，中行更通过各种秘密渠道给北伐军以资金支持。对此，中行上海分行经理宋汉章后来有详细报告："北伐军出发时，粤行垫借 50 万元，

① 《张嘉璈口述回忆》，第 53 页，美国哥伦比亚大学图书馆藏。
② 姚崧龄编著《张公权先生年谱初稿》上册，第 72 页。
③ 冯耿光口述，林汉甫整理《旧中国银行二三事》，《近代银行业秘辛》，第 57 页。
④ 《贝祖诒致陈光甫函》（1926 年 7 月 30 日），《上海银行家书信集（1918～1949）》，第 27～28 页。
⑤ 《贝祖诒致陈光甫函》（1926 年 7 月 30 日），《上海银行家书信集（1918～1949）》，第 28 页。

湘行垫借 80 万元；及抵闽抵汉，闽行垫借 70 万元，汉行垫借 147 万元。最近革命军克复江浙后，宁属各行共垫借 70 万余元，浙属各行共垫借 132 万余元。"[1] 至此，中行对北伐经费的赞助已达 549 万余元。

张嘉璈在南北之间的态度，生存利益是其主要的考虑因素。按照贝祖诒的说法，中行"对于金融计划与粤当道已暗有契合，大致中行方面不致发生问题，惟全篇文章发表，总在国民政府正式在北方或扬子江流域成立之后"。[2] 其中或多或少透露中行希望通过与国民政府的合作换取利益的意图。1927 年 12 月，张嘉璈与陈光甫、李铭等密商，一致主张支持国民政府财政计划，原因在于国民政府对于新旧债务有诚意维持，"银行界现存有整理案内公债以及其他种种债权，苟按照国民政府公债计划而行，则从前非国民政府发行之外债如善后公债等，内债如整理案内公债，以及北军在汉所借款项，均可因新公债而立于稍趋稳固之地位"。[3] 除考虑切身利益之外，张嘉璈等人也的确期望出现一个更能为经济界提供助力而不是强横干涉经济的政治力量。他曾对比广州、武汉、南京三个国民党建立的政权，得出结论："汉粤两政府理财与金融之失败，其故甚多，不能与金融界合作，要为最鲜著之缺点。南京政府取得金融界之合作，一切措施，遵循正常金融途径，不特筹措军费政费容易，且获增加人民拥护政府之热忱。"[4]

然而，张嘉璈等银行家显然高估了南京政权与广州、武汉两个政权的区别。事实上，三个政权秉持的都是国民党、孙中山的理念，奉行节制资本，在国民党的理论体系中并没有给银行家这样的资本家阶级以良好定位，银行界对财政的支持，事实上也难以完全得到国民党人的肯定。虽然国民政府"朝增一税，夕发千百万之债，在财政当局以为已筹了款，在军事当局已得了款，但党人方面觉借款期短息重，成了全国卖身契，一方面埋怨财部无政

---

① 《宋汉章 5 月 13 日函》，上海市档案馆编《一九二七年的上海商业联合会》，上海人民出版社，1983，第 96 页。

② 《贝祖诒致陈光甫函》（1926 年 11 月 12 日），《上海银行家书信集（1918~1949）》，第 33 页。

③ 《陈光甫致唐寿民函》（1926 年 12 月 25 日），中国人民银行上海市分行金融研究所编《上海商业储蓄银行史料》，上海人民出版社，1990，第 291 页。

④ 姚崧龄编著《张公权先生年谱初稿》上册，第 78 页。

策，一方面积恨银行家剥削政府和人民，……结果仍是银行家自作孽"。[1]
张嘉璈希望远离政治，摆脱北方军阀的乱象，却又把希望寄托在另一种政治
力量国民党身上，本身就不免火中取栗之嫌；而国民党固然提供了比军阀政
治更程序化的政治体系，但又出台了比旧军阀政治更积极的经济干预政策。

二五库券纠纷

南京政权建立前后，蒋介石和中行之间已经开始发生嫌隙。1927 年 3
月，蒋介石令军需处按照与中国银行总行的约定，到中行上海分行提取借款
100 万元。沪行因不知情，按章索取担保品，令蒋大为不悦，张嘉璈不得不
亲自到分行解释，误会才告消解。[2] 4 月底，上海商业联合会拟向南京垫款
100 万，商请"中交两行暂垫，汉章只允垫卅万"，为此，钱新之与宋汉章
"言语龃龉决裂"。[3] 在蒋介石这样以"革命"自居的党人眼中，商人的讨
价还价已经俨然成了破坏革命的恶行。

二五库券垫款，是南京政权建立后蒋介石和中国银行之间发生的第一次
激烈冲突。关于二五库券及垫款纠纷，吴景平先生曾详尽考察其来龙去
脉，[4] 本书不再赘述，只是希望通过张嘉璈日记及相关人物之间的信函，观
察蒋介石和中行各自的思想和行为逻辑：国民党有节制资本的理念在前，又
有支持北伐、支撑新生政权的现实需求；中行则既有商人的利益计较，还有
对北方业务的顾虑。双方的碰撞，可谓国民党的革命政治与银行家的商业伦
理之间的首次激烈交锋。

1927 年 5 月 1 日，南京国民政府公布拟发行"江海关二五附税库券"
3000 万元，以江海关收入附加 2.5% 税收作抵。3 日，中国银行上海分行行
长宋汉章接到蒋介石来电："军需孔亟，请竭力设法预购二五库券一千万
元，限本月五日以前解交上海财政委员会转解南京，以济急需。"蒋介石并
以政治正确给中行施加压力："闻贵行上年以大款接济军阀，反抗本军，至

---

① 《陈光甫日记》，1928 年 8 月 3 日，第 51 页。
② 姚崧龄编著《张公权先生年谱初稿》上册，第 74 页。
③ 《张嘉璈日记》，1927 年 4 月 30 日。
④ 吴景平：《江苏兼上海财政委员会述论》，《近代史研究》2000 年第 1 期。

今尚有助逆之谋。久闻先生素明大义，当不使贵行再助桀虐。惟贵行为沪上领袖，若不如数筹缴，不惟妨碍革命进行，且不足以表示赞成北伐与讨共大事。"同时特派张静江、俞飞鹏二人"来沪提解"。①

接到蒋介石垫款命令的次日，张嘉璈与陈光甫、宋汉章等人聚谈，"会谈结果以张静江云要四百万，因拟由光甫报告财政委员会，由彼担任筹划，先由中行任二百万"。② 这是中行最初的应对计划，因为有张静江的表态，中行一厢情愿地以为有望把垫款数额控制在 400 万元，先交 200 万元。5 月 5 日，张嘉璈走访张静江，"告以兹事总须解决，应命由光甫担任了结"，"唯四百万之数恐难如期集云，因对于武汉长江拟一鼓扑灭，同时对于江北亦须解决，故亟需此数"。③ 张静江的表态，更让中行坐实四百万之数。6 日，张嘉璈面访即将赴宁担任江苏财政厅厅长的张寿镛④，表示中行"欲除二百万外，余二百万须十五日前再交清"⑤，希望张寿镛居间斡旋，使蒋介石能答应稍宽限时日。

有了张嘉璈和陈光甫、张静江、张寿镛的沟通，中行以为允诺承购 400 万元，先筹 200 万元，余 200 万元展期付上便可了结。13 日，宋汉章代表中行致函蒋介石，先报功又诉苦，"沪行于两次银钱业库券垫款六百万元案内，担任 120 万余元，先后已垫借 660 余万元"，然后呈明中行垫款决定："此事业奉江苏兼上海财政会五月七日函照办，故已勉垫 200 万元，合之前垫之数已达 860 余万元，此敝行于国民革命军北伐中，所以勉力自效者也。"⑥ 宋函不免商人讨价还价的成分，这让蒋介石勃然大怒。14 日，时任财政部次长的钱新之自宁回沪，"述及蒋介石对于中行所以微词，四百万尚以为未足，且责备中行不应以汉券供给汉口政府"。张嘉璈意识到问题严重，18 日决定按要求垫付 400 万元："南京迫借四百万事，除沪行已付二百

---

① 《蒋介石 5 月 3 日电》，《一九二七年的上海商业联合会》，第 95 页。

② 《张嘉璈日记》，1927 年 5 月 4 日。

③ 《张嘉璈日记》，1927 年 5 月 5 日。

④ 张寿镛，字咏霓，1927 年 4 月 26 日任江苏省政务委员会委员，5 月 10 日兼任财政厅厅长，并代理国民政府财政部次长及中央银行副行长。

⑤ 《张嘉璈日记》，1927 年 5 月 6 日。

⑥ 《宋汉章 5 月 13 日函》，《一九二七年的上海商业联合会》，第 96 页。

万外，拟由宁浙两行出而转圜，各垫一百万，以江浙两省指派之库券收款尽先抵还。"①

中行的让步更让蒋介石感觉中行之不诚心，所以蒋不但不予谅解，反而变本加厉。5月19日，俞飞鹏转电中行："仅据缴到第一次二百万元，其余二百万屡催屡延，殊属有失信用……总座以该行毫无诚意，昨特谕弟谓须限该行于今明两日务再缴足四百万元，倘仅补缴二百万元，勿予收受。"② 20日，中行又收到蒋介石的来电："前方急进，饷需孔殷，务请于廿三日以前，于沪行设法补足一千万元，交俞监督收领。"③ 在蒋介石的强硬态度面前，中行完全没有讨价还价的空间，不得不做出让步。23日，俞飞鹏在致陈光甫函中写道："宋行长已愿与我军合作到底，并即日先缴两百万，其余六百万允负责的、有期限的竭力代为劝销二五库券，以凑足一千万之数。究竟负责至何程度，期限确定如何，请与宋行长再行妥商，以免涉于空泛。"④ 24日，陈光甫以财委会主任名义领衔，与其他委员联名致电蒋介石，告以宋汉章共垫缴400万元，其余600万元允代为劝销二五库券。⑤

中行答应筹足千万，完全满足蒋介石的要求，但蒋仍然认定中行一贯耍滑，所谓："此等商人毫无信义可言，何必客气。"⑥ 且在复电中指责中行支持武汉国民政府，"阻碍革命，有意附逆"，并对陈光甫、张静江诸人旁敲侧击："请诸公从严交涉，万勿以私忘公。限本月内收足一千万元，千祈勿徇私情为祷。"⑦ 蒋介石毫不留情的严厉态度，显示其出于党人立场对中行的极端失望。

关于这场风波，张嘉璈在31日的日记中回顾："连日晤军需长徐桴、俞飞鹏，谈中行借款事。知原因，一由张静江可接洽先交半数之原因，误为

① 《张嘉璈日记》，1927年5月18日。
② 《俞飞鹏5月19日函》，《一九二七年的上海商业联合会》，第105页。
③ 王正华编注《蒋中正总统档案·事略稿本》第1册，台北"国史馆"，2003，第480~481页。
④ 《俞飞鹏5月23日函》，《一九二七年的上海商业联合会》，第106~107页。
⑤ 《陈光甫5月24日电稿》，《一九二七年的上海商业联合会》，第107页。
⑥ 《蒋介石致俞飞鹏电》（1927年5月21日），《一九二七年的上海商业联合会》，第106页。
⑦ 《蒋介石5月25日电》，《一九二七年的上海商业联合会》，第108页。

俞做好人；二、第二次二百万未照约定十五日期交讫，发生误会，以致蒋总司令无可转圜，今仍须由张静江出面解决云。姑俟膺白自宁回再说。"① 可见，双方围绕款项问题确有误会。不过，蒋介石的颐指气使仍使张嘉璈痛心疾首，他曾感叹："国民党中，但知拿机关而不知机关之如何运用。"② 对中行前途，他更是感慨："内容空虚，无人爱惜，真可谓隔阂之极。吾辈十年苦心，而何尝愿拱手以让诸无计划者。"③ 张嘉璈的抱怨无疑理由充足，不过蒋介石也有其现实的难言苦衷。据财政部公布的数字，从 1927 年 6 月到 1928 年 5 月，中央财政总计支出 1.48 亿元（其中 1.31 亿元为军费），而这一年的税收及债款之外的其他收入加起来还不到 7500 万元，亏短将近一半，只是靠了发行 6100 余万元库券及少还欠款 1200 余万元，才勉强维持了收支平衡。④ 蒋介石的"无计划"或许也有银行家难以理解的不得已。

张嘉璈不得不请黄郛出面。27 日，张嘉璈"访膺白，请其出为转圜并为中行以后出力维护"。⑤ 29 日，为垫款事再访张静江，张"嘱为开详细内容表及交行情形，并嘱拟一改造全部银行计划书"，可谓王顾左右而言他。6 月初，黄郛专程见蒋，"与蒋言不可逼中行太甚"，但"蒋未有明白答复"。⑥ 同时，财委会以公函、陈光甫亦以个人书信致蒋介石，"均劝蒋于四百万元外，不可再逼中行"。⑦ 当蒋一味固执己见时，陈光甫甚至向蒋提出辞呈。

蒋介石对中行大发雷霆，既有成见，也不乏误会，当然或尚有论者所言的"杀鸡儆猴"⑧ 之意。在目标已达，陈光甫又辞职抗议后，蒋也不愿过分开罪银行家群体。6 月初，张嘉璈与俞飞鹏、徐桴谈定，"在库券款未收到

---

① 《张嘉璈日记》，1927 年 5 月 31 日。徐桴，时任国民革命军总司令部经理处长。

② 《张嘉璈日记》，1927 年 5 月 29 日。

③ 《张嘉璈日记》，1927 年 5 月 28 日。

④ 《十六年六月二日至十七年五月底止岁入岁出表》，财政部财政年鉴编纂处编《财政年鉴》上册，商务印书馆，1935，第 20～21 页；汪敬虞主编《中国近代经济史（1895～1927）》下册，第 2109 页。

⑤ 《张嘉璈日记》，1927 年 5 月 27 日。

⑥ 《张嘉璈日记》，1927 年 6 月 8 日。

⑦ 《张嘉璈日记》，1927 年 6 月 8 日。

⑧ 吴景平：《江苏兼上海财政委员会述论》，《近代史研究》2000 年第 1 期，第 42 页。

以前，照与静江所定日期垫交"，"同时光甫告知库券三千万……全数告罄。故中行即便允垫，亦为暂时"。① 同时，张嘉璈还在中行约徐桴与陈光甫会谈："即以两淮盐商三百万抵与宁行暂垫二百万为第一期垫款。一面由汉章发电致樵峰（俞飞鹏）转呈蒋。"② 中行最终悉数承垫，垫款一事终于告结。

在库券交涉中，蒋介石气势汹汹，常以革命立场和政治高帽给中行施加压力。蒋介石此举，固然是欲加之罪，不过也不是完全无迹可寻。客观而言，银行方面的几度拖延，也不无在南北、宁汉间的权衡与考虑。1927 年 5 月初，刚听说南京政府将要发行二五库券时，卢学溥即代表北方银钱界密电上海金融界，劝其对二五库券持镇静态度："闻南军将发行二五税库券数千万，此事重大，如果实行，将来北方难以承认，或须援例办理，最好打消此事。并请银行公会及商联会以文字发表意见。当经权词以答，谓无其事。明知南北相持，我辈同感应付之苦。惟政变难测，损失固应预防，而金融界之在北方有事业者，此类尤不宜露面，否则影响所至，祸变难测。尤应注意者，整理旧债及各种内债，此时万不可即要求有所表示，否则南方多一种保障，北方必生一种变化。"③ 同时，孙传芳等也不断给上海银钱界以压力。④ 这些对于在北方有重要业务的中行难免不会造成影响。

再看中行北京分行的大致业务，可发现银行家利益抉择中的顾忌似乎也不无道理。1928 年以前，北京分行业务活动大多与北京政府有直接关系。尤其是放款业务，北京分行 1923～1927 年向北洋政府军政机关的放款，每年都在其放款额的 90% 以上。无收回希望而被列为呆账的有 8000 万元，占北京分行总资产的 89%。财政、交通两部采取展期、再展期的办法，或者指定用新发公债归还旧债。⑤ 如表 3－3 所示，1921～1927 年中行北京分行对财政部的放款平均每年要占到放款总额的 94.72%。

① 《张嘉璈日记》，1927 年 6 月 8 日。

② 《张嘉璈日记》，1927 年 6 月 8 日。

③ 《卢学溥劝告上海金融界对发行二五库券宜持镇静态度密电》（1927 年 5 月 1 日），《一九二七年的上海商业联合会》，第 79 页。

④ 《大革命时期国民党与孙传芳、张作霖双方制止发行债券》（1926 年 5 月至 1927 年 7 月），档号：S173/1/60，上海市档案馆藏。

⑤ 《中国银行北京分（支行）历史沿革与营业概况》，《北京金融史料》银行篇（5），第 601 页。

表 3 – 3 1921～1927 年中国银行北京分行财政部放款一览

单位：万元，%

年份	放款总额	财政部	
		份额	比重
1921	5578.50	4923.50	91.85
1922	5712.50	5164.70	92.60
1923	6555.00	6100.80	94.11
1924	6869.70	6340.40	97.75
1925	5943.40	5480.00	96.39
1926	6257.30	5501.10	95.22
1927	6617.80	5901.20	95.48

资料来源：《中国银行北京分行 1914～1927 年放款主要对象统计表》，《北京的中国银行（1914～1949)》，附页二。

与北京政府如此巨大的业务往来，中行自不能完全不顾。这些考虑，站在商人的角度本无可厚非，在蒋介石眼里却成了立场不坚定、"蓄意附逆"、"有碍革命"的罪证。事后张嘉璈叹息，库券事件"轰轰烈烈，闹得全行天翻地覆，各方左右为难。实则库券总是要销，军需总是要付，以堂堂当局，何必与中行闹意气耶？原因由于军人不明财政而处处干涉，政治前途悲观在此"。① 在张嘉璈看来，中行在此事件中已忍辱负重，可悲的是，银行界与强权的抗争却未必能博得社会的同情，"眼下一般人民对于银行事业无好感，皆缘以前各大银行无辅助工商业之成绩，中国银行尤其甚，故蒋向其索一千万元。倘中国银行有成绩，则蒋亦何忍出此？"② 银行界的尴尬处境可见一斑。

第三节 陈光甫与上海商业储蓄银行

陈光甫是民国时期著名的"平民银行家"。1915 年他创办上海商业储蓄银行，并任总经理。上海商业储蓄银行定位为商业银行，注重与工商业的关

---

① 《张嘉璈日记》，1927 年 6 月 8 日。
② 《陈光甫日记》，1928 年 1 月 10 日，第 6～8 页。

系，和作为国家银行的中国银行、交通银行大相径庭。到 1926 年，上海商业储蓄银行工矿企业和商业放款已占到其全部放款的 74% 左右，资产总额达到 4700 万元，存款超过 3200 万元，年平均盈利在 40 万元以上，[①] 成为当时最有影响的一家商业银行。在北洋政府时期，因上海商业储蓄银行比较纯粹的民营性质，且业务中心在南方，[②] 陈光甫和北洋政府得以保持相对较远的距离。但是，随着北洋政府日现颓势，南方革命势力逐渐北进，陈光甫身不由己地被政治裹挟，卷入政治纷争。

南北之间

1920 年代中期，随着北洋政府日暮途穷，眼光敏锐的银行家对之多不看好。早在 1924 年 10 月，身处北方的中国银行副总裁张嘉璈就写道："照此趋势，北方几无政府，南方似有成立统一政府之望，姑坐以待。"[③] 同时，南方的革命声浪不断高涨，身处上海的陈光甫不无感受，他对北京政府的判断也甚为悲观，与密友贝祖诒私谈时说，北洋军阀"已等于晚清之绿营，暮气太深，如能早日淘汰，即是中国之福"。[④] 陈光甫创办的上海商业储蓄银行，初期业务主要集中于南方，和北京政府没有深厚的历史关系，相较而言，对广州方面则抱有一定的期待。[⑤]

在南北对峙中，银行家由于其雄厚的财力会受到来自南北两方的拉拢，陈光甫对来自北方的拉拢保持警惕。1927 年 3 月，梁士诒准备加入北京政府，需交卸交通银行总理一职。3 月 4 日，梁士诒致函陈光甫，劝陈接掌交行，主要考虑到：此时"居北之人必遭疑忌"，而陈光甫作为"居南之人"，

---

① 吴经砚：《上海商业储蓄银行历史概述》，《陈光甫与上海银行》，中国文史出版社，1991，第 9、10 页。
② 贝祖诒，字淞荪，1914 年入中国银行总管理处，1915 年任中国银行广州分行营业部主任，1919 年任中国银行香港分行经理，1927 年 7 月任中国银行上海分行经理兼总行外汇部主任，后任中国银行副总经理、中央银行总裁等职。
③ 姚崧龄编著《张公权先生年谱初稿》上册，第 67 页。
④ 《贝祖诒致陈光甫函》（1926 年 8 月 31 日），《上海银行家书信集（1918～1949）》，第 29 页。
⑤ 《贝祖诒致陈光甫函》（1927 年 3 月 23 日），《上海银行家书信集（1918～1949）》，第 38 页。

"则人不疑借交行以济北"。① 陈光甫接到邀请函后，写信给贝祖诒征求意见。17 日，贝祖诒回复陈光甫，赞成其不出任交行。② 贝祖诒的看法大概正合陈光甫的心意，陈光甫回函梁士诒，婉言拒绝接掌交行。③ 陈光甫的真实顾虑在给卢学溥的回信中有所表露："时势已成社会革命，民心所向系非兵力所得征服。"④ 陈光甫看到了"社会革命"的潮流，无疑这是他与北方政府保持距离的重要原因。

相对和北方政府拉开距离的态度，陈光甫对南方则明显抱有期待，南方革命政府也把陈光甫视为银行家中不可多得的可信任人选。早在广州时期，上海的金融家就与蒋介石、宋子文及蒋身边的军需处、经理处人员有不同程度的交往。⑤ 北伐开始后，孔祥熙曾函约陈光甫去广东，并托贝祖诒面告陈光甫南方情形。⑥ 由于双方关系颇为紧密，当国民政府北上武汉，面对军费开支浩大、财政压力倍增的困境，要求银行界伸出援手时，陈光甫对武汉政府的回应相当积极。尽管陈光甫等和蒋介石集团比较接近，但 1926 年底 1927 年初，蒋和武汉政府还没有公开分裂，人们常以国民革命阵营一体视之。因此，陈与革命阵营的直接接触始自汉方，陈光甫个人在武汉的早期经历自然也是这种接触的基础。⑦

----

① 《梁士诒致函陈光甫》（1927 年 3 月 4 日），《上海商业储蓄银行有关接收上海总商会、共商政局、代理交行总理等事项国民党上海临时政委会、曹汝霖等致陈光甫函件》，上海商业储蓄银行档案，档号：Q275/1/2379，上海市档案馆藏。

② 《贝祖诒致陈光甫函》（1927 年 3 月 17 日），《上海银行家书信集（1918～1949）》，第 37 页。

③ 《陈光甫致函卢涧泉》（1927 年 3 月），《上海商业储蓄银行有关接收上海总商会、共商政局、代理交行总理等事项国民党上海临时政委会、曹汝霖等致陈光甫函件》，上海商业储蓄银行档案，档号：Q275/1/2379，上海市档案馆藏。

④ 《陈光甫致函卢涧泉》（1927 年 3 月），《上海商业储蓄银行有关接收上海总商会、共商政局、代理交行总理等事项国民党上海临时政委会、曹汝霖等致陈光甫函件》，上海商业储蓄银行档案，档号：Q275/1/2379，上海市档案馆藏。

⑤ 参见王正华《1927 年蒋介石与上海金融界的关系》，《近代史研究》2002 年第 4 期。

⑥ 洪葭管编著《金融话旧》，第 95 页。

⑦ 陈光甫幼年到武汉学徒，青年时代长期在武汉，与武汉官商绅各界有深厚关系。参见徐昂《陈光甫在汉口的经营活动初探（1894～1930）》，《埠际往来与互动视野下的上海金融》，复旦大学出版社，2017，第 95～98 页。

1926 年 12 月，武汉国民政府为整理湖北金融筹议发行公债。贝祖诒受上海金融界之托，前往赣、汉观察形势，致函陈光甫："汉口、南昌两处金融败坏，达于极点，亟待整理。苟军事方面稍有办法，财政即易着手，然默察现状，至少须二三月后方有具体办法，阴历年内不知如何过去。论汉口钱庄情形，信用已完全丧失，关于汇划市面，正银行取而代之之时，然全靠财政当局与银行当局处置得宜。"[①] 银行界密商，认为"现存有整理案内公债以及其他种种债权，苟按照国民政府公债计划而行，则从前非国民政府发行之外债如善后公债等，内债如整理案内公债，以及北军在汉所借款项，均可因新公债而立于稍趋稳固之地位"，故"与议者大都赞成国民政府财政计划"。[②] 得到沪汉金融界的支持，1927 年 1 月 1 日，武汉国民政府开始发行整理湖北金融公债 2000 万元。

武汉政府发行公债，根据银行界人士的回忆，时任上海商业储蓄银行汉口分行经理、汉口银行公会会长的唐寿民表现得最为合作："在宋子文召集银行界开会，要他们认购国民政府发行的公债时，别人都在退缩，支支吾吾，他却率先带头认购，……认购了 15 万元，同时说服其他银行也来认购。他是汉口银行公会会长，说话有号召力，由此促成了银行界向国民革命军一边倒的局面，总共认购了 100 多万，解决了宋子文的燃眉之急。"[③] 唐寿民的积极响应博得了宋子文的好感。1927 年 1 月 10 日，唐寿民致函陈光甫："此次财部发行公债规定数目分摊各行，本行派定为十五万元，并经函嘱概不能短少，限期缴齐。随经（唐寿民）几度磋商力陈种种困难，要求减额，结果幸蒙□准减为十万元，但对外宣布归账均似为十五万元，另由财部长来一函声明存款扣五万元，代另售去……惟须紧守秘密，以免各行烦言。此乃特别通融办法。"[④] 宋

---

① 《贝祖诒致陈光甫函》（1926 年 12 月 7 日），《上海银行家书信集（1918～1949）》，第 33 页。

② 《陈光甫致唐寿民函》（1926 年 12 月 25 日），《上海商业储蓄银行史料》，第 291 页。

③ 《学徒出身的银行家唐寿民》，孙曜东口述，宋路霞整理《十里洋场的民国旧事》，安徽文艺出版社，2014，第 332 页。

④ 《唐寿民致陈光甫函》（1927 年 1 月 10 日），《上海商业储蓄银行有关财政部发行整理湖北财政金融公债向汉行等摊借、汉口银行行员工会筹备及成立情况等事项唐寿民等致陈光甫的函件》，上海商业储蓄银行档案，档号：Q275/1/2371，上海市档案馆藏。

子文事后专门致函唐寿民表示谢忱。① 唐当时是代表陈光甫处理上海商业储蓄银行在汉口的行务，唐寿民所为应是得到总经理陈光甫默许的。

但是，陈光甫和武汉政府的合作并没有持续多长时间。1927 年 1 月 5 日，贝祖诒在写给陈光甫的信中就说："汉口公债已向各行摊派，大约指押款而言。若不在信用方面先树基础，而惟亟亟以政府之权力为威迫之举动，则于事仍不能有济……汉口租界有暴徒滋事，深恐操之过急，国民政府将不能自免于赤化之嫌。万一国民同情全失，则该党势力必一落千丈，前途更不堪设想。言之可怕!"② 作为拥有资产的银行家，贝祖诒担忧的"赤化"当然也会引起陈光甫的恐惧。武汉方面干预经济的武断做法和陈光甫追求自由经济的目标相去甚远。随着武汉、南昌对立变得紧张，陈光甫等成为蒋介石和武汉当局争相拉拢的对象，正如贝祖诒致陈光甫函中提到的，"赣汉两方对于财政前途均于公有极大之希望"。③ 在宁汉之间权衡后，陈光甫逐渐转身向宁方蒋介石靠拢。

宁汉之间

随着开始疏离武汉方面，陈光甫等人与蒋介石的沟通渐趋深入。蒋对上海金融界的拉拢工作较武汉为早。1927 年初，蒋派黄郛和总司令部经理处处长徐桴潜入上海，与陈光甫和钱新之联络，陈、钱秘密筹款 50 万元予以援济。④ 1927 年 1 月，上海市党部执行委员汤济沧向蒋介石报告，曾询问钱新之、陈光甫诸人"中央经济，如须有挹注之时，有无办法"，得到的答复是："杭嘉战事，一有改动，则指抵一二百万元，当易着手；上海如为我军所得，即发行公债数千万元，亦无问题，即就二五附加税一款而论，汉口每年仅得一百八十万，上海则十倍之也。又如用湖北发行新公债券作抵，则一

---

① 《宋子文致唐寿民函》(1926 年 12 月 27 日)，《上海商业储蓄银行有关财政部发行整理湖北财政金融公债向汉行等摊借、汉口银行行员工会筹备及成立情况等事项唐寿民等致陈光甫的函件》，上海商业储蓄银行档案，档号：Q275/1/2372，上海市档案馆藏。

② 《贝祖诒致陈光甫函》(1927 年 1 月 5 日)，《上海银行家书信集 (1918～1949)》，第 34 页。

③ 《贝祖诒致陈光甫函》(1927 年 3 月 17 日)，《上海银行家书信集 (1918～1949)》，第 37 页。

④ 吴景平：《宋子文评传》，福建人民出版社，1992，第 51 页。

二十万元，随时可以设法；如须较巨之款，可嘱汉行出面押借，而由沪行支拨之。"① 上海银钱界如此表态给予了蒋介石极大的信心。3 月 26 日，蒋介石抵达上海，当晚即约见虞洽卿、陈光甫、钱新之、陈其采等商酌成立财政委员会。② 此时，武汉国民政府也特派财政部部长宋子文前往上海，电令所有江苏、浙江两省财政均归其主持，凡一切税务及与中国商界银行等筹款或借债等事，必须由财政部部长办理。③ 29 日，宋子文抵达上海，翌日即和蒋协商统一江浙财政。然蒋已先一步和上海工商金融界建立关系，国民革命军总司令部于 31 日发表陈光甫等 15 人为江苏省兼上海财政委员，④ 4 月 9 日江苏省财政委员会正式成立，陈光甫为主任，主要负责南京政府的筹饷事宜。

　　不过，围绕是否出任财政委员，陈光甫也不是没有过纠结，从商人利益权衡的本能出发，即便其倾向南方，在政治和商业利益面前也只能采取暗箱资助的方式，全盘押上太过冒险。陈光甫担心的主要是武汉、南京究竟会不会决裂。如果决裂，参加南京一方则不但会开罪北方，还会得罪武汉。身在上海的陈光甫致函唐寿民、贝祖诒，问询武汉情况及宁汉形势："昨已晤蒋，力促就财委……北伐须在沪筹一千万，尚未宣布。弟意候财长来方可开谈，否则又成军阀借款方式。究竟蒋与武汉政府有分裂确信否？请探速复。"⑤ 贝祖诒立刻回电："宁局定后，党政府必另发生改组问题，惟闻蒋、宋不致破裂，借款事尊意候财长来开谈，极妥。"⑥ 唐寿民的回复也大致相似："汉对蒋全是口诛笔伐，并无事实决裂表示。沪财政，蒋已派人不少。宋前日专轮来沪，据云：拟商互让和平办法。财委，鄙意

① 《汤济沧呈蒋中正上海现状浙江战事党务经济及无线电事件等意见》（1927 年 1 月 16 日），"蒋中正总统文物档案"，档号：002－080200－00016－005，台北"国史馆"藏（下文不再注明）。
② 王正华编注《蒋中正总统档案·事略稿本》第 1 册，1927 年 3 月 26 日，第 146 页。
③ 《国民政府统一财政之感电》，《申报》1927 年 3 月 30 日，第 3 张第 9 版。
④ 《宋部长管理财政电》，上海《民国日报》1927 年 4 月 5 日，第 2 张第 1 版；吴景平：《宋子文评传》，第 51～52 页。
⑤ 《陈光甫致贝祖诒电》（1927 年 3 月），《上海银行家书信集（1918～1949）》，第 38 页。
⑥ 《贝祖诒致陈光甫函》（1927 年 3 月），《上海银行家书信集（1918～1949）》，第 38 页。

待宋到，晤商再决。筹款事，相当帮助无妨。"① 贝、唐的回答多少让陈心中有些定数。

即使已默许出任苏沪财委之职，陈光甫等上海银钱界对武汉方面仍未完全放弃。4月12日，武汉国民政府财政部下令筹借300万元。16日，上海银钱两业公会致函，向汉方提出维护实业金融的五点意见：①请政府宣布宗旨，并发表保持工商业及维护金融业方针。②用途限于江苏范围，请先行指定大纲。③垫款分批缴纳，第一批缴100万，以后每隔十天缴40万，以垫足300万为度。④即定库券条例从速发行，并由承募人组织保管基金委员会，其基金之存放，由委员会规定之。⑤宣布保障以前各地旧欠，办法悉照原约，指定款项归还。② 尽管开出条件，但可以看出上海金融界大体还是配合的态度。

促使陈光甫和上海金融界彻底倒向蒋介石一边的应该是武汉政府集中现金令的颁布。

1927年4月17日，武汉国民政府下令禁止现金出口，封存各银行现银400万元，规定完纳国税、流通市面，均以中央银行所发汉口通用纸币及中国银行、交通银行所发之汉口通用钞票为限，"各银行发出钞票，则由当局令各机关吸收，换给中央银行钞票，汇成总数向各银行兑现"。③ 集中现金条例公布后，引起金融界强烈不满，各银行均予以抵制，原来准备支持汉方新公债发行的拟议亦即终止。④ 集中现金令公布的第二天，上海银行界联名通告各埠公会暂与汉埠断绝一切金融关系，并致函蒋介石："今武汉当局查封各行库存，停止兑现，推其用意，无非强迫吸收各行现金，供给政府需用；一面滥发无准备之中央银行钞票，破坏金融，贻害社会，显系实行赤俄共产政策……在汉各行处于非法势力之下，无可抵制。敝会各行为保全金融

① 《唐寿民复电》（1927年3月28日），《上海银行家书信集（1918～1949）》，第45页。
② 《上海银钱两业公会请求国民政府宣布维护实业金融各项政策有关文件》（1927年4月16日），《一九二七年的上海商业联合会》，第56页。
③ 余捷琼：《民国十六年武汉的集中现金风潮》，《社会科学杂志》第7卷第4期，1936年12月，第468页。
④ 洪葭管：《近代中国若干金融政策措施的得失问题研究》，复旦大学中国金融史研究中心编《中国金融制度变迁研究》，复旦大学出版社，2008，第3页。

大局、维持人民生计起见，即日停止武汉往来，以与隔绝。"①"上海各行宣告与汉暂停往来，申汇无形封锁。外汇不通而人心恐慌，于是争购可以储藏的价值，借以避免纸币跌价的损失。邮局邮票，转瞬售罄，十九日起乃不得不停止汇款，限制购买邮票。人民遁逃价值的迫切，可见一斑。外汇不通，现银禁运，各商乃转变方针，'以大批纸币，购买轻便土产，设法运沪，转售现金，即以售得储存沪上，也有人在沪设立机关，以低价收买汉钞，运汉购办土产，再运来沪换取现金。'输送土产出境与运送钞票至外地出售，成为资金逃避的主要途径。一般商家，能将土货运出者则将土货运出，不能将土货运出者，则直接运出钞票，而在外地出售。集中现金后武汉的对外贸易，虽普遍减退，然出口减退并不如入口之甚。"②

自集中现金令下后，市面亦发生极大变动。"十七日每洋一元价值铜元三串五百八十二文，至十八日尚换三串三百一十七，巨至十九日则只换三串一百五十文，社会生活遂大受影响"；"市面现金绝迹……汉口生活费用比较三个月前超过一倍有奇……半月以前，财政机关职员，私以所入薪俸，在中央银行换兑现洋，近则现洋告罄，仅能兑换铜元。……乡民运米，因不得现金，而裹足不前，供不应求，米价每石遂由十元涨至二十元，且无整石可购。每一米店开市，一人至多可购一斗，因之人山人海，环如墙堵，……且必有一警察维持秩序焉。每一米肆，至多每日粜米二小时，余皆停业，甚至有终日闭门者"。③

金融学家戴蔼庐刊文指出："汉口方面实演破坏金融之惨剧，本埠及京津各埠汉汇，已完全不通。武汉当局之如此妄为，不啻自杀政策。"④由此，上海金融界终于完全站到了蒋介石一边。其中的部分缘由，正如张嘉璈在

① 《上海银行公会致蒋介石电稿》（1927年4月18日），《一九二七年的上海商业联合会》，第77页。
② 《武汉近代货币史料》，武汉地方志编纂委员会办公室，1982，第126页。
③ 《杂纂：集中现金后之武汉金融》，《银行周报》第11卷第16号，1927年5月3日，第7页；《各埠金融市况：（武汉）市面缺乏铜元》，《银行月刊》第7卷第6号，1927年6月，第9页。
④ 蔼庐：《汉口金融市场之破灭：当局之自杀政策》，《银行周报》第11卷第15号，1927年4月26日，第1页。

1927年9月武汉政府瓦解后所概括的，"汉粤两政府理财与金融之失败，其故甚多，不能与金融业合作，要为最鲜著之缺点"；相反，"南京政府取得金融业之合作"。①

4月下旬，陈光甫正式答应出任江苏财政委员会主任委员，并竭力与上海金融界沟通，协助筹措军费。23日，他致函蒋介石表态："蒙委苏省财会一席，勉为承乏，实以北伐之功未竟，聊尽国民一分责任，然未尝不时虞陨越，致负钧座之期望耳。"② 蒋介石又力邀陈光甫出任财政部次长，表示："以后江北肃清，政府基础稳固，建设亟须开始，全仗诸公群策群力，奠定国基。万望毅然出任，勿稍退辞。"③ 这可谓蒋介石与陈光甫关系较为密切的时期。蒋在给陈光甫的信函中也直陈："中正自到沪后，军事得以步步进展，全赖诸公擘画之功。吾兄主席财会，尤著贤力。"④

然而好景不长，南京国民政府建立后不久，蒋介石与中国银行即围绕二五库券发生激烈争执。1927年5月1日，南京国民政府宣布拟发行"江海关二五附税库券"3000万元，以江海关收入附加2.5%税收作抵，下令中行预购1000万元。中行与南京政府间展开交涉，蒋介石气势汹汹，且常以革命立场和政治大帽给中国银行等施压。陈光甫等人竭尽所能，居中斡旋。最终由各银行悉数认购，垫款一事才告结束。对此，陈光甫深感失望。6月初，陈光甫一度向蒋提出辞呈，其中措辞大致可反映他当时的心境和对蒋做法的态度："考财政委员会之设，虽为政府发售库券机关，于实际上已成政府借款之枢纽。因前方军需孔亟，如待库券推销无以济急，故势不得不先向银行借款。此番上海各业购券，虽由各银行分别垫款，而中行代垫之数甚多，事实俱在，足以查考。但政府一面固不得不筹款助饷，一面亦不可不顾全市面金融之流通，倘操之过急，一旦金融界发生问题，势必筹垫无门，险

---

① 姚崧龄编著《张公权先生年谱初稿》上册，第78页。
② 《陈光甫致蒋介石函》（1927年4月23日），《上海银行家书信集（1918～1949）》，第45页。
③ 《蒋介石致陈光甫电稿》（1927年4月25日），《上海银行家书信集（1918～1949）》，第45～46页。
④ 《蒋介石致陈光甫电稿》（1927年6月6日），《上海银行家书信集（1918～1949）》，第46页。

象环生，于军事前途影响极大，此不可不虑及者。"① 在 6 月 11 日日记中，陈光甫记："蒋之政府成立时间虽尚早，不觉已有七层（成）张作霖之办法。"在陈光甫看来，国民党政权"（一）不顾商情，硬向中国银行提款一千万元；（二）以党为本位，只知代国民党谋天下，并不以天下为公；（三）引用一般（班）半无政府党之信徒扰乱政治……财政等事古（应芬）、钱（永铭）毫无权柄，全凭张静江，此人为半残废之人，令其主张财政，则前途可想而知矣。如照此办法，不出二三年，江浙又要出事矣"。② 他进而尖锐地指出，"在此改革时期，只有唱新调足以迎合大多数党人之心理"；"以前所订之办法，现时皆可为民众利益起见，用革命手段废除之，但银行家懵懵不明此潮流之所趋，以为照前此所得之利益，一经财部承认，即可永远不变，是亦大惑矣"。③ 陈的批评入木三分，其对蒋及南京政府的观感降到低谷。此时，陈光甫已经察觉到，国民政府推行的金融统制与银行家内心的期许相去甚远。陈蒋短暂的"蜜月"结束。

8 月，江苏财政委员会结束，陈光甫婉拒蒋介石给予的财政部次长一职，暂时与南京政府保持距离。

蒋桂之间

1927 年 8 月，蒋介石下野，桂系控制南京政权。随后，桂系西征，宁汉合流，桂系取得对武汉的实际控制权。1928 年初蒋介石复职后，桂系继续保有对武汉的控制，武汉成为桂系在长江中下游地区的重要基地。此后，声言要与政府保持距离的陈光甫，却与桂系开始了一段曲折的往来。

1928 年 1 月 9 日，陈光甫在上海乘轮西上。此行按照陈光甫自己后来在日记中的说法是："余作客汉上，原为避免政治而来，若再与政局中人接

① 《陈光甫劝说蒋介石宜慎重处置中国银行垫款事往来函》（1927 年 6 月），《一九二七年的上海商业联合会》，第 109～110 页。
② 《陈光甫日记》，1927 年 6 月 11 日，第 57 页。
③ 《陈光甫日记》，1928 年 8 月 3 日，第 51 页。

近，不若不来矣。"① 不过，陈的武汉之行远不是躲避政治纷扰那么简单。事实上，他既没有离开政治，也没有忘记生意。

生意层面显而易见，汉口分行是上海商业储蓄银行最大的异地分行。1926 年以前，汉口"市面金融收付之繁，每日多至数百万，所用筹码，专赖各银行所发之汉口钞券以资流转。其时发行最多者，首推中国银行，因其有五省通用之券，流通最广，为数约在二千万以上。其次则交通银行，发行约八百万上下，其次若中南银行发行约百余万。其次若中国实业，若四明，若浙江兴业，若懋业，若农商，则发行数十万不等。综计发行额，当在三千万以上，亦可以觇当日商务之发达与市面之繁荣也"。② 1926 年底，上海商业储蓄银行存款总计 3244 万元，上海总行占 63.72%；汉口分行存款为 285 万元，占 8.79%；其他分行，除虹口分行占 5.21% 外，南京、苏州、天津分行分别只占 3.45%、2.94%、2.62%。汉口分行存款仅次于上海总行。放款业务，汉口分行占到全行的 11%，仅次于上海总行和国外汇兑处。③ 汉口分行业务在上海商业储蓄银行中具有重要的地位，令陈光甫不能不对汉口形势与业务予以特别重视。

此时，恰恰汉口分行发生重大人事异动，汉口分行经理唐寿民去职。对于唐寿民，陈光甫 1928 年初的日记中讲了八条问题，总结起来就是："做了经理，事事皆可取求自私。"其中有一条很有意思："在行领俸之时，即要去勾结宋子文，故外间谣传已派为厘金总局长等语。到申后明明宋子文已与其接洽，要当为江苏银行经理，而表面上作为不同意，必定要子文与我说，我当面答应，而寿民随时将计划拿出来，此之谓不忠。"④ 这一点，在陈、唐翻脸中应该是不小的因素。到 1928 年底，陈光甫在给杨介眉的信中仍耿耿于怀地说："宋因寿民之币厂下台无后文，殊不好，欲于中、交两行官股

---

① 《陈光甫日记》，1928 年 4 月 9 日，第 15 页。

② 彭旸安：《汉市一年来申钞与汉钞之消长》，《中央银行月报》第 2 卷第 2、3 号合刊，1933 年 2 月，转引自《武汉近代货币史料》，第 99 页。

③ 《上海银行存款总额中的同业存款所占比重表（1926 年 12 月 31 日）》《上海银行总分行处放款比较表（1926 年 12 月 31 日）》，《上海商业储蓄银行史料》，第 109、192~193 页。

④ 《前汉口分行经理唐寿民》，《陈光甫日记》，第 38 页。

董事酌留一位，淞荪、公权均反对，始而宋云，去岁在汉寿民颇出力，不以兄去其职为然，以兄因其帮忙政府，兄故去其职，代为不平。"① 在宋子文看来，是唐寿民支持了自己，陈光甫才会将其去职；而在陈光甫看来，唐寿民行为是对行不忠、野心勃勃。

汉口分行暂失掌舵人，陈光甫亲自出马处理行务，"驻汉达六阅月，苦心焦思，处理应付，欠户还账，碍难拒券钞而不收，存户提款则通融而付现"，由此"信用既固，存款激增"。② 1928 年"正月，存款约仅二百余万元，至十月，为九百余万，陡增四（三）倍有奇；放款亦达八百万之数，三倍上年，为汉市汇划的中枢"。③ 这样的成绩，对比一下上海商业储蓄银行当年的经营状况可以看得更清楚：1927 年，该行存款总额为 3133 万元，在 11 家商业银行中排名第五；1928 年达到 4646 万元，排名上升到第二。④ 可见，汉口分行贡献了近一半的存款增加额，汉口分行的存款占该行总存款的比重也上升到接近 1/5，成为该行的支柱之一。

陈光甫西行获得如此成绩，除了其在商业竞争中采取了正确的策略，获得客户信赖，其实还有另一层重要原因，即其在武汉与桂系建立的非同一般的关系。他在致杨介眉函中说得很清楚："我行在汉维持市面，实现辅助工商业之责任。在沪上银行众多，难期有此机遇。"⑤ 这明显是要避开上海这一各大银行激烈竞争之地，避实就虚，在武汉打开一片天地。不过，在当年的中国，单纯走在商言商的路并不容易实现这样的目标。值得注意的是，陈光甫声言要避开政治，但他在武汉时，汉口分行存款额的大幅增长和政治有着密切的关系。陈光甫在 10 月给杨介眉的信中写道："十一月一号湖北省银行开幕以后，所有官家存款三百余万元或须转存省银行……计算必有四分

① 《陈光甫日记》，1928 年 11 月 19 日，第 89 页。杨介眉，1922 年起任上海商业储蓄银行国外汇兑处经理，后任总行副总经理。
② 《本行历年进展之概况》，《海光》第 3 卷第 11 期，1931 年 11 月，第 9 页。
③ 《上海商业储蓄银行二十年史初稿》，何品、宣刚编注《上海市档案馆藏近代中国金融变迁档案史料汇编（机构卷）上海商业储蓄银行》，上海远东出版社，2015，第 29 页。
④ 《1927～1931 年 11 家主要商业银行存款比较表》，《上海商业储蓄银行史料》，第 401 页。
⑤ 《陈光甫致杨介眉函》（1928 年 10 月 20 日），《上海银行家书信集（1918～1949）》，第 64 页。

之一或甚至半数必须提出。"①"官家存款三百余万元""四分之一或甚至半数",透露了汉口分行接纳的官方存款之巨。

早在从上海启程时,陈光甫就接到白崇禧的来信,"白崇禧致余之电,要余为其帮忙筹款","余知系因筹款事,故即日乘'德和'来浔也"。② 几天后,他的日记又写道:"午后三时,由沙河乘车返浔,如赶得及,即乘轮回沪。计今已隔六日未来九江领取信件,不知沪、汉二处有电信来否。如汉口无信来,足见无事,则余更可安心径行返申矣。"③ 由此可以看出,尽管陈光甫有心西行处理汉行业务,但真正促使他决定西行的还是"武汉的来信"。

到武汉后,陈光甫与时任武汉政治分会财政委员会主席的白志鹍于 4 月间见面,且在和白见面时"巧遇"李宗仁。他在当天日记中记道:"李前日到汉,今早武汉财政委员会派人探听余在宅否。其时甚早,适散步未归。九时返宅,余即往财政委员会晤白志鹍。此人为学者,持身谨饬,在汉有廉洁之名。去岁曾见过一次,余久思访晤……今闻渠来见我,殊觉自视太高,故特走访至财政委员会门首,适白送李出门,白见余即云'李总指挥约余访阁下',随即介绍李君与余相见,约至楼上谈话。"可以肯定的是,武汉之行后,陈光甫和桂系的关系已经十分密切,陈光甫对桂系也留下了良好的印象,日记中称:"李君(李宗仁)……面上略有风尘气,而一见即知为爽直之人,言词举动之间颇思为人民谋幸福,而毫无军阀态度,可称为革命之代表者。"④ 这为陈与桂系之间开始合作起了不小的推动作用。10 月,陈光甫在给杨介眉的信中表露:"吾弟在汉亦宜不露声色,随时随地与政界中人调查此中情形见示。兄明知李、白皆正人君子,即使取消后,如欠行中款项必为料理,非一般不负责任者可比,然汉行与彼等进出颇多,吾人为行办事,必须对事先求识见,不可因其可靠而忽略本身应尽之职务也。"⑤ 这里指的

---

① 《陈光甫致杨介眉函》(1928 年 10 月 26 日),《上海银行家书信集(1918~1949)》,第 66 页。
② 《陈光甫日记》,1928 年 1 月 21 日,第 12 页。
③ 《陈光甫日记》,1928 年 1 月 25 日,第 15 页。
④ 《陈光甫日记》,1928 年 4 月 9 日,第 15 页。
⑤ 《陈光甫致杨介眉函》(1928 年 10 月 20 日),《上海银行家书信集(1918~1949)》,第 65 页。

是南京方面要财政统一，取消武汉政治分会，陈光甫要杨介眉留意借给桂系的大笔款项，保证不至落空。这样的借款在陈光甫当时的信函中可见蛛丝马迹，在 26 日致杨介眉函中他写道："白事未闻新发展，将来借款一事，我行终难幸免。白或更有侈望，亦属意中事耳。兄意如以煤油特税公债作抵，由子文与搏九出面，本行当察看情形。若押款外须特别帮忙，即由其来汉与吾弟面谈，用以前帮忙方法，即解散四十四军时向我行借款二十万元，陆续由二五税收入项下偿还。此项能否如此，殊难预料，因为意欲不动原有税收而得此笔裁兵之费也。"[①] 这里提到的解散四十四军，指的是 1928 年 7 月桂系解散亲蒋的叶开鑫部，显然桂系的行动得到了陈光甫的财政支持。

除了给予桂系款项支持，陈光甫在南京中央的财政当局面前也为武汉方面力争。4 月陈光甫与李宗仁见面时，谈到汉口中交钞票问题，当时白志鹍提出发公债收购钞券，陈光甫表示支持，[②] 不过武汉方面并不急于处理这一问题，最后不了了之。陈光甫回到南京后，面见宋子文时谈及"汉口中央中交钞票必须订定筹还办法"，得到宋的首肯。按照陈光甫日记的记载，筹定办法为："发行四千五百万元公债，为收回汉口金融公债，中央、中国、交通等纸币。此为长期公债。"[③] 南京政府出面发行公债，当然有助于缓解因中交钞票问题造成的武汉经济金融的困窘，且有益于桂系及在武汉有巨大经济利益的陈光甫。

回到南京的陈光甫，对武汉方面也并不是没有抱怨。他在信函中写道："今阅星期报告，悉官方建设委员会二万余元又成呆账……汉口地方创业匪易，官场、商界均觉银行可欺，不还即不还，我方毫无能力。一般官场醉生梦死，总以为银行不要紧，彼时不借，亦觉与感情有伤，今借而不还，信用二字何在。本行在汉已入于欲罢不能之势，存款愈多，风险愈大。外人总云我行赚钱而不知暗中有损。"[④] 正因此，当汉口分行呈迅速发展态势时，陈

---

① 《陈光甫致杨介眉函》（1928 年 10 月 26 日），《上海银行家书信集（1918~1949）》，第 66 页。
② 《陈光甫日记》，1928 年 4 月 9 日，第 16 页。1927 年 4 月，武汉国民政府发布的现金集中条例和停兑令造成汉口中央、中国、交通三行发行的钞票无法兑现。
③ 《陈光甫日记》，1928 年 10 月 2 日，第 60 页。
④ 《陈光甫致杨介眉函》（1928 年 10 月 29 日），《上海银行家书信集（1918~1949）》，第 68 页。

光甫却在密谋从汉口撤资："汉行存款已达九百万左右……起码有四百万须陆续提出。"此时，南京中央和桂系围绕财政统一展开博弈，南京方面要汉方交出财政大权，汉方则既要保持自身的财政独立，又希望获得南京中央财政的支持，双方交涉难有结果。陈光甫提出："白在申筹款无着，必返汉设法，而亦不外乎向各行商借。兄意乘此机会，令其将官家存款提去，另向中国、兴业、实业、四明等行开立往来户，许其透支，在我可少责任，减少外面浮言、同行忌嫉；在官家可以与人通融借款，且可成一大数，而不伤感情。"① 陈光甫此举，可谓一石数鸟，官方大宗存款迟早要被提走，不如做个顺水人情，避免了因此而直接交恶于桂系；各银行得此存款，有利于消解各银行对上海储蓄银行独霸官方存款的嫉视；这些存款中的一部分分布于各银行，当然也让上海商业储蓄银行承担的风险减小。

1929年上半年，随着宁汉双方冲突的日渐激烈，蒋桂战争爆发，桂系一败涂地，武汉归属南京政府直接管辖之下。这时候再看1928年底陈光甫的撤资举动，不能不说其深具远见。而1928年11月，在日记中屡次对南京政府表达失望之情的陈光甫，实际中又应蒋介石的约请出任江苏省政府委员，由此开启其与南京国民政府间的另一段"蜜月"。

北伐前后的陈光甫，审时度势，在南北、宁汉、蒋桂之间的抉择及与国民党人的交往中，似乎处处占得先机，竭尽商人八面玲珑之面向，由此可见他和政治的关系及政治力量与商人的关系，远非想象的压迫或利用那样简单。尤其宁汉合流后，陈光甫西上武汉，从主动交好桂系以恢复官方业务，到后来自保撤资，商人的逐利本能和精明算计显露无遗。不过，除了天然的利益追求，陈光甫的确也有着自己对政治的判断和坚持。他甚至希望："不过二十五年，商人地位进步如此之速，诚可惊异。以此类推，则中国商人之地位惟有日见增高，不难有商人组织政府之一日。而可虑者，为商人之脑筋应须多加修养耳，否则亦不过一般军人政客之傀儡。"② 其中包含他对商人

① 《陈光甫致杨介眉函》（1928年10月31日），《上海银行家书信集（1918~1949）》，第68、69页。
② 《陈光甫致杨介眉函》（1928年10月26日），《上海银行家书信集（1918~1949）》，第67页。

乃至对自身的期许。

作为商人，陈光甫对于政治庇护的期待与妥协，背后包含的是希望近代中国能够出现一个给社会带来安宁，为市场营造稳定环境的政府。外国记者鲍威尔曾回忆："上海中国工商金融界，这时大都支持国民革命运动，他们希望国民革命军能够结束10多年来中国政治的动荡局面，为这个灾难深重的国家和贫穷的人民带来安定和幸福。"①

只是银行家的这种期许在国民党那里遭到了破灭。如果说梁士诒北方旧人的身份使其在新政府中遭到抛弃，尚属国民党所谓革命正义的表达的话，那么二五库券垫款中，张嘉璈的忍气吞声已经显示了新政府在社会政治中的强权。再看陈光甫，他在多种政治势力间的奔波，最终除了给自身带来某些特殊利益，并不能对现状有真正的改变，这是强权政治下所有试图与其博弈者的共同命运。

不过，观察此后的历史又会发现，尽管如此，南京国民政府时期的金融、经济毕竟没有出现北京政府时期的两次挤兑导致银行体系濒于崩溃的案例；或者说，南京国民政府前十年表现了金融经济的倔强成长，且为1930年代银行业的发展营造了前所未有的有利环境。

由此可见，银行、银行家与政治、政府的关系，在合作或矛盾的表象背后，隐藏着复杂的利益抉择和政治倾向，其中各个因素又相互交错，不是一方面道理可以说得清的。近代中国，政治控制是发展主流，政治力总是企图利用和控制银行，推展其权力边际；银行则常常在借政治以自重和寻求独立发展中左摇右摆。政治控制和商业自由，在近代中国一直都是关涉重大的话题，过分强调政治强势前提下的合作或过多强调银行的生存利益前提，或许都难以真正揭示历史的复杂性和多样性。

---

① 鲍威尔：《我在中国二十五年——〈密勒氏评论报〉主编鲍威尔回忆录》，邢建榕等译，上海书店出版社，2010，第130页。约翰·鲍威尔（John Powell, 1888－1947），20世纪上半叶美国驻华新闻记者，《密勒氏评论报》主编。

第四章　危中之机：1930 年代经济危机中的银行改组

1935 年初，金融混乱对中国经济造成严重冲击。当时中国银行的报告中称，"通货紧缩""银根枯窘""地产呆滞"，"提存挤兑"风险一触即发。[①] 与此同时，蒋介石在日记中也忧心忡忡地写道："财政困难，社会经济日渐衰败，可虑之至。"[②] 一幅危机深重的景象。但令人困惑的是，就在 1936 年，中国树立了通常被认为是 1949 年前的经济标杆。这一年，许多经济数据都达到了抗战全面爆发前乃至 1949 年前的最高值。1935 年到底发生了什么，危机和转机如何并存，[③] 这些问题值得进一步深入探讨。

第一节　国际危机的传导

谈论 1930 年代的中国经济，白银危机是一个无法回避的话题。中国是当时世界上为数不多的银本位国家之一，白银在中国国内市场是可流通货币，因此，白银价格的涨跌直接关乎货币的稳定，对金融、经济影响巨大。

1870 年以来，世界白银价格长期处于下降通道。作为世界白银产销大国，美国在 1930 年代初即显出干预白银价格的意图。1934 年 6 月，美国总

---

① 《二十四年度中国银行报告》，《社会经济月报》第 3 卷第 5 期，1936 年 5 月，第 100、101 页。

② 蒋介石日记，1935 年 3 月 2 日，斯坦福大学胡佛研究所档案馆藏（下略）。

③ 之前学者多从国民政府推行金融统制的角度考察中交改组，如吴景平主编《上海金融业与国民政府关系研究（1927～1937）》。徐锋华《企业、政府、银行之间的利益纠葛——以 1935 年荣氏申新七厂被拍卖事件为中心》（《历史研究》2011 年第 6 期）一文指出，1935 年申新七厂及工商企业面临破产危机，政府以此为契机展开改组中交的金融统制，以借中交实力救济市面。此结论似具启发，但是对 1935 年的经济形势缺乏总体深入的判断，对国民政府改组中交的具体决策过程也欠全面的考察。至于对 1935 年中国经济的判断，几乎众口一词，多认为此时生产下降、销售不畅、企业倒闭、经济运行出现严重危机。如小科布尔《上海资本家与国民政府（1927～1937）》；城山智子《大萧条时期的中国：市场、国家与世界经济（1929～1937）》。

统罗斯福签署《购银法案》，使世界银价报复性上涨，对银本位的中国经济形成巨大冲击，使在中国作为通货的白银大量外流，银行银根迅速紧缩。这与 1930 年代世界经济危机在中国的滞后反应结合在一起，导致金融吃紧、市场混乱、经济发展遇阻。现有研究都强调白银危机对中国经济造成的巨大困难，[①] 认为 1930 年代中国经济遭遇了严重危机。[②]

1929 年开始的世界经济危机席卷全球，对英美等西方国家的经济造成惨重打击。相比之下，中国在这场危机初始所受冲击要小得多。作为一个欠发展国家，中国被卷入世界经济体系有限，尤其世界白银价格在这一时期连续下跌使中国在汇率上反倒受益，白银流入，局部经济意外活跃。杨格即认为："就中国来说，大萧条的开始日期不是 1929 年，而是 1931～1932 年的冬春之交。直到那时中国没有受到严重影响。"[③]

1932 年后白银价格回涨，改变了中国在世界性经济大危机下独善其身的局面。这一年，美元贬值，刺激长期处于下行通道的银价开始回升，银价指数开始迅速反弹。1933 年为 61，1934 年涨到 85。[④]《购银法案》通过后，银价更是大幅上涨，纽约银价从 1932 年底每盎司 25 美分涨到 1935 年初的 55 美分，4 月更达到 81 美分的高点。1933 年，白银在国外的价格已超过国内。到 1935 年时，白银在国外的购买力高出国内购买力近 2/3。银价上涨，使其作为商品的交易功能凸显，导致白银由中国大量流出。1934 年 12 月流出白银达 66542638 元，1935 年 1 月又流出 15416432 元，1934 年全年净流出白银 256728151 元。[⑤] 对于银本位的中国，白银大量外流势必扰乱经济、

---

① 如小科布尔在《上海资本家与国民政府（1927～1937）》一书中，就从工业、商业、金融、资本家等方面全面论证了白银危机对中国经济造成的巨大危害（第 162～190 页）。
② 有学者提出不同看法，罗斯基以制造业、金融业、交通信业等经济部门为主要关注对象，对第二次世界大战之前近半个世纪的中国整体经济形势进行了长时段的分析，认为抗战全面爆发前中国经济经历了一个实质性且持续的增长。托马斯·罗斯基：《战前中国经济的增长》，唐巧天等译，浙江大学出版社，2009。
③ 阿瑟·恩·杨格：《一九二七至一九三七年中国财政经济情况》，陈泽宪、陈霞飞译，中国社会科学出版社，1981，第 213 页。
④ 《1880 至 1934 年中美两国之银购买力》，实业部银价物价讨论委员会编《中国银价物价问题》，商务印书馆，1936，第 8 页。1910～1914 年为 100。
⑤ 《中国金银出入统计表》，《社会经济月报》第 3 卷第 5 期，1936 年 5 月，第 112 页。

金融的正常运行，兼具官、商、金融家身份的穆藕初警示："国内存银本属无多，且有一大部分存在外国银行之手，若再源源流出，则因存银减少而发生之影响，有可虑者三事：第一，存户因恐惧存银减少而提存；第二，持有钞票者因恐惧存银减少而挤兑；第三，因银行需要现款而影响公债跌价。"①

为控制白银外流，1934 年 10 月 14 日，国民政府通令全国各海关征收白银出口税及平衡税，提高白银流出的投机成本。这一措施对华资金融机构的白银外流起到了一定抑制作用，但无法控制外资银行。实际上，当时白银主要是通过外资银行流出。如 1933 年底，上海华资银行和外资银行的白银储备分别是 27178.6 万元、27568 万元；1934 年底则分别为 28032.5 万元、5467.2 万元。② 两相比照，华资银行存银前后保持平稳，而外资银行则流出 22000 多万元。外资银行存银大量减少，必然使其在"营业上要收缩信用"。③ 尽管此时由于华资银行的崛起，外资银行已不再能垄断中国金融，但其举足轻重的风向标作用，仍会对上海乃至全国市场造成巨大震荡。

银钱业间的同业拆息和钱业公单收解额的变化可以直接反映市面银根的松紧和资金流转情况。银行间拆息对资金运行状况高度敏感。1934 年初，上海各银行拆息月息在五六分。7 月以后开始上涨，8 月平均 9 分，9 月平均 1 角 2 分，10 月因公布征收出口税、平衡税等降为平均 7 分，11 月涨至平均 1 角 9 分，12 月达 6 角之多，创淞沪战役以来最高。④ 拆息的高涨意味着资金紧张、银根紧缩。杨格写道："（1934 年下半年，）由于中国内部继续保持银本位币制，通货收缩如此剧烈，以致迫使银行信贷骤形减少。银根紧张已达极点。1934 年间中国钱庄收取的利息从每年 6%

---

① 《穆藕初致上海银行公会函》（1934 年 2 月 28 日），《上海银行家书信集（1918～1949）》，第 126 页。

② 《民国十年来上海各银行现银存底统计表》，《中外商业金融会报》第 2 卷第 1～3 期，1935 年 1～3 月，第 47 页。

③ 章乃器：《上海地产之今昔》，《社会经济月报》第 2 卷第 6 期，1935 年 6 月，第 14 页。

④ 贺渡人：《民国二十三年国内经济与金融之回顾》，《社会经济月报》第 2 卷第 2 期，1935 年 2 月，第 81 页。

上升到 16%，据说还有更高的。1935 年 1 月间出售一个月交款的外汇期货，贴水高达年息 27%。在上海几乎是无论出多大利息也借不到钱。"[1] 钱业公单收解额也是商业活动的寒暑表。上海钱业收解的数据显示，1934 年上海各金融机构的收解额合计为 14560784000 元，比上年的 13811358000 元有所增加，[2] 而且总体上前低后高，尚看不出工商业遭受太大挫折的迹象。但是进入 1935 年后，问题开始严重。1934 年 1~5 月钱业公单收解额为 516702 万元，1935 年 1~5 月大幅下降，5 个月共 399517 万元，仅为前一年的 77.3%。[3]

1935 年春节前后市场资金的紧张，不可避免地影响了工商业的运行。上海市市长吴铁城报告蒋介石，认为上海困窘局面的出现，"主因固由于白银外溢筹码空虚，金融业自顾不暇，遂采取极端保守政策，工商业乃受严重之影响"。[4] 时人描述："只是上海一隅，在上月（五月）大结束的当儿，破产的商店商号，就达二百多家。其次，就是所谓'国货工厂'的困厄。在去年一年中间，比较重要的工业，如丝厂、纱厂、面粉厂、火柴厂、水泥厂、橡胶厂和卷烟厂差不多都是亏多赢少。丝厂、纱厂和橡胶厂的遭遇，尤为恶劣。"[5] 刘鸿生也描述了此种困境："我并没有让我所有的鸡蛋都放在一个筐子里，那就是说，所有我的资财都是分开投资的。如果一个企业组织亏损了，其余的还可以赚到大量利润。总起来看，在收支差额上还会表现出一种盈余的情况。但是我现在感到最恐慌的是缺乏现金。我无法使我们的营业能提供我迫切需要的款项。企业的衰落，使到处都感到这种困难。趋势所至，在当地银行界造成一种人为的恐慌，突然地硬行收缩它们对于企业组织以及私人的放款。这样，当然使矛盾愈形恶化，结果几家有名的厂商被迫宣告破产。上海几家有势力的大银行亟需迅速改变政策，整个中国工商业的前

---

① 阿瑟·恩·杨格：《一九二七至一九三七年中国财政经济情况》，第 244 页。

② 《上海银钱业票据交换按月统计表》，《社会经济月报》第 3 卷第 5 期，1936 年 5 月，第 113 页。

③ 《上海钱业收解按月数额表》，姚庆三：《民国廿四年上半年国内经济与金融之回顾》，《社会经济月报》第 2 卷第 7 期，1935 年 7 月，第 4 页。

④ 《吴铁城电蒋中正上海市况奇困原因并防范绸缪已与地方合作求人心镇定》（1935 年 3 月 9 日），"蒋中正总统文物档案"，档号：002/080200/00213/035。

⑤ 章乃器：《由农村恐慌说到都市恐慌》，《申报月刊》第 3 卷第 4 期，1934 年 4 月，第 10 页。

途赖此一举。总之，没有工商企业，一个银行就不能长久存在；没有银行，工商业也就要归于毁灭。"①

吊诡的是，银根紧缩导致工商业资金紧张，却与银行存款大幅增加同步。1935 年，中国银行存款 766291628 元，比 1934 年增加 219597725 元，增幅为 40.2%，② 这是一个相当大的增长。交通银行 1934 年存款总额为 236584729 元，③ 1935 年为 320230263 元，④ 增幅为 35.3%。地方银行业绩也不俗，江苏银行 1934 年存款总额为 11569931 元，⑤ 1935 年为 14031770 元，⑥ 增长 21.3%。1934 年江西省存款额最高的是中央银行南昌分行，为 434 万余元；1935 年为江西裕民银行，达 2977 万余元，平均每家银行存款额由 85 万余元增至 176 万余元，增加一倍有余。⑦ 从总体来看，全国银行存款总额也是较快增长。1932～1934 年，国内包括中国银行、中央银行、交通银行等 28 家银行的存款数据分别是 1974097476 元、2418589782 元、2751362925 元，⑧ 年增幅平均在 15% 以上。⑨ 表 4 - 1 显示了全国银行存款的持续增长态势。

---

① 《刘鸿生致刘念孝函》（1935 年 9 月 11 日），上海社会科学院经济研究所编《刘鸿生企业史料》（中），上海人民出版社，1981，第 29 页。

② 《二十四年度中国银行报告》，《社会经济月报》第 3 卷第 5 期，1936 年 5 月，第 103 页。

③ 《交通银行营业报告》（1934），交通银行总行编印，第 2 页。

④ 《交通银行营业报告》（1935），交通银行总行编印，第 2 页。

⑤ 《江苏银行民国二十三年度营业报告》，《银行周报》第 19 卷第 15 期，1935 年 4 月 23 日，第 4 页。

⑥ 《江苏银行民国二十四年度营业报告》，《银行周报》第 20 卷第 14 期，1936 年 4 月 14 日，第 3 页。

⑦ 景瑞：《民国二十四年江西之银行业》，《经济旬刊》第 7 卷第 18 期，1936 年 12 月 25 日，第 9 页。

⑧ 《最近三年各行各项存款比较表》，中国银行总管理处经济研究室编《民国二十三年度中国重要银行营业概况研究》，新业印书馆，1935，第 18 页。

⑨ 银行存款业务的大幅度增长，虽然与钱庄一定程度的衰落有关，但也有资料显示，钱庄衰落并不像想象的那样严重。1932～1935 年上海钱庄折合成银元的资本总额分别为 2138.5 万元、2179.8 万元、2070.2 万元、1938.0 万元，四年间下降约 200 万元，这和银行资本的大幅度增加难以相提并论。魏友棐：《现阶段的中国金融》，华丰印刷铸字所，1936，第 88 页。

表 4 - 1　1932～1936 年全国银行存款额

单位：万元，%

年份	存款	比上一年增加	比上一年增长比例
1932	218376	32311	17.37
1933	261514	43138	19.75
1934	299776	38262	14.63
1935	378937	79161	26.41
1936	455126	76189	20.11

注：1931 年存款额为 186065 万元。

资料来源：《历年银行业全国存款统计表》，朱斯煌编《民国经济史》，银行学会，1948，第509 页。

值得注意的是，1932 年后银行存款的增长是在通货紧缩、物价下降、银元升值背景下出现的，表明社会财富在增长，而 1935 年初的金融危机正是与这种社会财富增长相伴而生的。这就提示我们，对这场金融危机的评断不能简单建立在经济萧条这样固有的解释定式上。上述财富增长和金融混乱同时出现，看似相悖的状况，或许正是理解当时经济金融形势的锁钥。时人曾有评论："形成目下此种恐慌之原因，实在于金融界本身之冻而不流，不在于金融之枯竭。"[①] 征诸上述数据，此论可谓一语中的。其间，因白银价格波动导致白银大量外流及其影响向地产、金融迅速传导，是造成金融"冻而不流"的重要因素。

第二节　危机的本质

细究 1930 年代中期中国的经济，不仅金融并不枯竭，实业界也不像通常所说的那样竭蹶。表 4 - 2 是 1932～1935 年实业发展情况及与 1927 年的比值。

---

① 汪中：《一万万元金融公债之经济意义》，《钱业月报》第 15 卷第 5 号，1935 年 4 月 15 日，第 19 页。

表 4 - 2　1932 ~ 1935 年实业发展概况

单位：个，元，人

		1932 年	1933 年	1934 年	1935 年与 1927 年比较	
机械	厂数	145	195	228	275	19 倍多
	资本	5875146	6701446	7433546	8028746	38 倍
	工人	8973	10725	11701	13213	
纺织	厂数	675	772	880	1058	3.6 倍
	资本	139856452	145614002	156195302	191309207	2 倍
	工人	214573	228979	241710	283243	
化学	厂数	277	317	362	398	3 倍
	资本	34184039	37327439	40995439	42791439	近 2 倍
	工人	41308	44552	49009	51638	
农产工业	厂数	412	513	607	714	3.7 倍
	资本	51647500	54824800	55763000	56763500	1.3 倍
	工人	29899	33549	35493	37832	

资料来源：《1927 ~ 1936 年工业统计资料·十年来之中国机械工业》《1927 ~ 1936 年工业统计资料·十年来之中国纺织工业》《1927 ~ 1936 年工业统计资料·十年来之中国化学工业》《1927 ~ 1936 年工业统计资料·十年来之中国农产工业》,《中华民国史档案资料汇编》第 5 辑第 1 编 "财政经济"（6），第 200 ~ 202 页。

　　从表 4 - 2 可看出，1932 ~ 1935 年，无论机械、纺织、化学工业还是农产工业，其工厂数与资本额均呈增长趋势。机械工业发展最快，1935 年投入资本相当于 1927 年的 38 倍。即使在经济危机中受创最重的纺织业，厂家总数与投入资本也处于稳步增长。

　　1934、1935 年的实业情况，事实上也不像时人及后人普遍认为的那样糟糕。纺织业是当时中国实业发展的领头羊，在 1930 年代世界经济危机中受创较重。值得注意的是，尽管 1934 年及 1935 年上半年，纱厂停工倒闭现象屡见不鲜，但同时存货减少的趋势十分明显。1934 年 6 月，上海存纱107825 包，12 月降至 78725 包，1935 年 6 月又减至 74816 包，9 月更减到33013 包，"为近年来最低之存数"。而开工总锭数实际上一直是增长的，[1]

① 1933 年下半年、1934 年上半年、1934 年下半年、1935 年上半年开工锭数分别为 4640206、4678272、4680832、4809559 锭。何炳贤：《民国二十四年我国工商业之回顾》，《工商半月刊》纪念号，1936 年 1 月 15 日，第 2 页。

存货却显示递减，可见销售逐渐转旺当属事实。正因如此，1935 年底，棉纺业出现复苏就显得顺理成章。和棉纺业相比，同属纺织业的丝织业经营状况更为乐观："本年我国生丝业，实有勃兴的气象。丝价较去年大为增加，上海生丝出口数量较去年增加二倍半，丝厂开工平均较去年增加一倍。"面粉业是当时中国的第二大工业产业。面粉价格虽有波动，但 1933～1935 年的产量和销量也是递增的。1934 年上半年产量、销量分别为 27615679 包、33506569 包，1935 年上半年产量、销量分别增加至 37695013 包、39500245 包。① 作为重工业基础行业的煤炭业，产煤量在 1930 年前后增长较快。1929 年，"产煤总量为 1500 万吨，出超为 120 万吨"；九一八事变后，东北煤田被占，国内产煤不敷所需，故外煤入超每年在 100 万吨以上。1934 年，国内产煤增至 2090 万吨，入超仅为 22 万吨；1935 年产煤"增至 2100 余万吨，而输出超过输入为 10.2 万吨……关内各省产煤，不但可以自给，抑且有过剩之趋势"。② 1935 年上半年的全国生产指数也表明，以 1933 年的生产指数为 100，1934 年则为 100.4，1935 年 1～6 月分别为 109.1、76.5、102.3、118.6、111、116.2，③ 除 2 月有较大下降外，其余 5 个月都高于 1933 年的基数。

再看 1933～1935 年的对外贸易状况。由于银价上涨，对外贸易总额不断下降，但出口的下降明显低于进口的下降，由此导致的直接变化就是入超减少（表 4 - 3）。作为亚洲乃至世界商贸大港，上海港的进出口额也显示了此种趋势。1933～1935 年，上海港进出口总数分别为 39325941、39879836、39664819 吨。1935 年较 1934 年有 0.8% 的下降，但这反映的主要是出口的下降；往来内港的数据则为 4103598、4381102、5638016 吨，1935 年较 1934 年增幅达 28.7%，④ 这反映了内地经济活跃的趋势没有改变。

---

① 何炳贤：《民国二十四年我国工商业之回顾》，《工商半月刊》纪念号，1936 年 1 月 15 日，第 9、12 页。

② 吴鼎昌：《我国煤产运销问题——实业部煤业会议开会词》，《实业部月刊》第 1 卷第 3 期，1936 年 6 月，第 1 页。

③ 《中国生产指数》，《经济统计月志》第 3 卷第 2 期，1936 年 2 月，第 10 页。

④ 《上海关商船进出口只数及吨数》，《经济统计月志》第 3 卷第 2 期，1936 年 2 月，第 10 页。

表 4 – 3   1933 ~ 1935 年中国对外贸易进出口总额

单位：千元

年份	进口额	出口额	贸易总额	入超额
1933	1345567	611828	1957395	733739
1934	1029665	535214	1564879	494451
1935	919211	575810	1495021	343401

资料来源：《中国国际贸易价值表》，《社会经济月报》第 3 卷第 5 期，1936 年 5 月，第 112 页。

由此可见，1934、1935 年的中国经济基本延续了南京政府建立后的发展趋势。当然，经济落后、外资凌掠、财政困窘、农村贫穷，加上世界经济危机、战乱频仍等，都是真实的存在，始终会制约经济的顺利发展，但这些更多是近代中国的长时段背景，许多问题可以不假思索地套用这些原因，却不足以解释为什么在某个时段会出现某些特殊的现象。具体到这个现象，首先需要回答的是为什么在实体经济并不十分困难的背景下，会出现 1935 年初的金融危机、市场恐慌。追索当年的市场运行状况，可以发现危机的导火索还是白银价格上涨，而危机前上海地产的疯狂投机及金融组织本身的不健全则是这场危机的引线。

1932 年前，白银价格总体上在低位运行，使在中国作为通货的白银与在国外作为商品的白银形成投机差价，资金流入中国迹象明显。而上海作为一个国际都市，其地产业成为各方资金竞逐和热钱追捧的对象。20 世纪以后，上海地产经历了长时段的上涨。上海地产上涨有多重因素，时人谈道："从别处刮了地皮而来的军阀官僚，开始其为海上寓公的时候，第一步就是买一些上海租界内的地产，自觉可以高枕无忧。内地的土豪劣绅，觉得本地的财产，似乎有些儿'不稳妥'，也无疑的要想到投资于上海租界内的地产。再有一般专门投资兼投机的外国资本家，眼见世界各国都闹不景气，而上海租界内的地产，因为'大家都望着租界上跑'，反而'几乎没有跌价的可能'，于是也放弃了固有的经营地盘，到上海来大量的购买地产。"[1] 多种原因导致上海地产价格一路上升，公共租界地价 1900 年均价为每亩 5400

---

[1]　章植：《上海地产之观察》，《文化月刊》第 1 卷第 1 ~ 6 期合刊，1934 年 9 月，第 297 页。

元, 1933 年均价高达 47000 余元。① 短短 30 余年, 上涨 8 倍有余。1932 年后, 上海地产虽有降温迹象, 但在大量游资冲击下, 仍维持高位活跃运行。1932 年 1~9 月, 上海地产成交金额达 1.17 亿余两。② 而 1932 年上海银行、钱庄的存款额合计仅约 10.1332 亿两,③ 3 个季度的地产成交额就占到全年总存款额的 1/10 以上, 可见上海地产交易的狂热。

在上海地产的疯狂投机中, 外资扮演了原始推动力的角色。章乃器指出: "地产要成为流通性最高的信用工具, 这本来是举世所无的怪事, 是畸形发展中最畸形的一种现象。这种现象的成因, 是因为上海租界的主人翁——外商, 企图运用他们的资金, 企图造成租界的虚伪繁荣……他们在开发一个他们自己的资本市场之后, 只有半有意半盲目地向地产方面开展。"④尤其是在 1929 年世界经济危机爆发后, 白银价格下落, 银本位的中国成为资金的避风港, 所以, "1929 年世界恐慌开始的时候, 而远东市场的上海却反而日进益上。到了 1931 年, 上海地价更有高度的涨上"。⑤ 1932 年近亿两白银经外资银行流入上海,⑥ 与同年巨大的地产交易金额不无关系。由于外资银行的示范作用, 银行把累积资金直接或间接投向房地产, 地产和金融形成纽带关系。"近几年来上海的金融业者, 大都从事地皮买卖, 地价之高, 异乎寻常, 地契等文件便如橡皮股票一般, 处处受着银行钱庄的欢迎, 都可以抵押现款。间接的地契、土地证等, 都变成了流通的交易筹码。但是地契等物的所以受欢迎, 能作抵押, 都是因地价的逐次上涨。"⑦ "上海的工商业特殊发展, 使房地产之固定财产也就趋于商品化, 因此, 所有游资, 就以地

---

① 朱斯煌:《信托总论》, 全国图书馆文献缩微复制中心, 2002, 第 355 页。
② 《一年来之上海地产事业》,《时事大观》1934 年上册, 1934 年 12 月, 第 272 页。
③ 《1932 年上海银行钱庄的资本、存款、放款比较表》,《上海钱庄史料》, 第 270 页。
④ 章乃器:《上海地产之今昔》,《社会经济月报》第 2 卷第 6 期, 1935 年 6 月, 第 13 页,
⑤ 魏友棐:《现阶段的中国金融》, 第 94 页。
⑥ 《上海各银行现银存底统计表》,《社会经济月报》第 3 卷第 5 期, 1936 年 5 月, 第 115 页。1931 年上海各外资银行现银存底为 86883000 元, 1932 年底增加到 185050000 元。外资银行在全部银行现银存底比例由 32.64% 骤增到 42.22%, 1935 年又增加到 50.35%。1934 年地产价格下跌后, 这一比例暴跌到 16.32%, 外资的逐利动机显露无遗。
⑦ 尹伯端:《救济沪市与金融公债一亿元》,《国闻周报》第 12 卷第 12 期, 1935 年 4 月 1 日, 第 2 页。

产为对象，又使地产契券成为金融社会中移转最易的信用筹码。"① 地产契据成为向金融机构获取款项的抵押品，变成流通筹码。1934 年 5 月上海房产公会报告："上海三十万万元房地产之中，有二十万万元是握在上海银钱业界手里，作为流行于市面的筹码和准备库的担保品。"② 另一项调查说："根据上海银行对于抵押放款性质的报告加以分析，则是房地产押款占百分之三五，有价证券押款占百分之三一，农产品押款占百分之一八，存单及农村贷款各占百分之八。"③ 上海福源钱庄 1932 年后持有的地产抵押品甚至占到其贷款抵押品的 3/4。④ 地产契据的筹码功能，使其容易变现，进一步刺激人们的投机热情，促成地产价格上涨。"上海的房地产、证券，却又为金融市场中信用筹码之一。在前几年上海显示了资金过剩时代，许多游资即是增加地产投资的原动力。"⑤

上海金融和地产的紧密捆绑，潜藏着巨大的经营风险。1933 年，随着白银价格回升，上海地产成交已现不振之势，但交易额仍有 4313.6 万元。1934、1935 年，白银价格加速上涨，"在中国购买白银并将其发往国外是一项有利可图的交易，外国人首先行事，接着中国人也效仿他们。所有这些人都从事出口交易并很快地获得巨大利润"。⑥ 其结果是巨额热钱通过外资银行迅速流出，投机对象转移，上海房地产出现量价齐跌局面，1934 年成交仅 1299 万元，1935 年为 1446 万元，⑦ 仅相当于高峰时期一个月的成交量。

金融、地产因为抵押形成纽带关系，地产的恶劣局面迅速传导至金融界。外资银行首先意识到风险，停止地产抵押："不单是拒做新的地产抵押，而且催赎已做的地产押款。"⑧ 外资银行示范，其他银行纷纷跟进，纠

---

① 魏友棐：《现阶段的中国金融》，第 62 页。

② 秦伯瑞：《民国二十四年上半期的中国经济》，《中山文化教育馆季刊》第 2 卷第 3 期，1935 年，第 837 页。

③ 魏友棐：《现阶段的中国金融》，第 75 页。

④ 《〈1925~1941 年期间 15 个年份工业放款表〉说明》，《上海钱庄史料》，第 805 页。

⑤ 魏友棐：《现阶段的中国金融》，第 62 页。

⑥ 梅远谋：《中国的货币危机——论 1935 年 11 月 4 日的货币改革》，张卫宁译，西南财经大学出版社，1994，第 64 页。

⑦ 魏友棐：《现阶段的中国金融》，第 63 页。

⑧ 章乃器：《上海地产之今昔》，《社会经济月报》第 2 卷第 6 期，1935 年 6 月，第 14 页，

纷首先在银行与钱庄之间发生。当时，中国的银行与工商界直接关系并不多，银行发放贷款要求担保，"但我国的工商业，甫在萌芽，资本不具，必先有借款，而后能致货物"。[①] 因此工商界贷款往往假手于可以信用担保的钱庄，通过钱庄再从银行获取款项，即银行对钱庄放款，钱庄再对工商界放款。银行为应对外资流出造成的银根紧缩，纷纷向钱庄追索放款，钱庄偿付无力，以平时所做地契转向银行抵押，寻求救济，鉴于地产已趋崩盘，银行界对此予以拒绝，益发加剧资金紧张的恐慌。工商界身处银钱纠葛当中，无法得到维持运转所需资金，被迫卷入危机。由此可以看出，这场危机的大致路线是，"白银外流与地产跌价，无人再做地契的抵押放款，交易筹码，不敷应用"；"银行拒绝抵押，于是此具有货币效能的数万契纸，失其作用，恐慌便因此展开"。此正如当时人们所分析的："中国的金融业者，有资本而无正当投放之途，遂转而从事投机业务，银行除对政府借款，所余的资金皆用于标金、公债、地产等投机买卖，这次地产的落价，以及银行拒绝地契抵押放款，酿成二三十年来未曾有过的风潮，都是这种疯狂投机的结果，而尤以地产的投机为甚。"[②] 热钱的疯狂涌入和涌出，形成巨大的投机风险，首先伤及的是对资金高度敏感的地产和金融，之后必然会伤及实体经济。当时，面对危机，政府一度声称："欲使金融回复流通，首须使地产免于呆滞。"[③] 然而，欲使投机过度的地产重获生机谈何容易，揭开地产—金融—实业危机的连环套，现实可行的还是从金融入手，而这也正符合扮演救市角色的国民政府的期望。

第三节　金融改组

民国建立后，无论是北京政府还是南京国民政府，都有掌控金融的意

---

① 尹伯端：《救济沪市与金融公债一亿元》，《国闻周报》第 12 卷第 12 期，1935 年 4 月 1 日，第 3 页。

② 尹伯端：《救济沪市与金融公债一亿元》，《国闻周报》第 12 卷第 12 期，1935 年 4 月 1 日，第 1、2 页。

③ 《蒋中正电孔祥熙为上海地方协会呈中央迅筹救济工商业令央行受抵该市有生产地押款等办法请酌办》（1935 年 3 月 3 日），"蒋中正总统文物档案"，档号：002/080200/00212/111。

愿，却又缺乏足够的能力和实力。1930 年代中期，随着内外环境的逐渐好转，南京国民政府开始筹划在金融方面有所举措。此时，金融危机的出现为其干预、统制金融提供了一个极好的机会，南京国民政府通过改组，控股中国、交通两大银行，向建立国家银行体系迈出关键一步。

建立中央银行，通过中央银行驾驭和支配全国金融，是孙中山和国民党的一贯主张。1912 年拟定的《国民党政见宣言》即明确指出，要建立"规模宏大之中央银行"，并"集中纸币发行权于中央银行"，使之"有支配全国金融界之能力"。[①] 南京国民政府成立后，在 1928 年 6 月召开的全国经济会议上决定筹组中央银行，建立国家银行体系。在随后召开的全国财政会议上，财政部草拟的"整理财政大纲"议案提出：必须着手组织中央银行，筹备汇业银行，提倡储蓄银行。[②] 1928 年 11 月 1 日，中央银行在上海正式开业，财政部部长兼中央银行总裁宋子文在开幕词中宣称："创设中央银行的目的有三：统一国家的币制；统一全国之金库；调剂国内之金融。"[③] 蒋介石所作训词指出："总理在粤组中行，资本仅五十万，今中央资本，十愈[余] 倍于昔，以良好经济之发展，进行建设事业，则三数年后，其成绩可期。中央银行为中国人民银行，即为国家银行，中央政府基础巩固，政治之建设，实有赖此。"[④] 国民党人认为，他们要建立的金融体系："系以中央银行立货币发行权，运用贴现政策，以操纵各银行放款，使金融市场有合理之调节，内地生产有合理之发展，此与资本主义之金融体系仅利于资本家者性质不同。"[⑤]

中央银行成立后，政府赋予其国家银行的特权与地位，业务发展迅速。

[①] 秦孝仪主编《国父全集》第 2 册，近代中国出版社，1989，第 80 页。

[②] 全国财政会议秘书处编《全国财政会议汇编》，大东书局，1928，第 18 页。

[③] 财政部财政科学研究所、中国第二历史档案馆编《国民政府财政金融税收档案史料（1927～1937 年)》，中国财政经济出版社，1997，第 454 页。

[④] 洪葭管主编《中央银行史料（1928.11～1949.5)》上卷，中国金融出版社，2005，第 14 页。

[⑤]《朱家骅呈蒋中正奉交审查改变政策谨陈意见含改变经济路线及政治制度并确定外交方案与确定中国国民党立场等》（1938 年 1 月 24 日），"蒋中正总统文物档案"，档号：002/080101/00016/001。

1928～1933 年，其资产总额增加近 10 倍，纯益达到 60 倍，[①] 规模日益扩大。但无论从实力还是社会影响力，中央银行仍然难以与中国、交通两行抗衡。1934 年底，中国银行和交通银行分别拥有资产 9.7565 亿元和 4.115 亿元，两行的资产总和是中央银行的 3 倍。[②] 中央银行的钞票在市场上信誉不高，到 1935 年发行额仅及中国银行的 60%。可以说，中央银行无论在财政还是在金融领域，都不能真正起到央行的作用，[③] 且有与普通商业银行争利之嫌，所以马寅初批评："中央银行仅有其名，不但不能负责调节，且与普通银行竞争营业，不但与普通银行竞争营业，且以政府命令剥夺他行之营业而归于己手。"[④]

对中央银行迟迟不能上位的状态，国民政府和蒋介石当然不能满意，建立中央银行，实现统一发行、集中准备的货币制度被国民政府视为生存之根本，一直是国民政府金融改革的重心。正因此，1935 年初，国民政府和蒋介石察觉到金融形势的变化，加紧金融统制预筹。1935 年 1 月 2 日，蒋介石在日记中写道："金融币制筹备统制。"[⑤] 次日，他又在注意一栏记："统制金融之设计。"[⑥] 17 日更写道："下午商决政制、金融与币制入手办法甚久，得有解决亦一大事也。"[⑦] 此后半月内，他又计划"拟定统一币制步骤"，[⑧]"银行制度，减轻放款机关之利率"。[⑨]

正值蒋介石思考以上问题时，上海的经济问题日渐表面化。银根紧缩、资金匮乏导致工商业年关资金全面紧张，实业界如履薄冰，"救济市面""救济工商业"之呼声风起云涌。1934 年底，金城银行总经理周作民致函国防设计委员会副秘书长钱昌照，强调金融贸易"较为紧张"，呼吁："介公

---

① 石毓符：《中国货币金融史略》，天津人民出版社，1984，第 288 页。

② 《中国银行民国二十三年度营业报告》，中国银行总管理处编印，1935，第 62 页；《交通银行营业报告》（1934），第 3 页。

③ 吴景平主编《上海金融业与国民政府关系研究（1927～1937）》，第 241 页。

④ 马寅初：《统制经济问题》，《时事月报》第 10 卷第 1～6 期，1934 年 6 月，第 109 页。

⑤ 蒋介石日记，1935 年 1 月 2 日。

⑥ 蒋介石日记，1935 年 1 月 3 日。

⑦ 蒋介石日记，1935 年 1 月 17 日。

⑧ 蒋介石日记，1935 年 1 月 19 日。

⑨ 蒋介石日记，1935 年 1 月 26 日。

以此问题与军事政治并重，抽暇主持，俾臻妥善，以万一不幸而发生事端，于军事政治俱有关系也。"① 因此，无论是为应对危机还是统制金融，国民政府都不能再无动于衷，"自政府以至于商民，一是皆以救济市面为急务"。② 政府首先从金融问题下手。2 月 16 日，财政部组织金融顾问委员会，孔祥熙任主席，张嘉璈任副主席，研究关于改进通货现状、改善国际收付、安定汇兑、调剂内地金融等事项。③ 23 日，上海银钱两会、上海市商会、上海市地方协会召开联席会议，讨论如何应付恐慌。由于自身无力拯救危机，因此对政府均寄予很大期望。上海金融业和商界联合派出 6 名代表向财政部部长孔祥熙请愿。孔祥熙表示，"只要有办法，政府愿作后盾"④，政府亦久在筹维挽救之中。⑤ 应该说，孔的说法不能完全视为虚言，此时政府已在考虑发行公债救市。2 月下旬，孔祥熙在致电蒋介石时说道："关于发行公债事，前在京商谈后，及弟还沪，适值废历年关，市面恐慌，异常紧急，勉筹应付，已获平安。但现已灯节，向例钱庄发送商号之来往银折，迄今未发，市面困窘可见一斑。今日选商各方，俱认此时发债，既将影响旧债价值，且必将引起市面绝大恐慌，现正另筹应急办法，已有端倪，发债之举，决定暂缓。"⑥

3 月 6 日，财政、实业、铁道各部举行联席会议，讨论救济沪市金融。⑦ 9 日，孔祥熙在沪召集各界领袖会商救济市面办法。对于各商业团体请求救济沪市金融事，他表示："中央对整个金融，正在统筹办法，俟筹划就绪，

---

① 《周作民致钱昌照函稿》（1934 年 12 月 1 日），《上海银行家书信集（1918～1949）》，第 140 页。

② 《救济工商业与金融问题》，《工商半月刊》第 7 卷第 8 号，1935 年 4 月 15 日，第 1 页。工商业救济协会提出信用放款与物产抵押借款 500 万元，一般地产商人提出发放地产流通券 5 亿元，政府与银行方面商定工商信用借款 500 万元。

③ 《财部组金融顾问会》，《银行周报》第 19 卷第 5 期，1935 年 2 月 12 日，第 3～4 页。

④ 上海银行公会档案，档号：S1773/1/92，上海市档案馆藏，转引自吴景平主编《上海金融业与国民政府关系研究（1927～1937）》，第 269 页。

⑤ 《救济工商业与金融问题》，《工商半月刊》第 7 卷第 8 号，1935 年 4 月 15 日，第 5 页。

⑥ 《孔祥熙等电蒋中正此时发行公债将影响旧债价值引起市面恐慌应另筹应急办法暂缓公债发行等文电日报表等三则》（1935 年 2 月 23 日），"蒋中正总统文物档案"，档号：002/080200/00447/166。

⑦ 蒋介石日记，1935 年 3 月 6 日。

沪市金融，自可同时解决……将来由中央银行尽量放款一层，较易办到，可提先实现，至请求地产押款，尚待详细研究办法。"① 金融危机的主要源头是地产危机，上海市场呼吁，政府应严令银钱界"尽量受抵本市有生产之地产押款及以地产充缴储蓄保证等治标办法，不容再缓"。② 对此，孔祥熙答复："沪市金融，早经设法救济，迭商中中交三行抵放巨款调剂……地产呆滞，固属实情，惟中央银行限于条例，对于道契及土地执业证不能抵做，其他各银行则已令尽力抵做。"③ 从市场的呼吁可以看出，市场对政府寄予很高期望。正如上海市商会致电蒋介石所言："现在银钱业如无政府之救济，匪独不能维持市面，亦属自顾不遑，请政府当局以当机立断之处置，挽救非常事变。"④

3 月 13 日，政商各界达成的救济市面办法出台，议决由银钱两业协同政府一共发放信用贷款 500 万元以救济沪市。对拟承担的 250 万元信用放款份额，政府方面态度积极。孔祥熙在谈话中表示："各方请求政府担任工商业小借款之半数（250 万元），当竭尽全力以赴之。正如儿子有急难，为父者岂可坐视而不救乎？"⑤ 相比之下，银钱业方面令人失望。银行业公会还算积极，钱业公会则因担心此举将予银行业与小工商业接近之机遇而持保留态度。⑥ 银钱业无法达成一致，500 万元小额贷款被无限期拖延。

在金融危机造成经济运行窒碍的大背景下，银钱业对小额贷款这种最低限度救市措施的拖延凸显了资本唯利是图的本性，同时又一次显现中国金融体系中银行和钱庄并立的特殊性。小额信用放款的夭折，使社会舆论尤其是工商界进一步对金融界丧失信任，也给了政府改组金融界的借口和决心。正

---

① 《中央对整个金融正在统筹办法》，《申报》1935 年 3 月 11 日，第 2 张第 7 版。
② 《上海市地方协会电孔祥熙为沪绸缎业等公会呈请迅筹救济工商业宜令央行受抵本市有生产之地产押款等治标办法》（1935 年 3 月 3 日），"蒋中正总统文物档案"，档号：002/080200/00212/095。
③ 《孔祥熙电蒋中正上海市金融迭商中中交三行抵放巨款调剂已设法救济》（1935 年 3 月 6 日），"蒋中正总统文物档案"，档号：002/080200/00213/001。
④ 《蒋中正电汪兆铭孔祥熙上海金融紧迫工商停滞请速筹救济》（1935 年 3 月 12 日），"蒋中正总统文物档案"，档号：002/080200/00213/084。
⑤ 《孔祥熙昨抵沪谈救济工商业问题》，《申报》1935 年 3 月 16 日，第 4 张第 14 版。
⑥ 秦省如：《救济市面与钱业信用放款》，《钱业月报》第 15 卷第 5 号，1935 年 4 月，第 13 页。

因此，在决定改组中国银行和交通银行时，蒋介石致电财政部部长孔祥熙和中央党部秘书长叶楚伧，高调声言："国家社会皆频（濒）破产。致此之由，其结症乃在金融币制与发行之不能统一。其中关键，全在中交两行固执其历来吸吮国脂民膏之反时代之传统政策，而置国家与社会于不顾。若不断然矫正，则革命绝望，而民命亦被中交两行所断送，此事实较军阀割据，破坏革命为尤甚也。今日国家险象，无论为政府与社会计，只有使三行绝对听命于中央，彻底合作，乃为国家民族唯一之生路。"①

表面看来，似乎是银钱界对 500 万元救市资金的拖延给了政府启示，非以政治力改变资本性质，建立强大的政府银行体系，不能真正实现救济。然而，实际的幕后运作远非如此简单。早在 1935 年 2 月初，孔祥熙就明确提出："我们也应当认识中国的币制和金融组织，颇有应行改善之处。"② 2 月 28 日、3 月 1 日，孔祥熙专程赴汉口，与蒋介石密议两日，"商财政事"。会商结果，按蒋介石日记所言，大致为："发展地方经济，先使各省能自给自足，与互助通惠，不计关税之减少。而中央以统制金融与统一币制为财政之命脉。"③ 其统制金融的财政目标昭然若揭。要达到此目标，除继续扶持、加强中央银行外，设法通过改组控制中国银行界的两大巨擘——中国银行和交通银行应在计议之中。

正因此，当危机出现后，国民政府竭力将舆论向改组金融界方向引导。孔祥熙在召集上海官商各界讨论救济办法时强调，"中央对整个金融，正在统筹办法，俟筹划就绪，沪市金融，自可同时解决"；④ "根本办法，端赖金融实力充足，方足以胜任调剂金融之任"。⑤ 3 月 19 日，孔祥熙致电蒋介石："近年以来，政府时向中交两行借款济急，中行既有官股 500 万元，似应再增 2500 万元，交行既有官股 100 万元，似应再增 1000 万元。拟即发行廿四年金融公债一万万元，作为拨还垫款，增加资本之需，庶几银行资力充实，

---

① 高素兰编注《蒋中正总统档案·事略稿本》第 30 册，台北"国史馆"，2008，第 170～171 页。
② 《金融顾问委员会成立》，《银行周报》第 19 卷第 7 期，1935 年 2 月 26 日，第 3 页。
③ 蒋介石日记，1935 年 2 月 28 日。
④ 《中央对整个金融正在统筹办法》，《申报》1935 年 3 月 11 日，第 2 张第 7 版。
⑤ 《救济工商业与金融问题》，《工商半月刊》第 7 卷第 8 号，1935 年 4 月 15 日，第 5 页。

工商亦获救济。"① 同日，蒋致电汪精卫，转告孔祥熙提出的发行动议，同时表示："弟甚赞成，务请诸兄设法维持俾得通过。"② 20 日，汪精卫主持的中政会通过发行金融公债 1 亿元，汪致电蒋介石："金融公债一万万元昨经行政院通过，今经中政会议通过，原则交立法院矣。"③ 这笔公债计划用于安定金融，救济工商业。22 日，1 亿元公债的分配计划提交立法院讨论，分别增加中央、中国、交通三银行之资本，计 6500 万元，④ 余额仍拨中央银行为活动周转之资；预定 4 月发行，不流通市面，仅由各银行互相承受。财政部指定以关税为担保，按月在关税收入项下拨付本息基金，交国债基金保管会保管；具体放款办法由各方筹议，使工商各业在可能范围内向上项银行借款。⑤ 该方案的核心当然是借此实现对中国、交通两行的控股。

计划出台后，各界反应虽不尽一致，但大多持肯定态度。如时人所论："因这次的风潮，其近因纯然由于交易筹码的缺乏，同时银行与钱庄均各兢兢自保，纵然稍有库存，也不肯轻易放出，自蹈危险。现在是政府出来借债，再交给他们拆放，虽然款仍由金融界本身拿出，但是却换进了一万万的金融公债，无形中是政府给了保证，并且有关税作还本付息的担保，这比凭空向工商业放款强多了。所以银行界的'颇表赞同'自然是意中事，其余受救济的工商业界，更不用说了。"⑥ 汪精卫 3 月 23 日致电蒋介石称，计划出台，"沪人心市面，初无大变，政府政策或可推行无阻"。⑦ 中国银行天津

---

① 《孔祥熙电蒋中正拟提出发行金融公债》（1935 年 3 月 19 日），"蒋中正总统文物档案"，档号：002/080200/00215/026。

② 《蒋中正电汪兆铭孙科叶楚伧接孔祥熙电拟提出发行金融公债请设法维持并通过》（1935 年 3 月 19 日），"蒋中正总统文物档案"，档号：002/080200/00215/021。

③ 《汪兆铭电蒋中正金融公债业经院会中政会议通过送交立法院》（1935 年 3 月 20 日），"蒋中正总统文物档案"，档号：002/080200/00215/045。

④ 最初的议案是，以 3000 万元拨充中央银行资本，2500 万元拨充中国银行资本，1000 万元拨充交通银行资本，三行拟押放款项办法，实行救济市面。

⑤ 《发行金融公债将提立法院讨论》，《申报》1935 年 3 月 22 日，第 1 张第 3 版。

⑥ 尹伯端：《救济沪市与金融公债一亿元》，《国闻周报》第 12 卷第 12 期，1935 年 4 月 1 日，第 6 页。

⑦ 《汪兆铭电蒋中正政府政策在沪或可推行无阻》（1935 年 3 月 23 日），"蒋中正总统文物档案"，档号：002/080200/00216/039。

分行经理卞白眉也说到天津的状况："津市对于此次我行改组，无坏印象。"①

中国与交通两银行为官商合办银行，增加官股须经股东大会接受始具法律效力。中国银行、交通银行分别于 3 月 30 日、4 月 20 日召开股东大会，中国银行把官股增资由 2500 万降至 2000 万，保持官商各半比例，两行增资计划均获得通过。最终，一亿金融公债的用途主要有二：一为充实银行资金，以 3000 万元拨充中央银行资金，2000 万元拨作中国银行官股，1000 万元拨作交通各银行官股；二为拨还银行垫款。②

改组中国、交通两行，无疑会对它们形成重大利益冲击，在两行激起震荡。财政部钱币司司长戴铭礼回忆："（改组中交）做得很机密，由行政院会议通过即付实施。据闻两行原负责人得此消息，恍如晴天霹雳，大为震动。"③汪精卫给蒋介石的电文中亦说："庸之事前并未征得中交两行张公权等同意，恐将引起风潮，庸之即夜赴沪，能调解否未可知。弟已托吴震修即晚赴沪，切嘱公权等万勿决裂。"④不过，汪精卫的说法引起了孔祥熙的强力辩解，他在致蒋介石询问电中说："金融公债案，弟事前已对张公权等表示意见，决定提出时，复约面告，适外出。唐寿民则因病均未到。此举完全为统一发行，便于救济工商起见，不能不增厚三行资力，且为押放款项事，工商各界多已集怨中国银行，亦当设法筹助。对于公权个人，弟并拟约为副总裁。至精卫所云，恐系仅听一面之词，当提出时，有壬（唐有壬）即有种种议论，及弟来沪再晤公权等，亦无汪电所云之甚。"⑤孔所谓的事前已征求张嘉璈等意见的说法，张嘉璈日记中有记载："此次中国银行增加官股，与更动人事，于三月中旬，孔、宋两先生自汉口归来后，方始

① 《卞白眉日记》第 2 卷，1935 年 4 月 5 日，第 283 页。

② 汪中：《一万万元金融公债之经济意义》，《钱业月报》第 15 卷第 5 号，1935 年 4 月，第 19~20 页。

③ 文思主编《我所知道的孔祥熙》，中国文史出版社，2003，第 32 页。

④ 《汪兆铭电蒋中正因孔祥熙发行公债中交两行官股增资事未征张嘉璈等同意请去电安慰》（1935 年 3 月 21 日），"蒋中正总统文物档案"，档号：002/080200/00215/062。

⑤ 《孔祥熙电蒋中正增厚三银行资力俾早日通过立法院对中交两行而言为救国也自救对反对之意见乞全力沟通》（1935 年 3 月 23 日），"蒋中正总统文物档案"，档号：002/080200/00216/084。

知之。"[1]

虽然孔祥熙事前可能确实知会过张嘉璈，但两行尤其是中国银行高层的不满也显而易见。卞白眉在日记中写道，"公权等均见面详谈，彼等态度过于悻悻。"[2] 中国银行接到财政部增资改组训令后，即召开董事会，列席董事纷纷提出异议，并"一致主张质问政府"。张嘉璈解释道："孔财长决定派宋子文为本行董事长，调本人为中央银行副总裁，交行人事未予更动。显见其中尚有人事关系。部行对抗，难免不牵动市面。本人已决定辞职，希望各位董事予以谅解。"[3] 黄郛亦指出："统制金融，与其着重人事方面打算，不如着重方法方面之较为稳妥。"[4] 对两行的反应，政府早有准备。事前蒋介石即电叶楚伧："政府增加三行资本，救济社会金融政策，应设法密嘱京沪各报一致拥护主张，促成其事，使反对派不能造谣惑众，俾定人心。"[5] 汪精卫、孔祥熙关于金融公债的谈话，一再强调改组目的在于增加中央、中国及交通三银行资本，便利工商业通融资金。孔祥熙宣称："诚以工商界通融资金，向以中央、中国、交通三行为中心，博施济众，三行自难应付，故政府在此财政极端困难之时，犹发行公债，以为三行充实资本，用意即在于此。"[6] 汪精卫则更明确辩解："金融公债之发行，其目的在增加中央及中国交通三行之资本，借以活泼金融，便工商业有所挹注，绝无纵横捭阖之意存乎其间。"[7] 孔、汪二人之言，多少有点此地无银三百两的味道。

可以看出，1935年的危机，国民政府一开始就将其定位为金融危机。危机既给了国民政府可乘之机，又在理论上证实了实施金融统制的正当性，蒋介石为请立法院通过法案致孙科院长电文中说："此事不仅为本党成败所系，亦即为能否造成现代国家组织之一生死关键。请兄一致主张，

---

① 《中国银行行史资料汇编》上编，第393页。
② 《卞白眉日记》第2卷，1935年3月28日，第282页。
③ 《中国银行行史资料汇编》上编，第383页。
④ 沈云龙编《黄膺白先生年谱长编》下册，联经出版公司，1976，第855页。
⑤ 高素兰编注《蒋中正总统档案·事略稿本》第30册，第171~172页。
⑥ 《发行金融公债将提立法院讨论》，《申报》1935年3月22日，第1张第3版。
⑦ 《发行金融公债将提立法院讨论》，《申报》1935年3月22日，第1张第3版。

贯彻到底。垂危党国，或有一线之光明也。"① 法案通过后蒋又在日记中不吝赞誉，"通过公债增加中交二行资本统一金融，此为财政之策第一步之实施"；"统制中中交三银行之金融，此为最大之成功也"。② 孔祥熙也直言不讳："政府举措之最重要者，莫如改组中交两行，增加政府资本，俾于救济工商改革币制之设施上得与中央银行通力合作，借收事半功倍之效。"③ 足以看出，改组中国、交通两行是国民政府推行其币制改革与金融统制的关键一步。

中国、交通两行改组结束后，国民政府在中国银行控股50%、在交通银行控股60%，事实上达到控股两行的目的。同时，国民政府立即对两行展开人事改组。3月28日，任命张嘉璈为中央银行副总裁，由宋子文兼任中国银行董事长。张嘉璈被调离中国银行，并在此基础上增派官董。5月23日通过《中央银行法》；6月4日颁布《中国银行条例》和《交通银行条例》，国家银行体系呼之欲出。

第四节　危机救济与金融统制的初步建立

1931年11月，刘鸿生曾在南京"励志社"蒋介石召开的谈话会上发言："最痛苦的是地产可以随时押款，工厂则无人过问。有时银行即勉强通融，利息却比平常要高好几倍。此非政府出而提倡，很难有发展希望。"④ 此言道出了当时工商企业家的实际困难，而刘对政府干预的呼吁，毋宁说是对可控经济秩序的一种期盼。

四年之后，在政府发行金融公债，中国、交通两行实施改组后，刘鸿生与虞洽卿、荣宗敬、郭顺、聂潞生等联名呈送蒋介石"请求政府救济实业请愿书"，内中提到，"各项实业，则仍以缺乏周转资金"，"国内之银行，

---

① 高素兰编注《蒋中正总统档案·事略稿本》第30册，第173页。

② 蒋介石日记，1935年3月23、31日。

③ 孔祥熙：《民国廿三年会计年度及该期以后财政情形报告》，《中央银行月报》第5卷第8~12期，1936年12月，第2918页。

④ 《刘鸿生企业史料》（中），第26页。

类多商业组织，每以资力不足，未能从事于实业放款。且事实上即使稍有通融，亦多以所产之货品担保为度，而不愿接受不动产之借款"，建言"筹设特种金融机关，由政府主持其事，略仿各国工业兴业或劝业银行之制度，专事救助实业"。① 虽然仍强调资金困难，但请愿书重心已不在前而在后，企业家希望政府在"财力集中、信用已树"的背景下，能够建立一个更倾向实业发展的银行体系。政府的形象与信用在企业界大为提升，这与政府成功改组中国、交通两行不无关系。

中国、交通两行的改组，受益最大的自是国民政府及其中央银行。就 1935 年的金融危机本身言，是金融出了问题，而不是经济运行发生了大问题。因此，政府抓住金融下手，通过银行改组稳定人心，尽管实际投入市场的资金有限，却在一定程度上稳定了人心。事实上，虽然中国当时还是银本位，但市场上纸币已占相当份额，在白银存底急剧减少的背景下，如果发生大规模的挤兑，后果不堪设想，"挤兑风潮在这一时刻是可以因出现任何料想不到的严重政治或经济事态而一触即发的"。② 通过改组银行振奋市场信心，有效稳定金融市场，防止金融连环套式的崩溃，对政府而言，不能不说尚属成功，尤其这一处理又恰和国民政府统制金融的企图吻合，可谓一箭双雕。

国民政府统制金融，前提必须是中央银行及政府银行整体实力的增强。中央银行存款 1934 年末为 272592827 元，1935 年末为 634000095 元，1936 年末增至 757043176 元；年度纯益由 1935 年的 9048340 元增为 1936 年的 17095868 元，增加 800 万元。1936 年，中央银行业务已超过交通银行，逐渐逼近中国银行，收益则多于中国、交通两行，优势已逐渐显现。

中国、交通两行改组，它们的社会信用和社会认同度得到进一步提高，存款额和发行额是重要的衡量标准。中国银行存款在 1934 年为 685381656 元，到 1936 年增为 1206305176 元；交通银行 1934 年为 293203141 元，1936 年增为 554162852 元，均增长近 100%。两行的发行额在这三年内增长幅度更大。

---

① 《刘鸿生企业史料》（中），第 26～27 页。
② 阿瑟·恩·杨格：《一九二七至一九三七年中国财政经济情况》，第 245 页。

表 4 - 4　1934～1936 年中央、中国、交通三行业务收益

单位：元

		1934 年	1935 年	1936 年
中央银行	存款	272592827	634000095	757043176
	发行	86048617	179923546	340375372
	纯益	14821505	9048340	17095868
中国银行	存款	685381656	992941425	1206305176
	发行	204713465	286245042	465691272
	纯益	1933317	3700070	2835923
交通银行	存款	293203141	398951343	554162852
	发行	112512472	180825650	302140925
	纯益	993963	1401814	1528635
中国农民银行	存款	16337338	80368113	158855454
	发行	5663382	29846807	162013831
	纯益	210541	387398	537594

资料来源：中国银行经济研究室编《全国银行年鉴（民国二十六年）》（上），文海出版社，1987，第 63、71、76、82 页。

对国民政府而言，中央、中国、交通、农民四大国家银行实力的整体增强才是最有意义的，因为中央银行尚没有达到"银行之银行"的实力。中中交农四行与省银行和商业银行所拥有的存款额的比例，1928 年分别为44%、56%，到 1935 年末已分别占到 62%、38%。[①] 如表 4 - 5 所示，中中交农四家银行存款，1934 年合计 12.6751 亿元；1935 年金融危机中存款不但没有减少，反而增为 21.0626 亿元，增幅达 66.2%；1936 年再增为26.7637 亿元，增幅为 27.1%。四家国家银行 1936 年的存款额是 1934 年的2 倍。相反，25 家主要商业银行 1934 年合计存款 13.9593 亿元，1935 年降为 12.4726 亿元，降幅为 10.7%；1936 年增为 13.6370 亿元，增幅为

---

① 洪葭管：《中国金融通史》第 4 卷，中国金融出版社，2008，第 312 页。关于四行存款总额所占比重，说法不一。张郁兰认为，1934 年占全业 42%，1935 年占 56%，1936 年占 59%；杨格统计分别为 42%、55%、77%。张郁兰：《中国银行业发展史》，上海人民出版社，1957，第 112 页；阿瑟·恩·杨格：《一九二七至一九三七年中国财政经济情况》，第 540～541 页。

9.3%，但还是没有恢复到 1934 年的水平。到抗战全面爆发前，政府控制的银行资产总值共约 54 亿元，约占银行业资产总值的 74%；其他私营银行约 120 家，仅占银行业资产总值的 26%。[①]

国家银行实力占到绝对优势，使国民政府信用大涨，也使北洋以来政府一直依赖银行的局面在一定程度上得以改变。徐堪作为改组两行的提议者和筹划者，曾说中国、交通两行的改组是民国初期历史发展过程中，由金融支配财政的情况转变为财政管理金融的重要因素，使财政与金融关系正常化。另外，这还是日后法币政策实施成功的关键。[②]

表 4 - 5　1933 ~ 1936 年中中交农四行与 25 家主要商业银行存款额

单位：元

年份	中中交农	25 家主要商业银行
1933	1156440628	1193729673
1934	1267514962	1395926274
1935	2106260976	1247263876
1936	2676366658	1363699961

注：1932 年和丰银行停业，其实 25 家为 24 家，1935 年资料缺通商、四明、中国实业 3 家银行，这一年只有 21 家。

资料来源：中国人民银行上海市分行金融研究室编《金城银行史料》，上海人民出版社，1983，第 348 页。

对钱业的救济，从侧面体现了国民政府已可全盘运筹，将以中央、中国、交通三行为首的金融界控制于股掌。从《银行法》的出台到废两改元，钱庄在金融近代化的过程中逐渐被排挤，而钱庄的经营模式、对地产的依赖使其在这场金融危机中又首当其冲。金融公债发行，中国、交通两行改组，使市场资金有所缓解，并提振了市场信心，有助于钱庄暂时脱困。1935 年 4 月，经中央、中国、交通三行奉令办理同业拆放发放，钱庄渡过难关，但其处境仍不容乐观。5 月底，逢各业端午结账之期，钱业再度面临危机。6 月

---

① 许涤新、吴承明主编《中国资本主义发展史》第 3 卷，人民出版社，2003，第 85 页。
② 徐堪：《徐可亭先生文存》，徐可亭先生文存编印委员会，1970，第 32 页。

1日，孔祥熙召集金融界领袖会议，决定中中交等银行组织放款委员会，办理救济及监督钱业事宜，同时财政部拨发金融公债 2500 万元作为各钱庄向银行借款时之第二重担保，钱业准备库担任 300 万元，中南、金城、盐业、大陆、国货、国华、上海商业储蓄、浙江兴业、浙江实业等行各任 50 万，其余由中央、中国、交通三行担任。① 对此，孔祥熙解释："因连日对于救济银行，已由中中交三行垫借巨款，三行实力不得不加顾及，遂决定饬钱业准备库提出押品，由财部拨借公债，先拨两千万元，并派徐次长堪等组织委员会负责办理贷放。"② 政府这一措施大大缓解了又一次的资金风险："苟政府不以金融公债余额二千五百万元拨充基金，使钱庄得以低押借款之方式稍资调剂，金融紊乱更不堪设想矣。"③

当然，也有人再进一步，揭示国民政府改组中国、交通两行的背后意图，点出其统制金融的动机。张嘉璈早就指出，政府利用国家银行扩大信用来救济经济困难，增加中央、中国、交通三行的股本，加强了对中国、交通两行的控制，带来商界、银行界以及民众的不安。"一则商界和银行界都害怕政府对私人企业的政策，有所改变。二则中国银行高级负责人更换，使顾客对于银行今后的政策，不免有所疑虑。"④ 上海商业储蓄银行一向运营稳健，对重大事件反应灵敏。1935 年 5 月 21 日，陈光甫即通函各行："政府对银行已渐采统制政策，今后银行之业务，将不如目前之复杂，利益有渐薄之趋势，应办理新的业务。"之后不久，又有详论："是年来政府对于银行，已自不干涉状态，进而为统制主义，去年有国外汇兑投机之取缔，储蓄银行法之实行，今年有中、中、交三行之增资改组，中央银行法之公布，最近中

---

① 吴承禧：《民国二十四年度的中国银行界》，《东方杂志》第 33 卷第 7 号，1936 年 4 月 1 日，第 86 页。

② 《孔祥熙电蒋中正召集钱业领袖说明维持上海金融办法并由财部拨借公债组织委员会办理贷放情形等文电日报表》（1935 年 6 月 3 日），"蒋中正总统文物档案"，档号：002/080200/00452/027。

③ 姚庆三：《民国廿四年国内经济与金融之回顾》，《社会经济月报》第 2 卷第 7 期，1935 年 7 月，第 5 页。

④ 张公权：《中国货币与银行的朝向现代化》，秦孝仪主编《革命文献》第 74 辑，国民党中央党史委员会，1978，第 83 页。

国银行开办储蓄，中央银行设立信托局，可见以前中央银行所放弃之发行统一，规定利率及票据交换各权，其势必将收回，往昔各行庄所恃以为武器者，其势必将缴械。"① 金融统制的冲击显而易见。

一般认为，改组中国、交通两行是政府试图通过增加国家银行信用来救济经济恐慌。此种政治策略运用于经济问题的解决，应属国民政府的高明之举。1935 年上半年从金融恐慌发生、救济到改组银行，乃至下半年的币制改革、发行统一，国民政府抓住救济这一环节，名正言顺地推行中央银行制度，实现金融统制。既在一定程度上达到救市目的，并借此笼络人心，改善与工商界的关系，又顺利实现了控制金融的意图。国民政府以政治切入经济，通过解决经济问题实现政治目的，可谓使用政治手段解决经济问题的一次成功尝试。

1935、1936 年上海地产成交额较 1934 年已有所回升。尤其是 1935 年 12 月，地产交易明显复苏。时报载："一周以来，出口汇票较前复见稀少，而进口方面，于外汇之需要，亦复稍逊于前……地产交易则略有回苏气象。据报告业已有数项产业成交，其价格较之一月以前所开者为高。按此点固不足据为商业复兴之例。但地价上涨，终为人心安定之证。"② 市面银根紧缩的局面似也稍有缓解。1934 年 12 月上海钱业日拆最高达 0.60 元，平均也要 0.33 元，高低幅度也比较大，可见当时银根之紧缩。中国、交通两行改组后，拆息逐渐压低且趋于平稳，1935 年 4 ~ 12 月上海钱业拆息为 0.08 ~ 0.20 元。③

国民政府之所以在这场危机中显得游刃有余，关键在于危机本质上还是属于热钱投机过度引起局部的金融恐慌。尽管 1930 年代中国经济遭遇许多困难，但应该承认，经济发展总体上还是在困难局面下呈现了向前发展的势头。和 1927 年国民政府初创时期相比，无论是社会财富、政府资源还是管理能力均有大的改善，危机处理经验更为丰富。将这场危机的发生和结局放

---

① 《上海商业储蓄银行史料》，第 360、370 ~ 371 页。
② 《地产交易之回苏》，《银行周报》第 19 卷第 49 期，1935 年 12 月 17 日，第 37 页。
③ 《日拆按月最高最低及平均计市统计表（1872 ~ 1952 年）》，《上海钱庄史料》，第 638 ~ 640 页。日拆是同业间相互拆借款项的利率，按每千元每日计算。

到这种大背景下理解，才可能有比较清楚的定位。由于危机没有改变总体的经济运行格局，所以它既是危，又是机，政府在危机中捕捉到了实现统制金融的机会。1935 年中国、交通两行改组为之后的法币改革铺平了道路，也为 1936 年中国经济的强力发展奠定了一块坚实的基石。

第五章　温和通胀的期待：1935 年法币政策的出台

1935 年 11 月，国民政府宣布废除银本位制，发行法币，是为法币改革。近些年，法币改革成为研究热点。众多论著认为，1930 年代中期的经济困难尤其是美国白银政策推行后导致的白银危机促成了法币改革。换言之，法币改革是一种危机应对措施。[①] 征诸当年的经济运行实际，这种说法或言之成理。不过，如果将法币改革放在更长的时段、更宽的视野中去观察，可以发现，法币改革是国际、国内经济金融运行不断发展的结果。这其中既有中国货币体制与外部世界日渐暌违造成的改革需求，又有经济不断成长后遭遇的瓶颈尴尬，银本位制在某种程度上已成为阻挡经济继续前行的障碍。1937 年 3 月 17 日，处于经济运行最前沿的上海银行业同业公会公共准备金委员会主席朱博泉感叹：

> 回顾过去一年发生的事件，可以说每一件都使我们有理由说经济状

---

① 从应对白银危机的角度解读法币改革者众多，如李爱《白银危机与币制改革——解析南京国民政府银本位时期的政治、经济与外交》，社会科学文献出版社，2014；城山智子《大萧条时期的中国——市场、国家与世界经济（1929～1937）》，第七章；赵留彦、隋福民《美国白银政策与大萧条时期的中国经济》，《中国经济史研究》2011 年第 4 期。有些研究成果侧重从现实政治和国际关系的角度观察法币改革，如任东来《1934～1936 年间中美关系中的白银外交》，《历史研究》2000 年第 3 期；吴景平《蒋介石与 1935 年法币政策的决策与实施》，《江海学刊》2011 年第 2 期；贾钦涵《"纸币兑现"之争与 1935 年法币改革决策》，《中国社会经济史研究》2016 年第 2 期。有研究者注意到了法币改革和西方各国币改的关系，如姚会元《论法币改革》（《学术月刊》1997 年第 5 期）一文中提到西方各国在币改方面的示范作用；戴建兵则从国际金融一体化的角度，分析了中国货币近代化的过程 [《白银与近代中国经济（1890～1935）》，复旦大学出版社，2005]。总体看，现有研究多注重即时性的考察，政治方面多强调日本的压迫、走私，英美的介入以及中国国内统一的需要；经济方面的考察多认为美国白银政策推行后导致的白银危机促成了法币改革。本章试图从更长的时段、更广的角度，通过透视国际、国内经济金融运行的内在脉络，对法币政策的出台再做探讨。

况开始表现出了明确的复苏迹象。中日关系的紧张和西安事变等政治困难对金融和商业活动影响，在上海的金融市场的水面上仅仅泛起了一阵涟漪，这无疑应该部分归功于 1935 年 11 月的币制改革措施，它战胜了对货币短缺的所有恐惧。如果相同的政治变化和危机出现在新货币政策颁布之前，情况可能会非常糟糕。[①]

这段话道出了法币改革的关键所在，它不仅是危机应对措施，更是开启新局之举。法币改革促成了整体经济状况的明显复苏，且本身又和整体经济的发展息息相关。其中"战胜了对货币短缺的所有恐惧"这句话尤其值得注意，提醒我们不妨从经济金融运行的内在脉络去探究法币政策出台多方面的综合动因，这恰恰是既往研究相对忽略的。就此而言，法币改革仍有其深入解读的意义。

第一节　币制改革的共识与歧见

币制改革在 20 世纪前期的中国不是个新话题。近代以来中国货币制度十分混乱，美国财政顾问杨格曾说："（中国币制）是乱七八糟一大堆铸币、重量单位和纸币凑成的大杂烩。"[②] 南京国民政府建立之初，银元、银两并用，发行分散，发行准备金不集中，没有统一的保管制度，国家财政金融长期处于极不稳定的状态。对此，无论是政治领袖、经济金融当局，还是相关研究者、公共舆论，对币制改革都具有相当共识。改革币制成为各界常讲常新的话题。

南京国民政府的币制主张可以追溯到孙中山的"钱币革命论"。孙中山不无预见地指出："在工商未发达之国，多以金银为之，其在工商已发达之国，财货溢于金银千百万倍，则多以纸票代之矣。然则纸票者将必尽夺金银

---

① 《上海银行公会公共准备金委员会第十五次年会报告》，《金融商业报》第 29 卷第 11 号，1937 年，第 287 页，转引自城山智子《大萧条时期的中国——市场、国家与世界经济（1929～1937）》，第 203 页。

② 阿瑟·恩·杨格：《一九二七至一九三七年中国财政经济情况》，第 177 页。

之用，而为未来之钱币，如金银之夺往昔之布帛刀贝之用，而为钱币也。此天然之进化，势所必至，理有固然。"他更明确地判断，中国经济的不发展与货币制度有关，"现在金融恐慌，常人皆以为我国今日必较昔日穷乏，其实不然。我之财力如故，出产有加，其所以成此贫困之象者，则钱币之不足也"。① 孙中山的上述看法具有相当的超前性，其后一直受到国民党执政者的重视。在 1934 年 1 月召开的国民党四届四中全会上，立法院法制委员会委员长焦易堂及张继、张静江、居正、于右任等 30 余人联名提出《实践总理钱币革命案》。②

蒋介石一直以孙中山的继承者自居，认同孙中山的币制改革主张。1932年 6 月 17 日，蒋在日记中写道："币制之统一，不可稍缓，应从速组织研究也。"③ 1935 年 9 月 16 日，蒋在峨眉军官训练团发表《实施钱币革命》讲词，强调："我们要完成政治建设，一定先要使国民经济能够发达；要经济能够发达，一定要使为交换中准百货代表之钱币，能够便利而充裕，金融能够活泼稳定。照社会进化的趋势，纸币一定会取金银之地位而代之，成为惟一的钱币。"④ 和孙中山在币制问题上表现的宽阔视野相比，蒋介石的思路远为狭窄。他谈币制改革多着眼于如何应对现实的财政困难，落脚点又在政治上的"统一"。在他看来，币制改革不仅是经济问题，更是政治问题。通过币制的统一打破地方壁垒，达到全国政令、军令的统一，这是作为政治领袖的蒋介石真正关注的问题。从政治统一出发力主统一币制的，除蒋介石外，陈果夫也曾建议："可以利用此项借款（美棉麦借款）进行统一币制及中央银行之巩固，使政府不受上海金融界之牵制而成为政治上与经济上独立

---

① 《倡议钱币革命对抗沙俄侵略通电》（1912 年 12 月 3 日），中国社会科学院近代史研究所中华民国史研究室、中山大学历史系孙中山研究室、广东省社会科学院历史研究室合编《孙中山全集》第 2 卷，中华书局，1982，第 545 页。

② 《四中全会昨开三次大会讨论党务经济嘉许党部过去工作》，《申报》1934 年 1 月 25 日，第 3 版；焦易堂：《钱币革命主张》，《中央周报》第 297 期，1934 年，第 104 页。

③ 蒋介石日记，1932 年 6 月 17 日。

④ 《实施钱币革命》（1935 年 9 月 16 日），卓遵宏编著《抗战前十年货币史资料 — 货币改革》，台北"国史馆"，1985，第 92 页。

之政府。"①

相较而言，作为经济金融的管理者与负责者，孔祥熙的考虑则更多是从经济金融本位出发。事实上，他的见解也更加切合经济金融的具体实际。早在 1930 年 3 月，孔祥熙在国民党第三届中央执行委员会第三次会议上就谈道："吾国经济制度则何如？所赖以流通于工商业者，除各通商口岸间有规模之银行外，均仰给于资金微小利率高大之钱店，子（资）金大于所获，于工商事业金融之运用，实极艰难。而又无国际汇兑机关，无以运用国际金融，并汇兑利益亦拱手让于外人。况币制并未统一，尚未脱用生银习惯，无实在币制之可言，以与各国整齐统一之金本位制相较，尤属悬绝。"② 中国金融无法和世界先进国家一样，提供工商事业以助力，从而促成资本及产业之发达，这是孔祥熙指出的中国金融体系的致命伤。他更直截了当地总结："中国币制紊乱，又无强健有力之金融机构，是以经济事业，不易发展。"③币制的不完善，不仅是金融本身的问题，更重要的是还会影响经济运行，影响生产发展。这一点，孔祥熙有清醒的认识。

1934 年前后，白银价格暴涨，实行银本位币制的中国面临白银流出的危机。4 月，孔祥熙在总理纪念周上做《白银问题》演讲时谈道："世界各国，早已放弃了银本位或金银复本位，只有我国蹈常习故，依旧用银，所以银价升降，与我国的关系，尤为密切。……银价的高低，与我国的关系尚是其次，到是银价的骤涨骤落，不能安定，与我总是很不利的。因此我国目前当务之急，端在竭力设法使银价稳定。"他甚至探讨了改革币制的各种设想："或以为我国应趁此时机改用金本位或虚金本位。然采取金本位，我国目下能否办到，固是问题，即金本位之利害，学者亦方聚讼纷纭，现在尚难

① 《陈果夫函蒋中正据刘真如函建议国内建设应以交通为主要目的以解政治军事问题并利用借款以统一币制及巩固中央银行使成政经皆可独立自主之政府》（1932 年 11 月 26 日），"蒋中正总统文物档案"，档号：002/080200/00064/018。
② 孔祥熙：《请决定对于中国工商业之国际关系采用保护政策以贯彻总理遗教实现平等互惠案》（1930 年 3 月 3 日），秦孝仪主编《中国国民党历届历次中全会重要决议案汇编（一）》，《革命文献》第 79 辑，国民党中央委员会党史委员会，1979，第 167 页。
③ 孔祥熙：《如何实现中山先生之民生主义》（1931 年 11 月），刘振东编《孔庸之（祥熙）先生演讲集》下册，文海出版社，1972，第 439 页。

判断。可是金本位的是否适用于现代经济，尚成问题，我又河〔何〕必亟亟步其后尘。无已，只能就现有之银本位，设法改进，苟能运用妥善，亦未始不能渡过目前的难关。"①

除了当政者在努力探寻币制改革的出路，社会各界对币制改革亦颇多讨论。早在 1927 年初，多年供职实业界、北伐期间曾出任财政委员会委员的孙鹤皋就上书蒋介石，呼吁："今为军需计，为全国金融计，除统一币制、整理公债外，殊无良法矣。际此百废待举之秋，应将全国币制，统盘筹算，例订虚金本位，全国经济基础，从此安定矣。"② 白银危机后，币制改革呼声更为高涨。著名经济学家何廉指出，"银价变动，影响吾国经济之剧烈，实由于吾国币制之不健全所致"，"治本之法，当然须从币制着手"。顾翊群则认为，"近二年之经济恐慌，要以物价跌落，为最主要最直接之原动力"，"欲吾国物价回升，非用积极的货币举动不可"。赵兰坪则从经济和金融恐慌的成因谈起，强调中国根本的自救之道是贬低汇价，放弃银本位制，暂行纸本位，"永远脱离银价涨跌之影响"。③

当然，在币制改革的讨论中也不乏谨慎和反对的声音。1935 年 8 月，阎锡山致电孔祥熙谈道："以我国今日之国情与环境，倘若施行不兑现，纸币必跌价，社会恐慌，人民怨望，政府收入顿减。为抵补计，不得不增发纸币，愈增发愈跌价，社会愈恐慌，人民愈怨望，人民之损失必不减于欧战时之不兑现诸国。……于此主义、经济、武力交相压迫之今日，反予主义之我者以大隙，乘怨望之人心，恐慌之社会，煽动民众，顿增危险，授经济亡我者以巨柄，由不兑现之空隙，操纵经济，使我失其自由，启武力亡我者之野

---

① 孔祥熙：《孔财长报告白银问题》，《银行周报》第 18 卷第 14 期，1934 年 4 月 17 日，第 3、5 页。

② 《孙鹤皋呈蒋中正统一全国币制及公债说帖》（1927 年 2 月 16 日），"蒋中正总统文物档案"，档号：002/080200/00019/009。

③ 何廉：《银价问题与中国》，《银行周报》第 18 卷第 10 期，1934 年 3 月 20 日，第 14、15 页；顾季高：《银问题与中国物价问题》，《银行周报》第 18 卷第 10 期，1934 年 3 月 20 日，第 2、6 页；赵兰坪：《吾国币制改革之前因后果》，《时事月报》第 13 卷第 6 期，1935 年 12 月，第 406～407 页。关于法币改革前经济学界围绕白银问题与币制改革的讨论，可参考吴敏超《1934～1935 年白银问题大讨论与法币改革》，《江苏社会科学》2007 年第 6 期。

心，乘我恐慌紊乱、民怨之际，为所欲为，诚恐国家前途，骤增荆棘。"①
有些银行家也持慎重态度。金城银行总经理周作民在致函钱昌照时谈道：
"纸币政策，以我国币制之未整理，汇兑平衡基金之难筹集，以及各关系方
面情况之复杂，贸然行之，恐致其效绩因各地政治、经济状况之不同，不能
不随而歧异，国民经济将为之不安，国家财政亦将受其影响。"②阎、周谈
到的种种顾虑，在某种程度上正是币制改革喧嚷多年却难见实施的部分因由
所在。对于长期混乱、落后的中国而言，做出币制改革这种牵一发而动全身
的决策，的确不会那么轻松。

第二节　内通缩、外通胀

　　1935 年法币改革前，中国经济金融遭遇严重危机，最主要的问题就是
当时中国银行年度营业报告中反复提到的"通货紧缩""银根枯窘"。③ 1935
年 3 月，孔祥熙在中政会上直言，"近来我国社会，空虚益甚，上海一埠，
存银至乏，商业萧条，外商多有自杀者，我国商人更不待言"；"现在要请
各位注意的，中国财政之贫乏，非由于政府无办法，而因于整个社会无办
法。这话不好传说出去，请守秘密"。④孔祥熙要求大家"守秘密"，其实经
济金融环境不好，已是众所周知，没有秘密可言。之所以会出现这样的局
面，不能不追溯到当时世界爆发的经济大危机。面对这样一场崩溃性的经济
危机，中国注定无法完全置身于世界经济体系之外。

　　1930 年代，中国是当时世界上罕见的银本位国家。白银在中国国内市
场是可流通货币，白银价格的涨跌直接影响中国金融经济的运行。1870 年
以来，世界白银价格长期处于下降状态，第一次世界大战期间短暂反弹，
1919 年起又开始下跌。1929 年开始的世界经济危机，对英美等西方国家经

---

① 《阎锡山致孔祥熙代电》（1935 年 8 月 10 日），《中华民国史档案资料汇编》第 5 辑第 1 编
　　"财政经济"（4），第 313 页。
② 《周作民再致钱昌照函》（1934 年 12 月 1 日），《金城银行史料》，第 239 页。
③ 《二十四年度中国银行报告》，《社会经济月报》第 3 卷第 5 期，1936 年 5 月，第 100、101 页。
④ 《中政会第 448 次会议速记录》（1935 年 3 月 13 日），档号：中央 0448，中国国民党党史馆藏。

济造成惨重打击。相比之下，中国在这场危机初始所受冲击要小得多，世界白银价格在这一时期连续下跌反而使中国在汇率上受益。经济学家章乃器分析道："自战后至一九三一年间，白银在国际上，地位日落，中国就变成世界上第一等的银市场；因为那时候，白银在海外市场因为滞销的缘故，要负担长时期的栈租和保险费的损失，而在中国，却可以任意投资、取得利息。"① 白银不断流入，使中国局部经济在世界危机中反而意外活跃。"虽银价惨跌及世界经济处于极度衰落之际，中国物价上涨不已，反得安享繁荣之利。"② 杨格也认为："就中国来说，大萧条的开始日期不是 1929 年，而是 1931～1932 年的冬春之交。直到那时中国没有受到严重影响。"③ 然而，推迟并不等于逃脱，中国在危机中因银本位得益又因银本位而付出，"自数重要贸易国放弃金本位后，美国购银政策复相继实施，中国所处优势，旋即告终矣"。④

美国在 1930 年代初即显现干预白银价格的意图。有研究认为："国会中对白银兴趣日益增长的一个重要方面是关注世界主要用银国中国在恢复白银价格并刺激美国贸易方面可能会起作用。在许多白银论者看来，中国不仅可以对白银工业提供援助，而且它还是能够使美国从萧条中复苏的一把钥匙。美国人一如以往多次所持的看法那样，将中国亿万人民的经济力量视为解决其本国经济困难的灵丹妙药。"⑤ 1932 年美元贬值，刺激长期处于下行通道的银价回升。1932 年银价指数为 49；1933 年开始迅速反弹，为 61；1934 年涨到 85。⑥ 1934 年 6 月，美国总统罗斯福签署《购银法案》，规定政府通过

---

① 章乃器：《改造中国经济的正路与歧路》，章立凡选编《章乃器文集》上卷，华夏出版社，1997，第 177 页。
② 朱疑释：《新货币政策实施半年来中国经济情况之评述》，《中国经济》第 4 卷第 7 期，1936 年 7 月，第 23 页。
③ 阿瑟·恩·杨格：《一九二七至一九三七年中国财政经济情况》，第 213 页。
④ 朱疑释：《新货币政策实施半年来中国经济情况之评述》，《中国经济》第 4 卷第 7 期，1936 年 7 月，第 23 页。
⑤ 迈克尔·罗素：《院外集团与美国东亚政策——30 年代美国白银集团的活动》，郑会欣译，复旦大学出版社，1992，第 3 页。
⑥ 《1880 至 1934 年中美两国之银购买力》，《中国银价物价问题》，第 8 页。1910～1914 年为 100。

购买方式，设法使每盎司白银价格提高到 1.29 美元，或者将白银在美国货币储备金中的比重提高到 1/4。《购银法案》通过后，世界银价快速上涨。纽约银价从 1932 年底的每盎司 25 美分涨到 1935 年初的 55 美分，4 月达到 81 美分。[①] 1933 年，白银在国外的价格已超过中国国内；到 1935 年，白银在国外的购买力高出中国国内近 2/3。银价上涨，使其作为商品的交易功能凸显，导致白银自中国大量流出。1934 年"现银输出共达 267355423 元，较之上年之 94301684 元，计增加 173053739 元，约增加 18 倍之巨。现银输入仅 7413822 元，与上年之 80179641 元相较，则减少 72765819 元。出入相抵现银出超达 259941601 元"。[②]

为控制白银外流，1934 年 10 月 14 日，国民政府通令全国各海关征收白银出口税及平衡税，提高白银流出的投机成本。这一措施在一定程度上抑制了华资银行的白银外流，但无法控制外资银行。1934 年，国内自外资银行流出的白银高达 2.1 多亿元。[③] 走私成为白银流出的主要渠道。杨格说："据最可靠的估计，仅在 1934 年的最末几个星期中，即有价值 2000 万元的白银走私出口；1935 年一年以内，白银走私出口估计约在一亿五千万至二亿三千万元之间。"[④] 1935 年 5 月，中政会决议对走私者处以五倍罚款。孔祥熙在说明提案时呼吁："近来华北情形，异常危险，各银行存银，流出达 2000 余万之巨，按平津一处，各银行存银准备，共只 6000 余万，骤然流出这许多，颇形恐慌。天津租界上，银价也比较高，每百元到租界可换 103 元，到唐山可换 115 元，到伪国可换 130 元。因之日本人包庇走私，并且有很大的组织，此事关系国家命脉，请各位特别注意。"[⑤]

白银外流造成流通货币减少，银根紧缩。以外资银行论，存银大量减

---

① 阿瑟·恩·杨格：《一九二七至一九三七年中国财政经济情况》，第 218、239 页。
② 贺渡人：《民国二十三年国内经济与金融之回顾》，《社会经济月报》第 2 卷第 2 期，1935 年 2 月，第 79 页。
③ 《民国十年来上海各银行现银存底统计表》，《中外商业金融汇报》第 2 卷第 1～3 期，1935 年 3 月，第 47 页。
④ 阿瑟·恩·杨格：《一九二七至一九三七年中国财政经济情况》，第 238 页。
⑤ 《中政会第 458 次会议速记录》（1935 年 5 月 22 日），档号：中央 0458，中国国民党党史馆藏。

少，必然在"营业上要收缩信用"。① 中国银行总经理张嘉璈分析："因近年
每年三万万现金出口的累积，直到去年为止，由于现金储藏的减少，现银便
代替现金而大量流出国外，以致上海的中国金融界就发生了根本的动摇。"②
银钱业间同业拆息的变化可以直接反映市面银根的松紧和资金流转状况。
1934 年初，上海各银行拆息月息在五六分；7 月后一路上涨；11 月涨至平
均 1 角 9 分；③ 12 月拆息更是居高不下，上海钱业日拆最高达 6 角，平均也
要 3 角 3 分，④ 达到了 1930 年代的最高水平。拆息的高涨，意味着资金紧
张、银根紧缩。

资金紧张的形势 1935 年仍在持续。资料显示："本年（1935）全年拆息平
均为 1 角 4 分，较之上年度高昂 5 分，银根之紧殆为近数年来所未见。……3 月
恒盘旋于 8、9 分之间，市况较为呆滞，自是而后，因历届 4 月底、端阳、
秋节、10〔月〕底等归帐时期，拆市自应趋俏，而商号之倒闭，行庄之搁
浅，推波助澜，益予社会人心之不安，同业更不得不益紧其放款，故拆息虽
恒徘徊于 1、2 角之间，而划头加水则数度达至 7 角顶价。"⑤ "钱业公会之
公单收解额可以视为商业盛衰之〔指〕南针。"据统计，1934 年 1～5 月钱
业公单收解额为 516702 万元；1935 年 1～5 月共 399517 万元，仅为前一年
的 77.3%，下降相当明显。⑥

1935 年春节前后市场资金的紧张，不可避免地影响了工商业的运行。
上海市市长吴铁城报告蒋介石，认为上海困窘局面的出现，"主因固由于白
银外溢筹码空虚，金融业自顾不暇，遂采取极端保守政策，工商业乃受严重
之影响"。⑦ 曾在刘鸿生企业账房工作的张棣生回忆道："我从一九三二年参

---

① 章乃器：《上海地产之今昔》，《社会经济月报》第 2 卷第 6 期，1935 年 6 月，第 14 页。
② 张公权：《内地与上海》，《银行周报》第 18 卷第 14 期，1934 年 4 月，第 14 页。
③ 贺渡人：《民国二十三年国内经济与金融之回顾》，《社会经济月报》第 2 卷第 2 期，1935
年 2 月，第 81 页。
④ 《日拆按月最高最低及平均行市统计表（1872～1952 年）》，《上海钱庄史料》，第 638～641 页。
⑤ 《上海商业储蓄银行史料》，第 365 页。
⑥ 《上海钱业收解按月数额表》，姚庆三：《民国廿四年上半年国内经济与金融之回顾》，《社
会经济月报》第 2 卷第 7 期，1935 年 7 月，第 4 页。
⑦ 《吴铁城电蒋中正上海市况奇困原因并防范绸缪已与地方合作求人心镇定》（1935 年 3 月 9
日），"蒋中正总统文物档案"，档号：002/080200/00213/035。

加刘鸿记帐房工作以来，看到刘鸿生的经济情况不太好。他经常不断地向银行告贷，华商银行的路子走不通时，又多次转向外商银行，如纽约花旗银行上海分行，联系借款，但结果均未能如愿。"① 1935 年 9 月 11 日，刘鸿生在家书中也感叹：

> 我现在感到最恐慌的是缺乏现金。我无法使我们的营业能提供我迫切需要的款项。企业的衰落，使到处都感到这种困难。趋势所至，在当地银行界造成一种人为的恐慌，突然地硬行收缩它们对于企业组织以及私人的放款。这样，当然使矛盾愈形恶化，结果几家有名的厂商被迫宣告破产。②

作为一个企业家，刘鸿生道出了当时国内面临的通货紧缩困境。政府高层对经济形势的判断也不乐观。1935 年 1 月，宋子文致电返美述职的美国驻苏大使布里说道："我认为，中国的经济尤其是货币方面所面临的不可避免的危机可能在三、四月间，肯定在六月以前就要出现。"③ 孔祥熙在 1935 年 9 月给蒋介石的信中说得更具体："现在已无筹码可资运用，即有筹码，银行亦已无力承受。是银行方面已无办法，此种情形前已谈及。……似此情形，中国破产实已迫在目前。如不速筹根本办法，行将同归于尽。弟并非杞人忧天，过甚其词，实情如此不敢不告耳。"④

和中国国内严重通货紧缩形成鲜明对比的是，当时世界上各大国正在执行通货膨胀的经济刺激政策。和世界潮流背道而驰的金属本位币制尤其是银本位制，放到世界经济大势中衡量，劣势和风险可以有更为清晰的显现。

---

① 《原中国毛纺织公司营业课主任张棣生口述》（1960 年 5 月），《刘鸿生企业史料》（中），第 33 页。

② 《刘鸿生致刘念孝函》（1935 年 9 月 11 日），《刘鸿生企业史料》（中），第 29 页。

③ 转引自朱镇华《重评一九三五年的"币制改革"》，《近代史研究》1987 年第 1 期，第 212 页。

④ 《孔祥熙呈蒋中正对币制改革之意见及经济方案与工业发展等》（1935 年 9 月 30 日），"蒋中正总统文物档案"，档号：002/080109/00023/001。

世界主要大国在 19 世纪相继完成从复本位制或银本位制向金本位制的转变。19 世纪初英国率先建立金本位制，1872 年德国建立金本位制。英德两大国相继建立金本位制，对欧洲其他国家形成冲击。研究者注意到："作为银本位制度国的荷兰，夹在英德两个金本位制度国之间，在银价下跌时便会遭遇经济危机，不得不经由 1874 年的停止银币铸造而转向金本位制度。"[①] 法国、比利时、瑞士、意大利等所谓"拉丁货币同盟"也几乎同时停止银币铸造，开始采行金本位制。19 世纪后期，美国、日本、俄国等也相继宣布实行金本位制。

然而，金本位制确立不久就遭遇战争危机而迅速解体。1914 年第一次世界大战爆发，金本位制难以为继，"在开战之始，各国一面向银行借入战费，一面募集公债，虽可以应一时之需，但其后战争日烈，战费之支出亦日多，而公债之募集，租税之增加，究不足以应其急需，是以除由银行借入，与政府纸币发行外，别无他法"[②]。为此，各参战国均不得不禁止黄金自由买卖和兑换。据瑞士银行公会调查，英、法、俄、日、德、奥、意、美八国的纸币发行总额，1914 年仅有 133 亿元，1918 年增为 2423 亿元以上，"各国对于纸币之发行，均无限制，且其实等于不换纸币也"[③]。战争结束后，美、英、德或恢复金本位制，或实行金块本位及金汇兑制，原有的纯粹金本位制实际上已经动摇。1931 年 9 月 21 日，鉴于世界经济危机的压力，英国宣布放弃金块本位制。随后各国纷纷效仿，金本位制最终解体。

银本位制在世界上早被大多数国家抛弃，金本位制也已基本解体。到 1930 年代中期，实行金属本位币制的国家已属罕见。各国放弃金本位制后，普遍利用纸币发行灵活的优势，采行温和的通货膨胀政策，刺激经济发展。以美国为例，"罗氏左右如华伦教授（Professor Warren）辈，对于此次经济恐慌，均归咎于物价之跌落，故以为欲谋复兴美国经济，舍抬高物价莫由，

---

① 林钟雄：《欧洲经济发展史》，三民书局，1987，第 458 页。

② 羲农：《欧战前后列国经济上总括的观察（一）》，《银行周报》第 6 卷第 7 号，1922 年 2 月 28 日，第 8 页。

③ 永祚：《世界币制问题》，《银行周报》第 3 卷第 34 号，1919 年 9 月 16 日，第 22 页。

而欲抬高物价，则非抑低美元价值不可，于是遂毅然出于放弃金本位之一途矣"。① 1933 年 4 月 20 日，美国脱离金本位制。到 9 月，美元的含金量即下降 1/3。② 正如章乃器分析的，"在放弃金本位之后，'通货膨胀'是必然要跟着表现的"，"只要认识放弃金本位是通货战争，各国为贸易计，是利在本国币价底（的）低落，就可以明白了"。③

由于各国争相主动实行通货膨胀政策，货币纷纷贬值，"民国二十一年起，英日二国，以及英镑集团各国，开始贬低汇价。民国二十二年，美国亦竟断然放弃金本位制，减低货币价值。至民国二十三年春，……美元价值已减百分之四十强。英汇亦较旧平价，贬低百分之四十有余。日汇则竟贬低百分之六十五"。④ 英、美、日三国占中国外贸总额的 70%，三国货币的贬值对以银为本位货币、无法任意贬值的中国经济无疑是个沉重的打击，银元汇价由此大幅上涨。1931 年银元平均汇率为英汇 12 便士、美汇 22.2 美元、日汇 45.2 日元，到 1934 年 12 月银元汇率为英汇 16.5 便士、美汇 33.9 美元、日汇 116.4 日元，分别上涨 37.5%、52.7%、157.5%。⑤ 上海对外汇率以 1931 年为 100，1932 年上涨到 128.3，1933、1934、1935 年则分别为 145.9、173.1、199.2，四年内几乎上涨 1 倍。⑥ 这时的中国不仅要承受银价上涨带来的冲击，还要面对各国汇率下降导致的本币升值，竞争力日趋衰弱。由于银价上涨过快，中国关税增长速度跟不上汇率的降低速度，导致外货倾销，加大了中国的国际收支逆差，更加速了白银大量外流。⑦ 继续在银本位制上独行的中国，已经和世界经济潮流无法同步，不得不独自承受国际货币战争带来的风险与损失。

---

① 姚庆三：《近年世界币制之演变及其今后之归趋》，《社会经济月报》第 2 卷第 9 期，1935 年 9 月，第 26 页。

② J. F. 佩克：《国际经济关系——1850 年以来国际经济体系的演变》，卢明华等译，贵州人民出版社，1990，第 256 页。

③ 章乃器：《大战前夜各国的货币政策》，章立凡选编《章乃器文集》上卷，第 129 页。

④ 赵兰坪：《吾国币制改革之前因后果》，《时事月报》第 13 卷第 6 期，1935 年 12 月，第 404 ~ 405 页。

⑤ 刘克祥、吴太昌主编《中国近代经济史（1927 ~ 1937）》上册，人民出版社，2010，第 32 页。

⑥ 郭家麟等编《十年来中国金融史略》，中央银行经济研究处，1943，第 33 ~ 35 页。

⑦ 戴建兵：《白银与近代中国经济（1890 ~ 1935）》，第 305 页。

白银上涨给中国经济带来严重打击；不过从另一面看，又未尝不是币制改革的良机。当时经济学家赵兰坪分析道：

> 本位制度之改革，须以本国利害为中心。故其时机之选择，应以银价腾贵时期为宜。银价腾贵，则吾大批现银，可以相机处理。……最近美国施行白银政策，世界银价腾贵，吾国改革本位制度之时机又临。则应乘机停止银本位制，集中现银，售与需银之美国。较诸银价低落时期，可得善价而沽。国库负担，可以不增，反因汇价下落，银价上涨，一举可得十万万元以上之盈余，以供经济建设之用。此种良机，不应轻予放过。①

危机的局面的确也在不断倒逼国民政府对此做出反应。杨格说："1934和 1935 两年内，中国的领袖们是愿意接受上述各种改革币制意见的。然而他们还必须想办法应付当时的流行市场心理。这种心理把信心寄托在坚挺的、甚至上涨的汇率之上，尽管这会导致通货紧缩。只是在后来严重通货紧缩所造成的困苦越来越严重的时候，才证明改变一般心理状态是摆脱困境的唯一出路。"② 白银上涨带来的一系列严重后果成为币制改革的直接催化剂，但最终决定能不能变革的，还是国内的总体经济金融基础。

第三节　币制改革的经济基础

近代中国的币制改革，几十年议而不决。除了政府一直处于软弱状态，无力也不敢触碰这样的金融难题，中国本身的经济实力是否具有应对改革所可能带来的风险的能力，也是制约政府迈出这一步的关键。到 1930 年代中期，尽管经济发展水平还不能达到让人满意的程度，白银危机又暴露了中国经济的脆弱，但同时应该看到，经过数年相对稳定的发展，中国社会确实已经积累了相对丰厚的物质财富资本，这是观察币制改革不可忽略的另一方面。

---

① 赵兰坪：《吾国币制改革之前因后果》，《时事月报》第 13 卷第 6 期，1935 年 12 月，第 408 页。
② 阿瑟·恩·杨格：《一九二七至一九三七年中国财政经济情况》，第 258 页。

银本位时期，货币内含价值，货币的发行和财富直接挂钩。据统计，1927~1935 年市场的货币供应量增加了近 20 亿元，1935 年几乎是 1927 年的 3 倍。仅就发行量而言，1935 年比 1927 年也增加了 6 亿元，是 1927 年的 2 倍多。[①] 这种增长背后体现的是社会经济活跃及社会财富增长的趋势。

同时可以看到的还有银行存款的大幅增加。表 5 - 1 显示全面抗战前十年全国银行存款的持续增长态势，1927~1936 年，年平均增长近 20%。值得注意的是，从存款来源看，以中国银行为例，1930~1936 年，除 1930 年外，团体及个人存款一直占据半数以上的比重，1934~1936 年稳定在 60% 左右。[②] 同时，凸显居民资金状况的储蓄存款比例也呈上升态势。以 1934 年指数为 100，1935、1936 年分别为 110、137，这在一定程度上反映了"金融基础之稳定，与夫国民生活之向上"。[③] 应该指出，1932 年后银行存款的增长，是在通货紧缩、物价下降、银元升值背景下出现的，这更明确地指向社会财富的增长。

表 5 - 1 1927~1936 年全国银行存款情况

单位：万元，%

年份	存款	比上一年增长	比上一年增长比例
1927	97612	4130	4.42
1928	112347	14735	15.10
1929	132015	19668	17.51
1930	162026	30011	22.73
1931	186065	24039	14.84
1932	218376	32311	17.37
1933	261514	43138	19.75
1934	299776	38262	14.63
1935	378937	79161	26.41
1936	455126	76189	20.11

注：本表统计仅限于华资银行，钱庄、银号、外资银行不包括在内。1926 年存款额为 93482 万元。

资料来源：《中国重要银行最近十年营业概况研究》，中国银行总管理处经济研究室，1933，"各行资产负债总表"，第 2 页；朱斯煌编《民国经济史》，"历年全国银行业存款统计表"，第 509 页。

---

① 张公权：《中国通货膨胀史（1937~1949 年）》，杨志信译，文史资料出版社，1986，"货币供应总额表"，第 246 页。

② 《中国银行行史资料汇编》上编，第 2035、2100、2186、2214 页。

③ 中国银行经济研究室：《全国银行年鉴（中华民国二十六年）》，汉文正楷印书局，1937，第 48~49 页。

尽管南京国民政府建立后内部纷争不断，经济发展势头时有起落，但一个相对稳定的政府及规范化的市场管理体系的逐渐建立，还是促进了社会生产的持续发展。在近代国家，发电量与用电量是衡量生产发展的重要指标。全国发电量，1927 年 77200 万度，1932 年 119506 万度，1936 年 172431 万度。[①] 其中，本国电厂发电量增长相对更快，1927 年为 22915 万度，1936 年达到 77295 万度，增加了 237%。[②] 铁路运输是近代国家的经济命脉，1930 年代全国铁路运输相关数据持续递增。1931 年，全国铁路运输量为 879752 万吨；九一八事变东北沦陷后导致 1932 年有短时间下滑，为 790719 万吨；1933 年很快恢复增长，为 880132 万吨；1934 年为 1032472 万吨；1935 年已达 1083765 万吨。[③] 如果考虑到东北沦陷这一因素，1930 年代铁路运输的增长幅度事实上应该更高。煤炭业是近代工业的支柱，全国煤炭总产量从 1927 年的 2417 万吨增加到 1936 年的 3934 万吨，增幅为 62.8%。新式煤矿产量从 1927 年的 1689 万吨增加到 1936 年的 3154 万吨，增幅达 86.7%。[④] 平绥铁路沿线各矿增幅更快，1929～1933 年从 300651 吨增加到 694599 吨，翻了一番有余。[⑤] 总体上，当时像机械、纺织、化学等具有代表性的工业门类都出现了较大幅度的增长。机械工业表现尤其突出，1936 年资本增加额是 1927 年的约 40 倍。上述几个主要工业部门发展详情可见表 5－2。

表 5－2 1927～1936 年机械、纺织、化学工业发展概况

单位：元

年份	机械工业		纺织工业		化学工业	
	增加额	指数	总额	指数	总额	指数
1927	194160	100.0	89743472	100.0	22073168	100.0
1928	778180	400	101052472	112.5	24885941	112.7
1929	1626450	837	107572102	119.8	26493741	120.0

① 国民党中央党部国民经济计划委员会：《十年来中国经济建设》上篇，南京扶轮日报社，1937，第 4 页。
② 陈真：《中国近代工业史资料》第 4 辑，三联书店，1961，第 904～905 页。
③ 严中平等编《中国近代经济史统计资料选辑》，中国社会科学出版社，2012，第 134 页。
④ 刘克祥、吴太昌主编《中国近代经济史（1927～1937）》上册，第 390 页。
⑤ 董纶：《平绥铁路沿线煤矿调查报告》，资源委员会，1935，第 214 页。

续表

年份	机械工业		纺织工业		化学工业	
	增加额	指数	总额	指数	总额	指数
1930	4304500	1908	121941222	136.0	28531939	129.2
1931	4809700	2168	133813512	149.1	32679239	148.0
1932	5875146	2717	139856452	155.8	34184039	157.6
1933	6701446	3148	145614002	162.2	37327439	169.0
1934	7433546	3525	156195302	174.0	40995439	185.7
1935	8028746	3832	190309207	199.8	42791439	193.9
1936	8681496	4168	202218142	225.3	43912439	199.0

资料来源:《1927~1936 年工业统计资料·十年来之中国机械工业》《1927~1936 年工业统计资料·十年来之中国纺织工业》《1927~1936 年工业统计资料·十年来之中国化学工业》,《中华民国史档案资料汇编》第 5 辑第 1 编"财政经济"(5),第 200~201 页。

国民政府的收支状况也可反映当时的国力变化。由于当时中国是银本位,货币是硬通货,因此这一数据更具参考意义。1928~1936 年,政府收入有较大增长,从 1928~1929 年度的 3.33 亿元增至 1935~1936 年度的 8.17 亿元,几乎实现 145% 的增长。如表 5-3 所示,反映实业税征收的统税收入增加最为明显。1926 年曾任财政总长的顾维钧在提交的财政报告中,表明他在任内能够动用的非借贷性政府收入还不到 200 万元。而十年后的财政状况,可以说与那时形成了鲜明的对比,"国家的常年收入,扣除债务支出之后差不多还有 7 亿元"。[①]

表 5-3　1929~1936 年国民政府财政收入状况

单位:百万元,%

年份	税收				财政收入(不包括借入款)	税收占岁入百分比
	关税	盐税	统税	全部税收		
1929	179	30	30	323	333	94.0
1930	276	122	41	462	438	95.0
1931	313	150	53	535	498	95.2
1932	370	144	89	616	553	99.5

---

① 阿瑟·恩·杨格:《一九二七至一九三七年中国财政经济情况》,第 156 页。

续表

年份	税收				财政收入 （不包括借入款）	税收占岁入 百分比
	关税	盐税	统税	全部税收		
1933	326	158	80	587	559	95.2
1934	352	177	106	660	622	95.3
1935	353	167	105	649	745	87.1
1936	272	184	135	624	817	76.4

注：会计年度为前一年 7 月 1 日至当年 6 月 30 日。"财政收入"一项，指除去债务。

资料来源：许涤新、吴承明主编《中国资本主义发展史》第 3 卷，第 61 页；李权时：《近十年来我国之中央财政》，《闽政月刊》第 4 卷第 1 期，1939 年 3 月 21 日，第 104～106 页。

国内生产总值（下文简称 GDP）是用于宏观评价经济发展水平与潜力的统计工具。自 1930 年代开始，刘大钧、巫宝三等经济学者即引入 GDP 估算。1980 年代后，中外学者对民国前 30 年经济状况整体估算的研究成果不断涌现。总体而言，"所有学者（指对近代中国 GDP 估算的学者）都认为民国前 30 年中国经济有所增长"。[1] 由于 GDP 估算样本过于稀缺，相关数据只能用于参考，但基本判断应可成立。如经济学家罗斯基所言，"在第二次世界大战前的几十年中，无论在人均实际增长率上，还是在适度的结构变化上，中国经济都有了相当大的扩张"，而且"中国战前经济在面临短期下滑时仍具有持续发展的能力"。[2]

社会经济条件的改善为币制改革提供了一定的基础，但并不意味着改革可以或必然发生。币制改革能够付诸实施，还需要政府财力的增强和政府信誉的建立，尤其是后者在经济和金融活动中具有非同一般的意义。应该说，1935 年国民政府通过改组中国银行、交通银行，保证了对国内实力最强的这两大银行的控制。由此，1935 年初出现的金融危机很快被消弭在一定范围内。这和政府的财力和信誉不无关系，而危机被控制，也进一步增加了政府的信誉。到 1937 年前，政府控制下的银行资产总值共约 54 亿元，约占全部银行业资产总值的 74%；私营银行约 120 家，仅占全部银行业资产总值

---

① 倪玉平等：《中国历史时期经济总量估值研究——以 GDP 的测算为中心》，《中国社会科学》2015 年第 5 期，第 197 页。

② 托马斯·罗斯基：《战前中国经济的增长》，唐巧天等译，浙江大学出版社，2009，第 326 页。

的 26%。① 国家银行实力占到绝对优势，使国民政府的信用大涨，也使自北洋政府以来延续的政府依赖银行的局面得以改变。1935 年 9 月 29 日，孔祥熙在给蒋介石的电报中说得很清楚："中中交三行现既在我掌握，现金散在外间其他各行者为数不多，实际已与集中相差无几。"② 正因此，在法币政策出台前夕，他才能胸有成竹地透漏："过去八个月的事实，已令人信服地显示出我们原来所设想的通货管制，仍然是唯一可行的完善途径，我们的政府已最后决定在短期内实行。"③

第四节　法币改革：货币瓶颈的打破

1935 年初，改革币制的准备工作即秘密展开。1935 年 5 月 3 日，孔祥熙在发给施肇基的一封密电中写道："具体的币制、借款计划，已准备多时，但尚未提出，……不能将整个计划全盘托出，因为泄露机密的危险，将导致金融市场的灾难和其他可能的障碍。"④ 负责起草币制改革方案的财政部钱币司司长徐堪回忆："二十四年夏奉命筹划改革币制后，独居南京郊区，经若干时日，废寝忘食，然后草定实施法币政策办法六条，拟定后复字斟句酌，逐条检讨，然后定稿……最初亦考虑实行金本位制与虚金本位制，均难适合现况。最后乃根据国父钱币革命之理论，实施法币，对内不兑现，然必须确立信用，除以现金为准备外，一切完粮纳税均用之，方可示民信。但对外则无限制买卖外汇，以稳定汇价"。⑤

9 月，法币改革前期工作基本就绪，进入准备实施阶段，英国派遣特使

① 许涤新、吴承明主编《中国资本主义发展史》第 3 卷，第 85 页。
② 《孔祥熙电蒋中正金融统一发行办法宋子文主张与李滋罗斯商议后再行决定》（1935 年 9 月 29 日），"蒋中正总统文物档案"，档号：002/080200/00252/083。
③ 《孔祥熙致施肇基电——要求美国总统支持中国售银计划》（1935 年 10 月 28 日），中国人民银行总行参事室编《中华民国货币史资料》第 2 辑（1924～1949），上海人民出版社，1991，第 241 页。
④ 《孔祥熙致施肇基电》（1935 年 5 月），洪葭管主编《中央银行史料（1928.11～1949.5）》上卷，第 319 页。
⑤ 徐堪：《徐可亭先生文存》，第 5～6 页。

李滋罗斯（Frederick Leith - Ross）来华。李滋罗斯来华，促成了法币改革的最终实施，但未必如一些论著所言充当了主要设计者的角色。[①] 李滋罗斯一到中国，便拜会孔祥熙和宋子文，商讨金融改革的技术性问题。针对孔宋提供的四份机密备忘录提出建议并讨论修改。根据李滋罗斯自己的报告，会谈要点包括："孔和宋同意根据解决第四个问题的原则（即将中国币制与英镑相联），采取措施来改革币制；……由中央银行集中纸币发行和准备；中国银行和交通银行在过渡时期里作为中央银行的助手继续发行纸币。应随着外币的收入和售出，来进行纸币的投放和回笼；中央银行针对纸币和存款至少应保持 50% 的准备。他们原则上同意中央银行应尽可能地独立。"看得出中国方面对币制改革的准备堪称充分，预估了各种各样的可能性，对此，李滋罗斯的判断是："各项建议在技术上看来是合理和可行的，只要能实行有关的保证，尤其是预算上的。"基于此，李滋罗斯倾向支持法币改革。他说："不管怎样，我倾向于把币制改革方案付诸实施，即使涉及到 1000 万镑的风险，这远胜于无所事事。我们在长江流域的利益及在这一地区的任何发展，都将加强南京政府在国内的地位。通过制止通货紧缩和允许某种程度的扩大信用，拟议中的方案将会有助于经济和银行局势。"[②] 由此可见，中英之间的交涉更像是合作，而不完全是在英方的指导下进行。据杨格记述，10 月 2 日，孔宋把计划的全部细节交给李滋罗斯，总的来看，方案是"采取一个温和膨胀的货币政策；把汇价稳定在 1930 ~ 1934 年的平均水平上"。[③] 杨格在这里提到的温和膨胀的货币政策，以及李滋罗斯的判断"拟议中的方案将会有助于经济和银行局势"，可谓这一段时间谈论最多也是币制改革最为期待的目标。

可以说，温和通货膨胀政策的说法和币制改革呼声的高涨几乎同步。早在 1935 年 4 月 9 日，日本驻华公使馆致电外务省说，中国"兑换券办法行

---

① 参见《顾翊群呈英美日三国对我新币制政策之态度及我国应取之对策》（1936），"蒋中正总统文物档案"，档号：002/080109/00007/001。

② 《李滋罗斯致霍尔电》（1935 年 10 月 9 日），吴景平译《李滋罗斯远东之行和 1935 ~ 1936 年的中英日关系——英国外交档案选译（上）》，《民国档案》1989 年第 3 期，第 53 ~ 54 页。

③ 洪葭管主编《中央银行史料（1928.11 ~ 1949.5）》上卷，第 324 页。

将实施，且有根据通货膨胀政策，使解消其国内金融恐慌之企图"。① 经济学家章乃器在对币制改革做出预测时，明确提出可以考虑温和通货膨胀的手段："为了农民和民族工业的利益，我们应该减低币价以提高物价，为了进出口贸易相对的平衡，我们也需要抑低汇价以限制输入刺激输出，在国防的意义上，我们也许还需要使上海的存银，变成海外的存款。"② 他指出温和通货膨胀要解决的问题，"必须是经济的，而不是财政的"。③ 留法经济学家梅远谋说得更直接："改革的政策明智地做到使法币建立在贬值大约 40% 的新基础上。"④

温和通货膨胀在某种程度上成为共识，首先应归因于对国际既有经验的借鉴。无论是一战中西方各国放弃金本位，通过发行纸币支持战争消耗，还是 1930 年代金本位制的再次崩溃，通货膨胀都成为短期内解决经济困难的一种方式。很明显的例证，英国、美国等放弃金本位，通过通货膨胀刺激提高物价，"乃使经济状况得以稍苏；而法国坚持收缩政策，卒致经济状况益趋恶化"；比利时则"将比币减成百分之二十八，自此以后，人心大定，经济转佳，而昔日逃避之资本今日亦已陆续流归矣"。⑤ 中国在面临通货紧缩的状态下，温和通胀或也可以成为选项。

其次，酝酿中的币制改革以纸币发行为导向，到法币改革前几乎已成共识。纸币自身不携带价值的属性势必导致通货膨胀，而良性的通货膨胀是刺激经济复苏的有效手段。

最后，当时的中国经济，随着数年相对安定的政治环境，已经显现某种发展的势头，经济发展的动力和要求从当时企业贷款需求的紧缺可略窥一二。1930 年代中期，中国银行与交通银行逐渐加大对工商业的放款额度。1936 年

---

① 《日外务省与驻华使馆关于英美将派代表赴华调查以及中国欲实行币制改革来往电》（1935 年 4 月 8~10 日），《中华民国史档案资料汇编》第 5 辑第 1 编"财政经济"（4），第 309 页。
② 章乃器：《各派币制改革论之介绍及批评》，章立凡选编《章乃器文集》上卷，第 409 页。
③ 章乃器：《金融恐慌中金融制度的演变》，《东方杂志》第 32 卷第 13 号，1935 年 7 月 1 日，第 20 页。
④ 梅远谋：《中国的货币危机——论 1935 年 11 月 4 日的货币政策》，第 99 页。
⑤ 姚庆三：《近年世界币制之演变及其今后之归趋》，《社会经济月报》第 2 卷第 9 期，1935 年 9 月，第 32 页。

交通银行工商放款额较 1932 年增加 6282 万元。中国银行 1934 年的工业放款即达 5457 万余元，较 1933 年增加近 1212 万元；1936 年达到 8022 万元。[①]　即便如此，企业的资金需求仍然十分迫切，刘鸿生与虞洽卿、荣宗敬、聂潞生等企业家联名呈送蒋介石的请愿书很能反映当时的实业界情况与期待。

> 惟全国经济生命所系之各项实业，则仍以缺乏周转资金，濒于危殆……倘仍请由实业界人自为谋，如前之日乞怜于银行之门，则我国内之银行，类多商业组织，每以资力不足，未能从事于实业放款。且事实上即使稍有通融，亦多以所产之货品担保为度，而不愿接受不动产之借款，则各工厂之大部分固定资产，仍未能充分运用。[②]

企业的发展需求在很大程度上受制于不利的国际经济背景及银本位制度，币制改革可在相当程度上满足这样的需求，而温和的通货膨胀则是达到这一目标的途径。

尽管出于营造稳定的金融环境的考虑，政府方面强调："不会实行通货膨胀，政府只是要保护国家的白银资源。"[③]　发布的通告也声明：维持价值之稳定，同时并可利用发行之伸缩，适应社会之实际需要，促进一国经济之合理发展。[④]　但市场和社会的自然反应则是："在颁布之前夕，国货界奔走相告，停止发货，认为今后物价之腾贵，为必趋之途径，先事预防，亦属应有之举动。果焉明令早颁，物价夕涨，盖新货币政策之效力，因有刺激物价上涨之可能，物价上涨，大可流通国内货物，使停滞之工商业，有舒畅发展之机会，苟非过度的涨上，并避免投机者之垄断操纵，转足促进国货事业之活跃，有利于全国之经济复兴。"[⑤]　通货膨胀既在预料之中，也可谓众望所

---

① 《交通银行史料》第 1 卷，第 362 页；《中国银行行史资料汇编》上编，第 2169、2213 页。

② 《刘鸿生企业史料》（中），第 26 页。

③ 《李滋罗斯致霍尔电》（1935 年 10 月 29 日），吴景平译《李滋罗斯远东之行和 1935～1936 年的中英日关系——英国外交档案选译（上）》，《民国档案》1989 年第 3 期，第 59 页。

④ 《新货币制度说明书》（1935 年 11 月），《国民政府财政金融税收档案史料（1927～1937 年）》，第 419 页。

⑤ 仰荠：《新货币政策与国货》，《申报》1935 年 11 月 7 日，第 15 版。

归。1935 年 11 月 4 日，法币政策公布，虞洽卿通电表示："政府当局若不采取有效之办法，当机立断，经济必有崩溃之一日。……迄今现银存底更少，通货紧缩愈甚，财政部于今日布告，实行法币制度。虽施行未免较迟，而亡羊补牢，犹为国家之幸。"① 英国人注意到："币制改革并非不得人心。我和中国银行家们讨论了这一问题，并对他们欢迎和急于支持币制改革方案感到惊讶。"②

从法币改革的结果看，通货膨胀的确也是事实。财政部钱币司的戴铭礼认为："施行法币后，币值较当时低减约三分之一，此为不可掩之事实。"③杨格也谈道："货币供应量的加大，适应了币制改革之后出现相当程度的经济复苏和对货币的需求大见增加的局面。"④ 资金的宽松，市面银根的变化最能体现。1934 年 12 月上海钱业日拆最高达 0.60 元，平均也要 0.33 元，高低幅度也比较大，可见当时银根之紧缩。到 1935 年 11 月币制改革后，"利率始渐松动。洎乎 12 月中旬，拆息已悬牌 1 角，全月平均价较上年度同时期降低 2 角 2 分，而划头加水，以币制改革后，银行无划头之必要，遂亦于是月取消矣"。⑤ 拆息降低有利于资金运转流畅，激励金融资本向产业资本转化，同时出现的物价稳定回涨，亦有利于工商业的复苏。

良性通货膨胀是刺激经济发展的手段之一。如杨格所言："经济局势亟需改善，必须少量增加货币的供应量，以解除银根长期紧缩所造成的一些后果。然而又必须对货币的流通数额严加控制，以防货币价值因流通量的不适当扩大。"⑥ 法币改革初期，通货膨胀的确控制在温和的范围内，对经济和金融的引导是正面的。银行家张嘉璈坦承："商业银行曾在一九三四～一九

① 《虞洽卿电》（1935 年 11 月 4 日），《中华民国史档案资料汇编》第 5 辑第 1 编"财政经济"（4），第 369 页。
② 《贾德干致霍尔电》（1935 年 11 月 25 日），吴景平译《李滋罗斯远东之行和 1935～1936 年的中英日关系——英国外交档案选译（上）》，《民国档案》1989 年第 3 期，第 64 页。
③ 《财政部钱币司致会计处函及附件》（1938），洪葭管主编《中央银行史料（1928.11～1949.5）》上卷，第 382 页。
④ 阿瑟·恩·杨格：《一九二七至一九三七年中国财政经济情况》，第 283 页。
⑤ 《上海商业储蓄银行史料》，第 365 页。
⑥ 阿瑟·恩·杨格：《一九二七至一九三七年中国财政经济情况》，第 267 页。

三五年银根紧缩期间遭遇不景气情况，现可复苏，且由于货币改革所引起的物价回涨，市面开始繁荣。"① 1936 年 1 月 23 日，秦润卿在日记中写道："本年市情虽属凋敝，较之去年起色不少，且南五省田禾丰收，乡村稍形转机。上海方面下半年出口货极为发达，杂粮、油类、皮毛、花棉、蛋类均各出口。十二月份，海关税收出超一百余万，开设立海关以来之新纪录。"② 到 1936 年 3 月，"物价已涨百分之十而至百分之五，出口货涨得比较快，而国内所销之货不如出口货之快，生活费未见陡涨"。同时，"国外汇兑极其平稳，无骤然忽涨忽落"。③ 1936 年 8 月 1 日，孔祥熙在向中政会所做的币制改革报告中说："新币制之施行，已奏肤功。……本年废历年关，各业安然渡过，市上并无任何之骚扰。本年上半年出口贸易，较去年同期约增四分之一。关税收入，初呈增加之现象。"④ 这应不是过誉之词。

1935 年底的法币改革，既是针对白银上涨造成的经济金融困境的危机应对措施，又回应了中国经济金融长期累积发展形成的扩张性需求，也是顺应世界货币政策潮流之举。法币改革的实施，带来了银行系统乃至整个金融、经济可观的成绩。但严格地说，这些成绩并不仅仅是法币改革取得的。

法币改革的成效在于卸下了银本位制给中国经济长期带来的桎梏，使中国终于可以和世界其他国家一样，运用货币政策在国际金融大背景下运作，并释放一段时间以来经济发展积蓄的活力。1936 年法币改革后呈现的经济爆发式增长是中国经济长期累积的动力造成的，并不能直接归功于法币改革本身。改革只不过让潜在的力量发挥出来，将可能变成了现实。从这一角度理解法币改革，有助于对战前中国经济运行的脉络有一个更为完整和客观的观察。

---

① 张公权：《中国货币与银行的朝向现代化》，秦孝仪主编《革命文献》第 74 辑，第 87 页。
② 孙善根编注《秦润卿日记》上卷，1936 年 1 月 23 日，凌天出版社，2015，第 6 页。
③ 《陈光甫日记》，1936 年 3 月 23 日，第 178 页。根据对这一时期上海、天津、广州、汉口、南京、长沙各地物价指数的统计，可以认为各地物价属于合理提高。参见王世輔《新货币政策实录》，财政建设学会，1937，"各地物价指数表"，第 46 页。
④ 《孔祥熙关于实行新币制的报告》（1936 年 8 月 1 日），《国民政府财政金融税收档案史料（1927～1937 年）》，第 448 页。

　　法币改革本身追求的是温和的通货膨胀，以此满足社会的资金需求，释放经济发展的活力，但是，通货膨胀永远是一把双刃剑，在提供发展可能的同时，也不可避免带来了更大的金融风险。抗战全面爆发后，一方面，如马寅初所说的："假定中国于抗战时，尚未施行法币政策，钞票必然挤兑，银行穷于应付，信用失坠，势所必然。……人皆谓法币政策大有助于抗战，良有以也。"① 但是另一方面，后来的恶性通货膨胀不得不说在这时已经种下因果。据统计，法币改革实施后两个多月，1936 年 1 月 18 日，中央银行、中国银行、交通银行的货币发行分别增加 40%、61%、74%。② 上海市档案馆所藏的交通银行来往信件显示，到 1937 年，"三行发行总额，中央约增125%，中国约增 96%，本行约增 99%"。③

　　尽管这样的增长，在法币改革初期包含了对之前银本位币制下货币需求长期受到压抑在短期内的修正，但还是不无警惕之处。后人批评："民国廿四年实施的法币政策，打下了通货膨胀的基础。法币为无限法偿货币，完粮纳税必须用它，银钱交易也得用它，它是强迫使用的。又规定了无限制买卖外汇，但实际上并未指定有多少外汇基金，而且并不能够持法币去兑取生金生银出口。由此看来，法币并非银行钞票，而是政府钞票，法币正好是不兑现的纸币。"④ 这道出了通胀政策在刺激经济背后隐藏的另一面，即通胀失控的可能与风险。

---

① 马寅初：《通货新论》，商务印书馆，2010，第 147 页。
② 《法币发行前后中、中、交三行发行票额比较》，《中华民国货币史资料》第 2 辑（1924～1949），第 235 页。根据该表数据计算所得。
③ 《交通银行总行致函津行总理徐柏园》（1937 年 8 月 14 日），《交通银行董事长胡笔江、总经理唐寿民的私人来往函件》（1936.07～1937.11），交通银行档案，档号：Q55/2/693，上海市档案馆藏。
④ 杨培新：《中国通货膨胀论》，生活书店，1948，第 1 页。

第六章 断臂求生：战争非常态下的金融与日常

战争需要钱，这一点尽人皆知。抗战期间，郭沫若曾经转引英国吉清纳元帅①的话说："现代战争的要素有三，便是人力、财力、火力。"② 这三个方面在一定意义上构成了战争动员的主要内容。其中，财力的动员尤其重要，决定了其他因素的动员能否真正落到实处。财政动员包括政策、实践很多部分，比如增加税收、发行债券、金融统制等，最直接也最主要的是为战争提供足够的军费且保证调度方便。因此，通货膨胀与战争如影随形，古今中外，任何一场战争都难以避免。抗日战争和解放战争的规模和消耗，对财政、物资等各方面带来的压力是空前的。战争消耗导致过量发行，不可避免地造成物价波动。如何抢占现金、物资，如何实现财政全面动员来应对通货膨胀，是战时金融无法回避的挑战，由此也演绎了一场场未见刀光剑影却精彩纷呈的"金融暗战"。

第一节 抗日战争全面爆发前后国民政府的现金移运

1937 年六七月，当战争阴云笼罩华北上空时，蒋介石与外籍财政顾问史典法尼（Alberto de Stefani）频频会面，讨论财政及国防经济问题。③ 面对有可能全面爆发的大规模中日战争，国民政府未雨绸缪，展开财政动员。其中，国民政府的财政动员在关涉战争所需资金这一最表面也最核心的部分做了大量工作。④ 大规模的现金内运和外运，使中国金融在全面抗战爆发后最

---

① 应是指约翰·格瑞尔·迪尔，英文名 John Greer Dill。

② 郭沫若：《告四川青年书》，《乐山市沙湾区文史资料专辑》第 7 期，"纪念郭沫若诞辰一百周年专辑"，全国政协四川省乐山市沙湾区委员会文史资料委员会，1992，第 135 页。

③ 蒋介石日记，1937 年 6 月反省录、1937 年 7 月 1 日日记、1937 年 7 月 1 日本周反省录。

④ 关于抗日战争全面爆发前后财政动员方面的研究，多是关注政策、制度方面，考察相对宏观、宽泛。洪葭管对卢沟桥事变爆发后国民政府对现银钞券的紧急措施做了概述，参阅洪葭管《中国金融通史》第 4 卷，第 315 ~ 319 页。

大限度地避免了损失，形成了战争初期财政坚固和外汇稳定的状态。这些在无形中为全面抗战爆发初期政府信誉和社会信心的树立奠定了基础。

风吹草动下的现银关切

1935 年底，由于日本的压迫，冀察政务委员会成立，"华北特殊化"成为事实。冀察政务委员会具有一定的日本背景，聚集了一批亲日分子，所执行的政策在相当程度上顾及日本的利益。正是在这样的背景下，1936 年上半年，围绕外资银行现银移运问题，华北地方政府与南京中央政府之间发生争执。这固可视为华北地方政府维护地方利益的举措，但华北地方政府在交涉中表现出的底气及南京中央政府的退让，与华北地方政府背后的日本因素大有关系。

外资银行的现银移运之争，缘于法币改革后中国货币体制由银本位制度转向纸币制度。中资银行在法币改革之后，根据中央金融当局命令迅速完成了这一转变。外资银行则经过与中国财经当局的谈判，相继接受这一制度转型，缴出行中现银，兑换法币，只有日资银行迟迟不缴。直到 1937 年，日本在上海及平津两地的正金银行才决定将所存现银悉数点交中国中央银行。当时官方报载："日商存银，应缴解我中央国库，在法币政策公布后，即屡次交涉，未获结果。年余以来，虽经秘密运去大半，但现存仍约有千万之谱。运回日本，因平衡税高，亦不合算，故缴解于我国库，亦系自然趋势。"①

1936 年初，华北除日本以外的外资银行均与中国达成协议，将现银南运，兑换法币。按照孔祥熙的说法："此次英、美、法、比各外商银行请照运金，既系遵照向例办理，且与法币准备无关，是与就地保管之款，截然两事，自不能不予照准。至此项现金如何运用，系其营业上之自由，事实亦未便过问。"②"遵照向例"的外资银行现银南运一事却遇到了阻碍。外交部部

---

① 《沪日商银行存银缴解中央银行》，《金融周报》第 3 卷第 14 期，1937 年 4 月 7 日，第 26 页。《金融周报》由中央银行经济研究处编。
② 《孔祥熙复萧振瀛电》（1936 年 3 月 7 日），洪葭管主编《中央银行史料（1928.11 ~ 1949.5)》上卷，第 341 页。

长张群在给财政部的函电中说："津埠汇丰、麦加利、花旗、中法工商、德华、华比、华义等银行，现存白银共计472万余元，本拟运往上海，掉换中国法币，并领有财政部护照在案。惟天津海关不准放行，致迄今未能起运。"①天津海关不放行，缘于华北地方政府的指使。天津市市长萧振瀛指责上海方面以另给利息换取现银南运。1936年3月4日，萧振瀛致电孔祥熙指出："然所持以安人心者，全在现洋，就地保管。一旦南运，币信必摇，全国金融，势且横决。此次北方外籍各行现洋南运，闻系沪上兑换，另给利息，而平市则无。如为奖励兑换计，宜以平津与沪上一致，以昭平衡。"②

对于萧振瀛的指责，孔祥熙矢口否认。1936年3月28日，孔祥熙致电萧振瀛表示："沪上外商银行兑换法币之三行，并未有优厚之规定，接洽数月，始行交出，而日本在沪各银行，至今尚未遵办，足证传闻之词，幸勿置信。"③不过，萧的指责也不是空穴来风。3月31日，外交部部长张群在致财政部函中说道："可否将各该银行现存白银，就近扫数交由天津中央、中国、交通等银行收领，换给法币，并请援照上海各国银行移交白银办法，按三分之二核给五厘利息二年，以符法令，并使津沪办法，得归一律。"④可见，上海方面似有优惠措施换取外资银行现银南运，只是由于华北地方政府的阻挠，才使这一做法无法实施。显然，上海方面的举措应该不仅仅是地方所为，背后离不开中央政府的支持。

经过交涉，中央政府对华北地方政府做出退让，允许外资银行现银暂不南运。华北地方政府则得寸进尺，继续向南京方面施加压力，要求由河北省银行单独收兑华北地区外资银行所存现银。1936年5月7日，萧振瀛致电

---

① 《外交部长张群致财政部函》（1936年3月31日），洪葭管主编《中央银行史料（1928.11～1949.5）》上卷，第341～342页。

② 《天津市长萧振瀛致孔祥熙电》（1936年3月4日），洪葭管主编《中央银行史料（1928.11～1949.5）》上卷，第340页。

③ 《孔祥熙复萧振瀛电》（1936年3月28日），洪葭管主编《中央银行史料（1928.11～1949.5）》上卷，第341页。

④ 《外交部长张群致财政部函》（1936年3月31日），洪葭管主编《中央银行史料（1928.11～1949.5）》上卷，第342页。

孔祥熙："谨按现银四百余万之数，在中、中、交三行，原无足轻重，河北省银行兑入之后，亦系寄存公库，共同保管，……敢乞我公转令上海中、中、交各总行即日分令该分行等，停止接洽。"① 对此，孔祥熙强调此项现银不可由地方银行单独收兑："自上年十一月四日以后，所有现金，均应缴交三行兑换法币行使，即使省行兑入此项现金，终必仍向三行兑换。况外商银行兑换法币后，势必转而购买外汇，应付之方，似不能不预为计及。中、交等行，在国外均有充分外汇准备，与省行情形不同。"但同时顾虑到华北的特殊性，南京方面不得不再次向华北地方政府做出让步："兹为迁就事实上之需要，并避免此项白银终将外流起见，应令中、交两行会同省行共同承兑。"② 最终达成由中交两行与河北省银行会同收兑。③

中央政府与华北地方政府围绕外资银行现银兑付的交涉，孤立地看，似乎只是中央与地方的利益之争，但如果把眼光放长向前延伸，或会发现问题并不这么简单。早在1935年9月24日，继梅津美治郎接任中国驻屯军司令官不久的多田骏在天津向记者发表声明时，毫不讳染指华北的意图："依靠华北民众力量，逐渐使华北明朗化，这是形成日满华共存的基础。但国民党和蒋政权企图予以阻挠，所以，为了把国民党和蒋政权从华北排除出去而行使威力，也是不得已的事情。以此根本主张为根据，我军对华北的态度有以下三点：（一）把反满抗日分子彻底地驱逐出华北；（二）华北经济圈独立（要救济华北的民众，只有使华北财政脱离南京政府的管辖）；（三）通过华北五省的军事合作，防止赤化。为此，必须改变和树立华北政治机构。总之，必须对组织华北五省联合自治团体的工作予以指导。"④ 1935年11月9日，法币改革刚刚开始，日本驻北平领事馆武官

---

① 《萧振瀛致孔祥熙电》（1936年5月7日），洪葭管主编《中央银行史料（1928.11～1949.5）》上卷，第343页。

② 《孔祥熙复萧振瀛电》（1936年5月9日），洪葭管主编《中央银行史料（1928.11～1949.5）》上卷，第343～344页。

③ 《萧振瀛致孔祥熙电》（1936年5月10日），洪葭管主编《中央银行史料（1928.11～1949.5）》上卷，第343页。

④ 《多田骏声明》（1935年9月24日），复旦大学历史系编译《日本帝国主义对外侵略史料选编（1931～1945）》，上海人民出版社，1983，第178～179页。

高桥坦向宋哲元提出《华北金融紧急防卫要纲》，要求禁止华北现银南运。宋哲元同意了日本这一要求，和河北省主席商震、山东省主席韩复榘一起下令禁止现银南运。可见，华北地方政府对现银的控制企图，背后实际还有日本指使并撑腰。1936 年年中，冀察政务委员会派专人检查平津存银。《金融周报》报道："派胡毓坤等三人为检查封存现金委员……九日已告竣事，津市截至七月六日止，各银行号共存银 39374201 元 7 角 6 分。"[1]

中央政府围绕现银南运问题和华北地方政府的角力，虽以中央政府的退让告终，但可以看出南京方面已经开始注意现金的集中。之后，随着中日关系日渐紧张，国民政府集中现金的要求不断提上日程。1936 年 8 月下旬成都事件和 9 月初北海事件相继发生，中日之间围绕两案展开交涉，日本施以武力威胁，两国关系呈剑拔弩张之势。9 月 24 日，蒋介石与吴鼎昌、王世杰商谈对日外交时说："余始终认定倭寇此时尚不敢与我正式战争，不久彼觅旋转之途径也。不过我当早日准备整个之计划，如战争一开，决为长期战争，以期最后胜利也。"[2] 基于这样的判断，蒋不得不开始筹谋紧急调运现银，以防不测。同日，蒋特电青岛市市长沈鸿烈，告以"对日外交形势难免破裂，请兄从速准备以免不测"，[3] 并嘱其密切注意侦察日本动向。[4] 10 月 23 日，沈鸿烈致函蒋介石：

> 据密报，日本驻屯军以为青岛、保定两处为反抗日本策源，即二十九军之顽强由于保定之鼓动，鲁省之动作由于青市之策划，故现决定在青设特务机关，并拟在保扩充势力，以期根本肃清。……近日该海陆军人来往青岛者络绎于途。虽不免于种种策动，但地方仍甚静谧，此间为预防万一起见，已商由孔部长将青市现洋约一千万元运

---

① 《冀察政委会派员检查平津存银》，《金融周报》第 2 卷第 3 期，1936 年 7 月 15 日，第 29 页。
② 高素兰编注《蒋中正总统档案·事略稿本》第 38 册，台北"国史馆"，2010，第 519 页。
③ 《蒋中正电沈鸿烈对日外交已濒破裂速准备一切以免不测》（1936 年 9 月 25 日），"蒋中正总统文物档案"，档号：002/020200/00026/067。
④ 《蒋中正电沈鸿烈田尻对中国军事行动之言不为无因仍请侦察其动向》（1936 年 10 月 18 日），"蒋中正总统文物档案"，档号：002/070100/00044/008。

济。职拟本晚赴济晤韩面洽。①

　　青岛一直是日本觊觎之地，将青岛现银运往济南，应该是未雨绸缪之举。27日，沈鸿烈向蒋介石报告现金起运情况："青市中中交三行库存银币约一千万元，前经约集本市银行经理告以速陈总行，请妥筹处置办法，嗣据总行电复令设法运存济南，职日遂赴济。曾将运送现金及沿站保护各事，与向方商洽，……惟此间日人方面向有希望现金不得出境之表示，此次将全部现款运出，又值该国的新特务机关长到青之际，难免不利用机会发生枝节，但现金为国家命脉，兄宣仰体钧旨，妥筹安全，与三行主管人员熟商，决定即日起运。"对此，蒋批示："处置甚安，不胜佩慰。"② 沈鸿烈提到的担心日人干预，从几日后的报告看确非虚语。30日，沈鸿烈报告："当装车甫毕时，日领署始惊悉，突来电话要求市府制止运送，当经严词拒绝，现运送车已于昨日午后六时半安抵济南，所有全部现金已由韩主席以重兵保护，分别运存济南各行金库。"③ 青岛现银，可谓在日本人的眼皮底下抢运出来的。

　　上海是现银最重要的集中地，国民政府自然也特别关注。9月24日，蒋介石专门致电孔祥熙，告以："上海现银，应即设法运杭与南昌，其他钞币亦应从速设法他运。"④ 紧接着又致电孔祥熙询问："存沪现银总数如移动，约须几日可运完？"⑤ 26日孔回复蒋，报告中行库存法币"正分批运赴杭、赣、汉、渝、粤各地，约计十日以内当可全数运讫"。⑥ 这次现银抢运

① 《沈鸿烈电蒋中正日本决定在青岛设特务机关并拟在保定扩充势力为防万一已商由孔祥熙将青市现洋运济等》（1936年10月23日），"蒋中正总统文物档案"，档号：002/080200/00270/091。

② 《沈鸿烈电蒋中正青岛市中央中国交通三银行存银币一千万元已令设法运存济南》（1936年10月27日），"蒋中正总统文物档案"，档号：002/020200/00033/032。

③ 《蒋中正电沈鸿烈闻现金已运抵济南各行库处置得法感慰》（1936年10月30日），"蒋中正总统文物档案"，档号：002/070100/00044/034。

④ 《蒋中正电嘱孔祥熙上海现银即运杭南昌其他钞币他运》（1936年9月24日），"蒋中正总统文物档案"，档号：002/010200/00165/058。

⑤ 《蒋中正电询孔祥熙存沪现银总数如移动几日可运完》（1936年9月25日），"蒋中正总统文物档案"，档号：002/010200/00165/062。

⑥ 《孔祥熙电蒋中正存沪现银分批运美九月内可全数运出及中行库存法币现亦正分批运赴杭赣汉渝粤各地约计十日内可全数运讫》（1936年9月26日），"蒋中正总统文物档案"，档号：002/090102/00010/189。

计划和行动，虽然随着中日两国关系的暂时缓和而告一段落，但国民政府对现金的关切及其投注的心力可见一斑。

大规模战争来临时的现金转移

1936年9月的危机度过后，国民政府暂时松了一口气。对于蒋介石而言，集中现金不仅是对日的应急反应与举措，当内部区域出现异动时，他也会本能地想到这一点。1936年10月初，西安有不稳传言，为此蒋介石致电孔祥熙，告以："西安钞票不必多存，请陆续秘密运到洛阳，并问中国银行在西安存钞几何，如过多亦应移洛，但不必着急，以陇陕赤匪不久必可消灭，但不能不防也。"[1] 西安事变期间，四川省政府主席刘湘几次致电西安方面，响应其主张。蒋介石回到南京后即对四川有所防范。1937年1月18日，蒋致电孔祥熙及汉口农民银行总经理徐继庄，要求将存渝钞票及现银尽量他运，"各行存渝钞票及现银各若干，请详查示复，并设法陆续极秘密移动，如不能运汉，或将存钞暂运贵阳存贮亦可。但切勿声张并勿太急"；[2] "现存重庆与贵阳现银及钞票各若干，存渝钞银最好陆续极秘密移动。如不便运汉，应密运筑，但切勿声张，或先运存钞亦可"。[3]

兵马未动，粮草先行，蒋介石深谙这句话的含义。抢运现金、集中现金，在大规模战争来临之际成为他密切关注的问题。

西安事变后，中国方面对日抵抗呼声日渐高涨，面对日军的不断挑衅，中日全面战争几乎难以避免。当时的银行家已经观察到这样的危险。1937年6月6日，上海商业储蓄银行副经理杨介眉在与天津分行经理资耀华的往来书信中讲道：

---

① 《蒋中正电示孔祥熙西安钞票不须多存密运洛阳以防陇陕匪》（1936年10月4日），"蒋中正总统文物档案"，档号：002/010200/00166/014。

② 《蒋中正电孔祥熙询各行存渝钞票及现银》（1937年1月18日），"蒋中正总统文物档案"，档号：002/020200/00033/033。

③ 《蒋中正电令徐继庄将现存重庆贵阳现银及存渝钞票密运至汉口或至筑》（1937年1月18日），"蒋中正总统文物档案"，档号：002/010200/00171/015。

据一班人之观察，则觉两月后必发生事故。又自西南问题发生，据各方面谈论，恐难免不发生内战，……又闻福建省内自治区或将成为事实，盖处处有日人背景也。法币表面上虽尚安定，然日人走私无法禁止，终难持久。凡此种种，危机四面逼来，日甚一日，万一发生战事，全国金融必致混乱，行中营业务望紧缩。①

银行家担心战争爆发会带来金融混乱，因此要提早做好防备，紧缩放款，收拢资金，尽量减小损失。政治家同样如此，战争在某种程度上打的是钱，在战争中如何保住钱，尤其是硬通货，是必须面对的问题。据统计，至1937年6月30日，中国政府持有、存在国内的黄金（按每盎司35美元计）有1240万美元、白银（按每盎司0.45美元计）有11830万美元；存在国外的及正在向国外运输的黄金有3280万美元、白银有4940万美元。② 这批硬通货的处理，是国民政府关注的重心之一。1937年7月6日，蒋介石密电宋子文："中国、中央、交通三银行五六两月份帐册可否派员送来查阅。"③ 可见，转移现银已提前运筹。

作为首先爆发战争的地区，华北的现金状况自然成为国民政府关心的首要重点。杨格说："华北大约有4000万盎司的白银储备也由于同样的原因（日本侵华）而无法动用。"④ 更为确切的说法，据财政部次长徐堪给外交部次长徐谟的函电，"查北平存银约一千五百万元，存贮东交民巷；天津存银约四千一二百万元，存贮法租界"。⑤ 正是看到华北的危险，全面战争爆发

① 《杨介眉致资耀华函》（1937年6月6日），《上海银行家书信集（1918~1949）》，第148页。
② 《1937年6月30日政府持有的金银外币》，《中华民国货币史资料》第2辑（1924~1949），第238页。
③ 《蒋中正电嘱宋子文派员送来中国中央交通银行五六月份帐册》（1937年7月6日），"蒋中正总统文物档案"，档号：002/010200/00177/079。
④ 阿瑟·N.杨格：《中国的战时财政和通货膨胀（1937~1945）》，陈冠庸译校，广东省社会科学院原世界经济研究室，2008，第98页。
⑤ 《财政部次长徐堪复外交部次长徐谟函》（1938年5月12日），外交部档案，档号：020/041104/0011，台北"国史馆"藏。关于该问题的详细论述，可参阅吴景平《抗战时期天津租界中国存银问题——以中英交涉为中心》，《历史研究》2012年第3期；周祖文《抗战时期平津存银问题：中日英三方的角色》，《抗日战争研究》2016年第2期。

不久，国民政府就不断部署从华北撤出现钞。据统计，卢沟桥事变后半个多月的 7 月 29 日，平津、济南几大银行所存钞票减少了 11698 万元，较之卢沟桥事变前减少 50% 多（表 6-1）。可以说，抢运现钞的成效是显著的。

全面战争爆发前，中国的金融中心位于上海，这里集中了大量的钞票和现银，一旦战争爆发，必然成为中国一个重要的隐患。如杨格说："这是一个弱点，因部分白银存放在上海，很容易受到敌人的攻击。"[①]

卢沟桥事变刚刚爆发，1937 年 7 月 9 日，蒋介石即密电在上海的宋子文："上海各银行现银与钞票，从速先移运杭州与南京，准备向南昌、长沙集中，务望五日内运完。"[②] 宋子文当日即回复蒋：

> （1）中央、中国、交通、农民四行沪库所存钞票总数为五万五千七百余万元，内除须酌留一万万元为营业需要，其余四万五千余万元当即日遵示陆续先运京杭两处，以便酌量集中南昌、长沙。（2）四行库存现洋为四千八百八十七万元，内农民约二千五百万元，数目较巨，京杭赣湘等处均无相当库房可以存储，不如直接由沪装港，较为简捷；如遇急要时，可随时变换外汇，应否如此办理，敬请钧座电示祗遵。（3）四行库存现洋钞票分存于各地分行数目制有详表，明日航空呈寄。钧阅何处宜移动何处可缓移，并祈核定示知，以便密令遵照。（4）其余各商业银行库存，并无现洋，所存钞票，只敷营业周转，无可抽运。[③]

接到蒋介石密电后，宋子文立即召集中央银行、中国银行、交通银行和中国农民银行有关负责人商量如何完成钞券内移、现银南运这一紧急任务。1937 年 7 月 15 日，徐堪致电蒋介石："午后三时到沪即与宋部长及三行人员密计一切，宋部长谓兴亡有责，愿遇事从旁贡献意见以贡钧座采择。四行

①　阿瑟·N. 杨格：《中国的战时财政和通货膨胀（1937～1945）》，第 96 页。
②　《蒋中正电宋子文速将上海各银行现银与钞票运往南昌长沙集中》（1937 年 7 月 9 日），"蒋中正总统文物档案"，档号：002/080109/00008/003。
③　《宋子文电蒋中正中中交农四行钞票现洋库存情形》（1937 年 7 月 9 日），"蒋中正总统文物档案"，档号：002/080109/00008/003。

移运现金钞券今已办竣，惟各地分配存券多少，与军事计划有关，应请钧座随时指示。"①

7月中旬开始的现金内运大致结果可从表6-1窥见一二。

表6-1 "四行"南运银元、内移钞票情况（1937年7月）

单位：万元

地名	现钞			银元		
	7月9日	7月28日	增减数	7月9日	7月28日	增减数
平津	14869	8896	-5973	4503	4511	+8
济南	7374	1649	-5725	2458	2461	+3
西安	2053	1681	-372	1220	1235	+15
洛阳	544	1269	+725	1026	3117	+2091
郑州	1918	3342	+1424	518	438	-80
汉口	2885	4819	+1934	2041	118	-1923
长沙	1578	24230	+22652	2533	2535	+2
南昌	17799	30860	+13061	3772	3863	+91
上海	55714	9709	-46005	4887	550	-4337
香港	46753	48132	+1379	6030	12234	+6204
杭州	584	11831	+11247	72	78	+6
四川	856	1587	+731	2380	2038	-342
福建	1111	843	-268	78	11	-67
合计	154038	148848	-5190	31518	33189	+1671

注：卓遵宏《抗战时期沪市金融的维护》（《上海档案史料研究》第3辑，上海三联书店，2007，第24页）所列表中，7处数据有误。如"济南"7月9日"现钞"一栏数据"7874"有误，应为"7374"，故对应增减数"-6225"应改为"-5725"；"上海""现钞增减数""-45995"有误，应为"-46005"；"香港""现钞增减数""+1519"有误，应为"+1379"；"洛阳""银元增减数""+2052"应为"+2091"。个位存误者未列出。

资料来源：《宋子文电蒋中正中中交农四行钞票现洋库存情形》（1937年7月9日）、《中中交农四行在各行处库存》（1937年7月28日），"蒋中正总统文物档案"，档号：002/080109/00008/003。

从表6-1可以看出，到7月28日，现银部分，除了从汉口移至洛阳近2000万元，主要是从上海南运香港4300多万元，其余各地中、中、交、农

---

① 《徐堪致蒋中正函》（1937年7月15日），"蒋中正总统文物档案"，档号：002/080109/00001/003。

四行库存变动不大。相对而言，这一时期钞票内移的动作较大。除前述平津、济南钞券转出近半数外，主要是从上海运出 4.6 亿余元，内移存至南昌、长沙、杭州三地。由此，本来是全国金融中心的上海库存 5.5 亿元，变成了南昌 3.1 亿元、长沙 2.4 亿元、杭州 1.2 亿元。由此可见，大规模战争爆发后，国民政府向内地集中现金的态势相当明显，长沙、南昌成为最大的现金增长地。半个月内，长沙现钞增加 2.2 亿余元，南昌现钞增加 1.3 亿元，这和其处于沿海到纵深内陆的中间地带，便于担当现金转运中间站的角色有关。上海、平津则成为钞票和现金移出最多的地方，这也与战争形势的紧迫度密切相关。一场现金的大流动随着战争大规模爆发有组织地展开。

紧急密集的现银外运

对日战争是一场以弱对强的战争，国民政府充分估计到战争的艰难程度和结果的不可预测性。1937 年 8 月 7 日，蒋介石在国防联席会议上曾坦率地宣称："胜利是党国的幸福，生死存亡，义无反顾。就是失败，也可以对得起后辈和我们的祖先。"[①] 基于此，国民政府在组织钞券内运的同时，还组织了现银外运，即将内地现金运往香港，乃至美国。当时杂志报道："去年输出之现银，大部分运美国。今年则全运香港。"1937 年 1~10 月，现银净输出额 333608739 元。[②] 杨格曾经写道："1937 年 7 月 7 日华北战事爆发后，中央银行立即开始赶紧把白银储备从上海转移到国外安全地点。从中国驶往世界各国（日本除外）港口的每一艘美国船和英国船都满载着保了险的白银，通常每一艘船装载的白银价值 1000 万美元。8 月 13 日战事蔓延到上海之前，所有储存在上海的黄金和白银早已运往香港、伦敦、旧金山和纽约等地。要不是这么办的话，中国早就遭到了近乎致命的打击。存放在华北的 4000 万盎司白银，由于敌人在该地区的行动，没能够转移出来。"[③]

多种材料显示，在大规模战争爆发前，国民政府已开始有组织地将现银

---

① 中国第二历史档案馆：《抗战爆发后南京国民政府国防联席会议记录》，《民国档案》1996 年第 1 期，第 30 页。

② 《现金银移动情形》，《银行周报》第 21 卷第 48 期，1937 年 12 月 7 日，第 1 页。

③ 阿瑟·N. 杨格：《中国的战时财政和通货膨胀（1937~1945）》，第 140 页。

外移。早在 1936 年 9 月中日关系一度紧张时，孔祥熙即报告蒋介石："密存沪现银除前后运美外结至昨日计共 8300 万，昨又直接运美 1200 万，拟感日运港转美 1200 万，今日直接运美 2400 万，其余 3500 万分□卅两日运港，预计所存现银本月内当可全数运出。"① 此后，国民政府的现金外运工作没有停止。据统计，截至 1937 年 4 月 30 日，"存在国外和香港可供掉换外汇的白银数量以及我们存在纽约和伦敦的银行资金，总计为 169725174.94 美元。这个数字与三月的数字相较，显示增加了 13213957.10 美元"。其中，存旧金山的白银有 12091071.61 盎司，折合美元 5440982.22 元；存香港白银有 38560482.24 盎司，折合美元 17352217.00 元。②

全面战争爆发后，现金外运也加快进行。1937 年 7 月是现金外运最为集中的一个月。《银行周报》1937 年 9 月的报道称："今年迄七月底止，输出现金共计 24555334 金单位，其中几全部系于七月间输出者。……七月份大举输出，其原因，半为谋安全，半为供作国外透支款项之担保，而前者尤为主要原因。……（今年）输出之银运香港者 54973196 元，运日本者 607元。又现金几全部系由上海输出，现银亦然。计由上海输出之现银达54973803 元，其余由广州及他埠输出者仅 15940 元。"③ 到 1937 年 7 月 31日，国民政府存在香港作为发行准备的白银计有中央银行 21520000 元、中国银行 51495000 元、交通银行 16223000 元、农民银行 27117000 元，共116355000 元，折合白银 87964380 盎司，折合美元 39583971 元。存在美国的有 400 万元，折合白银 3024000 盎司，折合美元 1360800 元。④ 同时，四行大幅度增持黄金、外汇。1937 年 8 月 2 日中央银行向孔祥熙汇报，截至1937 年 7 月底，"四行包括广东在内的国内外黄金和外汇资产的总数，相当

① 《孔祥熙电蒋中正存沪现银分批运美九月内可全数运出及中行库存法币现亦正分批运赴杭赣汉渝粤各地约计十日内可全数运讫》（1936 年 9 月 26 日），"蒋中正总统文物档案"，档号：002/090102/00010/189。
② 《中央银行呈孔祥熙函——截至 1937 年 4 月底运存国外白银及资金的情况》（1937 年 5 月 3日），《中华民国货币史资料》第 2 辑（1924～1949），第 276、278 页。
③ 《巨量现金银之输出》，《银行周报》第 21 卷第 35 期，1937 年 9 月 7 日，第 2 页。
④ 《附表：纸币发行准备、存国外的白银》（截至 1937 年 7 月 31 日），《中华民国货币史资料》第 2 辑（1924～1949），第 282 页。

于 264502837.81 美元，比 6 月底的数字约增加 800 万美元"。① 其中，存在国外银行的外汇达 56004503 美元。②

战争状态下，许多操作都需要适应战争形势的变化。1937 年 7 月，英国德纳罗印钞公司印制的大量新钞原计划运到上海，由各相关负责人签字加印后发行。鉴于上海的安全形势，国民政府决定一律在香港卸货存储。有意思的是，在现金大规模内运和外运时，也有不得已情况下的反向操作。"八一三"事变爆发后，"全国的银行都面对着挤提存款的风潮，那时候谁都想把钱提出来存在身边，或运出口岸，换取外汇。二十六年八月，上海运出的法币便有八万万元，占发行额十四亿之半。二十五年银行存款三十四亿元，活期存款估计约十九亿元，一旦挤提是很危险的。当时公布不准提存百分之五以上。同时各银行便厉行信用紧缩了，不敢再放款"。③ 中国银行香港分行委托香港汇丰银行秘密装轮运现钞 5000 万元到上海，应付战争爆发后的提存紧张局面。当时上海存款额在 15 亿～20 亿元，所需的现钞量大面广，而原来四行库存 5.5 亿元已内移 4.6 亿元，造成不得不从香港紧急调运现金应付提存的情况。④

全面战争爆发初期集中抢运现银工作告一段落后，各地现银外运工作次第展开。1937 年 7 月，济南、长沙存银暂时未动。卢沟桥事变后，蒋介石最初部署"济南现银暂时不必移动"。⑤ 30 日，平津失陷，日军沿平汉、平绥、津浦三条铁路线做扇形推进，华北告急。31 日，针对济南存银，宋子文密电蒋介石："顷闻向方兄抵京。所有各银行存济现银，请由钧座嘱其准予运来上海，俾可变为外汇，以充实法币准备，并乞电示。"8 月，长沙、

---

① 《中央银行呈孔祥熙函——四行国内外黄金和外汇资产情况》（1937 年 8 月 2 日），《中华民国货币史资料》第 2 辑（1924～1949），第 279 页。

② 《四行和广东省银行纸币发行准备、纽约联邦准备银行以外的其他银行外汇》（1937 年 7 月 31 日止），《中华民国货币史资料》第 2 辑（1924～1949），第 281 页。

③ 杨培新：《中国通货膨胀论》，第 76 页。

④ 《中国银行行史（1912～1949）》，中国金融出版社，1995，第 564～565 页；洪葭管：《中国金融通史》第 4 卷，第 316 页。

⑤ 《蒋中正电宋子文济南现银暂不移动》（1937 年 7 月 10 日），"蒋中正总统文物档案"，档号：002/010300/00001/004。

西安存银的移运工作逐步展开。13 日，蒋介石致电宋子文，令其："西安现银最好亦运往香港。"[①] 14、17 日，蒋介石连续致电山东韩复榘："济南现银请兄从速决定向汉口起运，勿为不明大体者所阻，此于战时金融及外汇之作用甚大。"[②] 26 日，蒋致电宋子文专门询问山东存银问题："鲁现银究有运出否，湘存现银亦应迅速尽量运港，但表面只言运粤为要如何，盼复。"[③] 26 日，宋子文回电蒋介石："鲁省现银已抵粤，正在运港途中，湘存现银亦当遵示尽量先运粤，请纾锦注。"[④] 接着，蒋介石开始部署长沙存银的外运。27 日，财政部致函四行联合办事处："查发行准备项下所存长沙现银，兹奉委员长蒋谕：应赶速运出，只言运赴广州，不必说运香港等因，相应密函奉达即希贵处查照，即日遵办并希将运银数目报部以便转呈为荷。"[⑤] 9 月，四川白银也开始起运。9 月 7 日，财政部致函四联总处："成都存银既能运出，可陆续起运。"[⑥] 据统计，1937 年 8 月至 1938 年 8 月，从中国运出的白银价值法币 4.2 亿元。[⑦] 1940 年 6 月中国银行驻港办事处的一份函电中谈道："查四行存港白银自上次汇交汇丰运送出国后，截至现在又积存中央约 20 余万元、中国约 40 余万元、交通约 10 余万元、农民约 4 万余元、粤港分会约 9 万余元，总共约存 80 余万元。"[⑧] 可见，现银外运工作虽不再那么紧张

---

① 《蒋中正电示宋子文西安现银最好亦运往香港》（1937 年 8 月 13 日），"蒋中正总统文物档案"，档号：002/090106/00012/251。

② 《蒋中正电韩复榘请即将济南现银运往汉口以免影响战时金融及外汇》（1937 年 8 月 17 日），"蒋中正总统文物档案"，档号：002/090106/00012/253；《蒋中正电韩复榘济南现银速运汉口此对战时金融及外汇作用甚大》（1937 年 8 月 14 日），"蒋中正总统文物档案"，档号：002/010300/00003/004。

③ 《蒋中正电宋子文询鲁省现银是否运出并指示现银应速运香港并请对外佯称仅运往广东》（1937 年 8 月 26 日），"蒋中正总统文物档案"，档号：002/090106/00012/259。

④ 《宋子文电蒋中正请饬韩复榘准银行南移等》（1937 年 8 月 26 日），"蒋中正总统文物档案"，档号：002/080109/00008/003。

⑤ 《财政部致四行联合办事处函》（1937 年 8 月 27 日），洪葭管主编《中央银行史料（1928.11～1949.5）》上卷，第 363 页。

⑥ 《财政部致四行联合办事处函》（1937 年 9 月 7 日），洪葭管主编《中央银行史料（1928.11～1949.5）》上卷，第 363 页。

⑦ 阿瑟·N. 杨格：《中国的战时财政和通货膨胀（1937～1945）》，第 141 页。

⑧ 《中国银行驻港办事处致电粤行》（1940 年 6 月 28 日），《中国银行行史资料汇编》上编，第 1584 页。

密集，但并未停止。

运至香港的白银全数送交香港汇丰银行集中保管。1937 年 9 月 13 日，中国银行驻港办事处贝祖诒致函中央银行席德懋："各行存港白银全数送交港汇丰银行集中事，经向汇丰银行洽办，先电陈报，今日汇丰银行来称，拟请各行正式以书面授权该行予以全权，任由分批装运出口，是否可予照办，希即电复祗遵。"① 因此，外运的现银暂时得到了安全保管。

然而，到战争中期，鉴于日本进一步扩大侵略战争的企图日益明显，香港逐渐处于战争威胁之下，国民政府不得不考虑下一步的转运工作。1940 年 6 月底，中国银行驻港办事处请示广州分行："应否仍照前案由财政部饬知各行汇由职处委托汇丰运英，交伦敦中国银行转美，或另设法径运美国，祈裁示。"② 8 月 2 日，中央银行广州分行致函中国银行："关于存港白银汇运美国一案，日前准贵行函开，已将白银 94 箱、银条 17 条、黄金一箱送交汇丰仓库，交敝行杨专员接收，等因。兹查上项金银已由该行加套木箱，并代出面保险，于本月廿三日交美轮亚当士总统号转运纽约大通银行收存。"③ 从这两通函电大体可以看到，在香港沦陷前，现银转运提前一步。日本占领香港后，由横滨银行代表日本政府接收在港各国银行资产时，接收到的绝大部分是已发行和未发行的钞券，④ 藏在香港的硬通货多数已被移出。被接收的未发行钞券，日本多用来套购法币，投机黑市。

不得不说，国民政府抢运钞券现银的行动在很大程度上是非常被动的。钞券内移与现银外运、不同地区存银外运的缓急，基本上取决于日本对华侵略战争的下一个具体目标。尽管在 1936 年初，针对华北外资银行存银，国

---

① 《中国银行贝祖诒致央行席德懋函》（1937 年 9 月 13 日），洪葭管主编《中央银行史料（1928.11~1949.5)》上卷，第 364 页。

② 《中国银行驻港处致电粤行》（1940 年 6 月 28 日），《中国银行行史资料汇编》上编，第 1584 页。

③ 《中央银行广州分行致电中国银行》（1940 年 8 月 2 日），《中国银行行史资料汇编》上编，第 1584 页。

④ 据统计，香港沦陷时，中央银行、中国银行、交通银行三行被查抄的法币共 800 万元，被查抄的未发行的钞券有 1.2 亿多元。交通银行损失最为惨重，未发行的钞券被查抄的就占 9000 万元。参见《表 8：被日军查抄的主要银行（1941 年 12 月至 1942 年 6 月)》，邝智文：《重光之路：日据香港与太平洋战争》，天地图书有限公司，2015，第 117 页。

民政府已经遭遇了来自日方支持下华北地方政府的抵制，但是国民政府并未吸取教训，在大规模战争来临前未能做出一个整体、规划的移运方案。一开始就使国民政府陷入被动的天津存银，在太平洋战争爆发后日军进占天津租界时几乎全部被日本攫夺。其中，在中国银行名下有 21870406 元，交通银行名下有 26417979 元，河北省银行名下有 4248049 元。[①] 这是最初种下的恶果。太平洋战争的爆发使香港再次上演困境。1941 年 12 月 12 日，暂时滞留香港的交通银行总理唐寿民致电钱新之：

> 　　港九自八日起终日轰炸，炮声震天，四行同人困居孤岛，仍当尽忠职务。……港沪电讯不通，请转告财部径电指示。现时各路交通断绝，在港人件无法内迁。钞券因航机由港府征用，他运势不可能，正在万分艰苦中尽力办理销毁，能销若干殊无把握，如能由渝请求港府设法交通工具，或可运出。现局势极度恐怖，市内交通时断，各行提存极涌，小票不易得，支付困难。至与英美银行取得联络一节，请商政府与港府协商，随时通知。除由四行径复财部并禀陈一致相机应付外，盼随时指示。[②]

12 月 20 日，宋汉章、贝祖诒致函钱新之："中国银行有寄存在马尼拉中兴银行钞票及公债票，因局势紧张，拟就地截角销毁，商托本行派员会同薛敏老（中兴银行总经理）监视办理，即请照办，并将公债号码抄一清单，及所截券角设法运交纽约中行。万一时机急迫不及截角，亦请眼同销毁后，出具证明书寄纽约中行。"[③] 日军突然进攻香港，使国内撤至香港的银行业务措手不及。

---

① 参见桑野仁『戦時通貨工作史論：日中通貨戦の分析』法政大学出版局、1965、168 页，转引自吴景平《政商博弈视野下的近代中国金融》，上海远东出版社，2016，第 429 页。

② 《唐寿民致钱新之电》（1941 年 12 月 12 日），彭晓亮、董婷婷编注《钱新之往来函电集》，上海远东出版社，2015，第 45 页。

③ 《宋汉章、贝祖诒致钱新之函》（1941 年 12 月 20 日），彭晓亮、董婷婷编注《钱新之往来函电集》，第 47 页。

不过值得肯定的是，国民政府抢运到的地方存银几乎没有落入日本的虎口。这场被迫展开的现金抢运行动，无疑是有组织且比较有序的。对于国民政府的现银外运，当年财政部的报告中总结道："可以忠实地说，我们的流动资产从一切方面来看，都未受到损害。"[1] 财政顾问杨格也给予较高评价："要不是这么办的话，中国早就遭到了近乎致命的打击。"正是由于内移与外运有组织地部署，轻重缓急有效地运作，使法币发行准备金得到基本保障，从而使"战争开始时，中国在提供浩繁的战争费用方面，较以往任何时期都处于更强有力的地位，储备较过去雄厚得多"。杨格甚至说："如果没有这种依靠，中国是不能长期抗战的。"[2] 蒋介石自己也对1936年中日关系紧张时的现金移运准备不无自得，他判断："此次倭寇之所以急求转圜而转变缓和者，其最大原因，是余令上海中央行现银输散内地之一□，倭寇探得此实情，乃知余决心抗战准备已。就此较之军队动员，……故京沪未动一兵，而倭寇畏慑，无人能知其所以然者。对外战争，不在兵力之强弱与大小，运用之妙，有如此者也。"[3]

全面战争爆发前后，国民政府的资金内运和外运工作是战时经济动员的一个重要组成部分，在相当程度上支持了中国对日抗战的展开。大规模的现金内运和外运，使中国金融在大规模战争爆发后最大限度地避免了损失，形成了战争初期财政坚固和外汇稳定的状态。1937年6月，法币对美元的汇价平均为29.65美分（最高29.78、最低29.53），在1938年2月则为29.79美分（最高29.90、最低29.69），可见法币在全面抗战初期并未跌落。[4] 反之，日本方面"日军在中国的失败，再加以别的种种原因，却使日元维持一先令二便士的标准，极感困难"。[5] 这些无形中为全面抗战爆发初期中国政府信誉和社会信心的树立奠定了基础。这场"无声息"的现金抢运行动，

---

[1] 《中央银行呈孔祥熙函——四行国内外黄金和外汇资产情况》（1937年8月2日），《中华民国货币史资料》第2辑（1924~1949），第279页。

[2] 杨格：《中国的战时财政和通货膨胀（1937~1945）》，第97、140页。

[3] 吕芳上主编《蒋中正先生年谱长编》第5册，台北"国史馆"、中正纪念堂、财团法人中正文教基金会，2014，第160页。

[4] 阿瑟·N. 杨格：《中国的战时财政和通货膨胀（1937~1945）》，第278页。

[5] 《张仲实文集》第4卷，中央编译出版社，2016，第451页。

构成了全面抗战爆发前后国民政府金融动员和中日"金融战"最核心的部分。

第二节 战时西北开发与金融建设

1942 年，经历了五年全面战争重压的中国，随着国际战争局势的演变，迎来了前所未有的转机。太平洋战争爆发后，战争的最终结局大体上已经没有太多悬念，蒋介石考虑的不再仅仅是如何坚持抗战的问题，而是开始筹谋战后国家控制与建设。西北被提到"建国"的高度，由此再次引发开发西北、建设西北的热潮，国民政府各级机关在金融、交通、实业各项事业及资金投入等方面均推出具体措施，体现了民族危机大背景下抗战建国的努力。

"西北开发"再度倡起

太平洋战争爆发后，美国的参战使战争的胜负天平明显偏向此前一直艰难奋战的英、苏、中一方，中国对日战争也由单独抗战进入实质性的同盟国联合作战阶段。对此，蒋介石公开表示："现在的战争，已不是中日两国的战争，而是整个世界的战争，因为中日战争，不过是世界战争之一部分，所以中日战争之结束，亦不是中日两国单独可了，而是要随世界战争之总解决，始能获得真正的解决。因此我们在这持久抗战，抗战胜利的基础已经大定之时，就格外要宝贵目前这个千载难得的时机，尽量利用，加倍努力，来促进各种建国事业的发展。"[1] 局势的缓和使此前一直为生存苦心焦虑的蒋介石终于可以开始顾及战争之外的其他问题。

1934 年前后曾一度掀起开发西部的热潮，但之后国民政府的建设重心并没有因此放到西北，而是随着红军转进西南也进入西南，开启了西南大后方根据地的建设。之所以如此，西北地区的贫瘠状况应该是主因，即就粮食而言，西北自给尚且困难，更勿论承担大批军队的需要。而且，较之西北国

---

① 蒋介石:《开发西北的方针》(1942 年 8 月 17 日),秦孝仪编《先总统蒋公思想言论总集》第 19 卷,国民党中央委员会党史委员会,1984,第 171～172 页。

防前线的地理位置，丛山环抱的西南地区更具战略纵深和更符合后方根据地的条件。西北问题专家刘熹亭当时就曾做出这样的判定，"西南有胜过西北的许多有利条件"，由此，"西北建设的成绩，远不如西南，也是确凿的事实"。①

当然，国民政府把战略重心放到西南的同时，并没有改变开发西北的立场。随着抗战进入相持阶段，开发西北、建设西北被再度提出。1939 年 1 月，参议院李鸿文等 28 人联名"请速筹西北经济建设机关发展西北利源"，指出："自抗战年余以来，腹地各省沦陷过半，所余者只西南与西北各省。西南各省之经济建设，闻中央已设有专会积极进行。……西北各省如甘青宁新开发较迟，……亟待发展利用，以增加抗战建国之力量，尤为刻不容缓。"② 对此，行政院指示："西北建设，应由关系部会各就主管范围解决锐意进行。"③ 1939 年 10 月中国军队撤离武汉时，蒋介石再度强调："西北西南交通经济建设之发展，始为长期抗战与建国工作坚实之基础，亦唯西北西南交通路线开辟完竣而后，我抗战实力及经济建设所资之物资，始得充实，而供给不虞其缺乏。"④ 1940 年 10、11 月，交通部部长张嘉璈奉蒋介石之命，专门视察由成渝公路至天水及兰州一带的公路运输情形。⑤

同时，政府对西北的投资持续推进，加之工厂内迁，西北地区工业发展较为迅速。1937 年以后成立的工厂，数量上是战前原有厂数的近 6 倍。"虽不如四川与湖南增加之速，但以西北过去的基础而论，已是很可观了。"⑥

---

① 刘熹亭：《建设西北先要确定两个观念》，《西北论衡》第 8 卷第 12、13 合期，1940 年，第 153 页。
② 李鸿文等：《请速筹西北经济建设机关发展西北利源以增强抗战建国力量案》（1939 年 1 月），中国社会科学院近代史研究所《近代史资料》编辑部、中国第二历史档案馆《抗战时期西北开发档案史料选编》，中国社会科学出版社，2009，第 28 页。
③ 《孔祥熙关于会同经济、交通两部议复筹设西北经济建设机关等事致行政院呈文》（1939 年 5 月 15 日），《抗战时期西北开发档案史料选编》，第 31~32 页。
④ 莫外：《发展西北交通的重要性》，《西北论衡》第 7 卷第 14 期，1939 年，第 198 页。
⑤ 《张部长视察西北交通》，《西北论衡》第 8 卷第 22 期，1940 年，第 294 页；姚崧龄编著《张公权先生年谱初稿》上册，第 262~264 页。
⑥ 建子：《西北民营工业概观》（原载《西南实业通讯》第 9 卷第 3 期，1944 年），唐润明主编《抗战时期大后方经济开发文献资料选编》，重庆出版社，2012，第 674 页。

以甘肃为例，1937 年甘肃省的工厂、资本、工人仅占全国总额的 0.23%、0.08%、0.25%。[①] 1932 ~ 1937 年陕西省新增机器工厂仅 38 家；1938 ~ 1942 年设立的工厂达 86 家，加上 5 家内迁工厂共 91 家，占工厂总数的 59%，资本总额达 34164400 元，占到资本总额的 77.7%。[②] 1942 年，陕甘两省的工厂数约占全国总数的 13.93%，仅次于川康区，高于湘赣、两广、云贵、闽浙等。在工业资本方面，陕甘两省占全国总数的 8.62%，在上述地区中居于第三位；在动力设备方面，陕甘两省占全国总数的 10.77%，位居第五。[③] 可见，在着重西南建设的同时，西北在中国国防和国家建设中是始终没有被忽视的一环。从表 6 - 2 可见，1940 ~ 1942 年是西北民营工厂成立最多的三年。

表 6 - 2　1934 ~ 1943 年西北民营工厂成立情况

单位：家

年份	陕西	甘肃	宁夏	绥远
1934	3			
1935	14	1		
1936	11	1		
1937	17			
1938	22	11		
1939	44	7		
1940	46	12	1	2
1941	75	24	1	1
1942	45	23	4	
1943	20	8		

资料来源：建子《西北民营工业概观》，唐润明主编《抗战时期大后方经济开发文献资料选编》，第 674 页。

---

① 陈真编《中国近代工业史资料》第 4 辑，三联书店，1961，第 97 页。
② 西安市档案局、西安市档案馆编《陕西经济十年（1931 ~ 1941）》，1997，第 176、160 页。
③ 《经济部统计处关于战时后方工业统计报告》（1943 年 5 月），《中华民国史档案资料汇编》第 5 辑第 2 编"财政经济"（6），第 340 页。

随着战争的进行与国际格局的演变，日本加大对中国的强势压制，中国的处境越来越被动，西北的战略地位再次凸显。太平洋战争爆发前后，英国在日本压迫下先后封锁滇越铁路、越桂公路和滇缅公路，中国西南海上出口被封闭。虽然开辟了空中航线"驼峰运输线"运送物资，但正如蒋介石说的：

> 我们现在对外还有飞机和汽车可以运输，但一架飞机能够载重多少？普通一架飞机最多只能载重两吨，一架空中堡垒最多只能载重四五吨，而从前一个很小的轮船至少能载三千吨，现在一百架最大的飞机，他一天最大的运量只能运输三百吨，还要经过辽远的航程。至于汽车的运输又是怎样呢？从前一列火车可以载重五百吨，现在一辆汽车只能载两吨，最多三吨，这就是说：现在二百辆汽车，还抵不过从前一个火车头所拉的吨数。①

此时中国唯一的陆上出口就在西北地区，与苏联可以保持畅通的陆空运输，新疆、甘肃、陕西成为国际援华运输线的必经之地。因此，进入抗战中期，西北的战略地位又有再起之势。正如时人所言："我们不论从哪一方面去估价西北，西北在今天实不容再无视了。它的资源开发、它的国际运输、它的拓殖增产和它的文化再发扬，都足以补助抗战根据地西南的不足。"② 1942 年 3 月 13 日，蒋介石明确提出："今后我国局势，西北重于西南，对内重于对外，整军重于作战，经济重于政治。"③ 这样的表态固然不可以据为信史，但对蒋思考方向的转换已经是有所透露。西北之行结束后，他在谈话中说得更明确："如果我们说西南各省是我们现在抗战的根据地，那末，西北各省就是我们将来建国最重要的基础！"④

---

① 蒋介石：《西安军事会议开幕词》（1942 年 9 月 6 日），秦孝仪编《先总统蒋公思想言论总集》第 19 卷，第 237 页。

② 徐旭：《论现阶段的西北建设问题》，《建设研究》第 8 卷第 4 期，1942 年 12 月，第 25 页。

③ 张其昀：《党史概要》第 4 册，"中央文物供应社"，1951，第 1678 页。

④ 蒋介石：《视察西北之观感及中央同人今后应有之努力》（1942 年 9 月 22 日），秦孝仪编《先总统蒋公思想言论总集》第 19 卷，第 317～318 页。

中央层面的行动

1941 年 7 月中旬，国民党中央组织部部长朱家骅赴西北视察。按其本人所言："这次本人奉命视察西北党务，并便道视察管理中英庚款董事会所办的科学教育馆及学校，费时五十余日，行经甘、青、宁、陕、豫五省。"[①]朱在国民党中央负责党务，西北一行考察方向主要是党务，考察后的印象是：

> 甘肃省党部同志，都能做到亲爱精诚，努力工作，并对当地的工业和农业，热心提倡；青海党务，整齐严肃，对党义书籍，多收藏展览，省党部图书室，具有可观的规模；宁夏定总理遗教、总裁言论为公务员必读功课，对党员训练十分注意；陕西党务，在省城较为活跃，工作亦甚努力，尚能适合环境，方法有是不免欠周，现在改进中……综合去看，抗战以还，这几省党务，均有相当进步。如党员人数之激增，组织之激增，组织的发展，区分部会议与小组会议的举行，服务社会的倡导等等，大体上可认为满意。惟县以上的党务，还说不上能推动实际工作，以人力物力的不足，影响殊大，这是有待于设法调整的。[②]

11 月 25 日，朱家骅发表《到西北去》的文章，号召人们到西北去。"我们要开发西北，就要实行到西北去！这样不仅尽了国民的责任，个人的事业，即个人的生活问题，也都迎刃而解。"[③] 1942 年初，他又发表《西北经济建设之我见》等文章。1942 年 3～4 月，主政赣南的蒋经国衔命考察大

---

① 朱家骅：《西北观感》（1941 年 9 月 15 日），王聿钧、孙斌合编《朱家骅先生言论集》，中研院近代史研究所，1977，第 581 页。

② 朱家骅：《西北观感》（1941 年 9 月 15 日），王聿钧、孙斌合编《朱家骅先生言论集》，第 581 页。

③ 朱家骅：《到西北去》（1941 年 9 月 25 日），王聿钧、孙斌合编《朱家骅先生言论集》，第 585 页。

西北一个多月，之后写就《伟大的西北》①，记述一路见闻，提出种树蓄水、改善交通、治理风沙、振兴农业、发展教育等主张，鼓励青年到西北去开发建设。胡宗南的侍官熊向晖说："从吴忠信考察西北，到蒋经国访问西北，再到蒋介石视察西北，这些都是事先经过周密部署的，是一个连贯的动作，并不是即兴之作。"②

1942 年 8 月 15 日，蒋介石夫妇由重庆乘飞机直达甘肃兰州，开始为期近一月的西北之行。在开发西北的大环境下，西北建设和作为内政的边疆治理和开发是他此次西北行的重要内容。15 日当天，他在日记中记下的本星期预定工作课目包括："一、西北国防与交通经济之准备；一、建设甘肃与拓殖西北方案。"16 日，他对甘肃省政做出规划："甘省附加税拨归地方者，须增为五分之二；增加省费预备金；中央税收与监查机关应归省府指监；中央在各省机关应归省府指挥之令，应速下。"8 月 17 日，蒋介石在兰州演讲《开发西北的工作方针》，强调西北开发行政上最紧要的有下列两项："一、要保护森林渠塘"；"二、要保护畜牧牲口"。他指出，这是从消极保护层面而言，与此相对应，积极的措施则为：

（一）造林。西北山地辽阔，大抵荒旱废弃，我们现在所要开发的，这就是最重要的一部分。必须订定详细计划与具体办法，动员人力经费，实行大规模造林，以涵蓄水源，调节气候，防止风沙，开发地利。（二）开渠。西北最多平原待耕的土地，目前我们要实行垦殖。增加生产，必须多开渠塘，便利灌溉，这亦是各级政府应斟酌实情，订定计划，倡导人民，一致努力兴办的。（三）发展畜牧。在西北畜牧一项，不仅为人民衣食生活之所必需，而且为军事与交通所不可或缺；当此抗战建国时期，骡马牲畜的功用，格外显得重要。故应特别注意改良品种，发展畜牧，以应当前的需要。（四）开发驿运。③

---

① 蒋经国：《伟大的西北》，天地出版社，1943。
② 杨者圣：《随同蒋经国的西北之行》，上海人民出版社，2007，第 17 页。
③ 蒋介石：《开发西北的方针》（1942 年 8 月 17 日），秦孝仪编《先总统蒋公思想言论总集》第 19 卷，第 178～179 页。

蒋介石所言，或不免琐碎，但建设本非一朝一夕之功，造林、开渠、畜牧实为西北发展不可或缺的要道。

西北地理、文化、宗教、社会都有其独特之处，西北建设必须因地制宜。蒋设想建设西北总方案的几个要点："甲、交通；乙、造林；丙、水利；丁、移民；戊、屯垦；己、文化；庚、宗教；辛、种族；壬、制度；癸、教育。"① 主旨是从经济、文化、教育、宗教入手。和其发起新生活运动的思路相近，对于西北建设，蒋希望从民众的衣食住行入手，逐步改进计划，如提出"北方社会改良须从卫生着手，先改良厕所，每甲必有一公共厕所，其式样与管理皆应颁定通则，是为最要"。②

鉴于西北地广人稀，蒋介石也特别重视移民问题。8 月底，在拟定的 9 月大事预定表中，排在第一的就是西北移民与练兵方案。1942 年 9 月 22 日，刚刚返回重庆的蒋介石便拟议："中央党军政各机关官员……裁减三分之一。此项被裁人员可作有计划之迁移，即准备分批移送至西昌与西北，从事于屯垦或开发实业等工作。……中央每年可拨款三千万元，专作此项移民之用。"③ 他在 29 日的讲话中仍一再强调："我从前提倡大家到西北去，现在照国家的形势和需要来说，大家更应该到西北去。老实说我们如果有远大的志向，要成功一番事业，就只有到西北去。……西北各省一切建国的条件，可以说都已具备，唯一的缺陷，就是人口稀少，所以我们政府应该想种种办法，来鼓励移民，便利移民；使他们到西北去从事开发，以奠立建国的基础。"④

9 月 14 日蒋介石回到重庆后，即着手制订开发与建设西北计划，概括为："甲、建设甘肃；乙、稳定宁青；丙、巩固西康；丁、调整新疆；戊、控制西藏；己、沟通外蒙。"⑤ 西北诸省大致已在运筹之中。9 月 29 日，蒋

---

① 蒋介石日记，1942 年 8 月 24 日。
② 蒋介石日记，1942 年 8 月 27 日。
③ 《蒋介石关于中央党军政各机关裁员三分之一移居西北事致孔祥熙、何应钦等》（1942 年 9 月 22 日），《抗战时期西北开发档案史料选编》，第 166 页。关于此间国民政府的移民动议与举措，详见刘萍《1942 年蒋介石裁冗移民令的缘起与流产》，《抗日战争研究》2013 年第 3 期。
④ 蒋介石：《视察西北之观感及中央同人今后应有之努力》（1942 年 9 月 22 日），秦孝仪编《先总统蒋公思想言论总集》第 19 卷，第 318 页。
⑤ 蒋介石日记，1942 年 9 月 19 日。

介石出席总动员会议训话，开宗明义就说："现在的中国，是经济第一、军事第二。"报端评道："蒋委员长巡视西北归来后，注意力即集中在经济方面——在物资和物价方面。"①

国民党和国民政府各级机关纷纷行动起来参加新一轮西北开发，交通、金融、实业、文化教育各项事业均有具体措施。所谓："九一八之后，有识之士，鉴于未来的危机，遂倡开发西北之议，以为御侮强国之张本，但抗战以后，除因事实所需而外，我们又逐渐忽略开发工作。最近因为委员长的视察，又重新勃起了开发新西北的呼声，在国防上，在经济上，在政治上，这都是一个紧急必要的工作。"② 11 月 24 日，国民党五届五中全会通过《积极建设西北以增强抗战力量奠定建设基础案》，提出建设西北的基本原则及建设事项，强调："抗战建国同时并进，此为我抗战以来决定之国策……此次总裁视察西北复有'建国基础在西北'之启示，尤为本党同志与全国同胞今后从事建国努力之准绳。……今后开发建设西北之一切经济设施，无论农林、工矿、交通、实业、经济、金融与其他有关生产事业，应严格遵奉本党民生主义经济政策。"③ 西北开发再度被提到中央政策层面。

西北金融与社会建设

金融是近代经济的命脉。在国民政府开发西北的措施中，金融仍是重头戏。在 1934 年前后的西北开发热潮中，金融机构即被要求积极参与，中央、中国、交通、中国农民四大银行陆续在西北设立分支机构。1941 年底，中央银行在西北有分支机构 15 个，中国银行有 30 个，交通银行有 12 个，中国农民银行有 11 个，共计 68 个分支机构，其中陕西 39 个、甘肃 23 个、宁夏和青海各 3 个。④ 随着新一轮西北开发浪潮的掀起，后方金融建设再度被重

① 《一周观感》，《中央周刊》第 5 卷第 9 期，1942 年，第 6 页。
② 《开发新西北》，《政治建设》第 7 卷第 2、3 期合刊，1942 年，第 5 页。
③ 《积极建设西北以增强抗战力量奠定建国基础案》（1942 年 11 月 24 日），秦孝仪主编《中华民国重要史料初编——对日抗战时期》第四编战时建设（三），第 543～544 页。
④ 《四行分支机构 1941 年分布表》，重庆市档案馆、重庆市人民银行金融研究所合编《四联总处史料》（上），档案出版社，1993，第 197～198 页。

点提出。9月3日，四联总处秘书处草拟报告，计划筹设西北金融网，提出："一、兰州为建设西北之起发点，四行在兰原有机构人员应逐渐加强充实，俾可随时应付。二、陕、甘、宁、青及新疆五省境内，以军事、交通、经济等需要，应行增设行处或作其他布置之地点，各行应就本身主要业务会同当地主管机关，派员实地调查后，斟酌认定，进行筹备。"① 随后，四联总处秘书处又制定具体的发展计划，要求，"四行应以兰州为金融中心，向西推进，增设机构至迪化、吐鲁藩、塔城、和阗一带"；"由农行从速筹办西北移民垦殖贷款"；"应特别重视甘省河西一带之经济开发，尤应从速开发水利"。② 经过各方努力，"四行分支机构在三十年度计为 661 处，三十一年十二月底止计为 831 处。除裁撤或归并者不计外，较之三十年度计增加 170 处"。③ 新增设的行处分支机构主要在西北。如表 6-3 统计所示，1941、1942 年，四大行在西北五省共增设 165 处分支机构。1943 年更是加大力度，一年内在西北增设分支机构 122 处。据统计，四联总处自 1937 年 9 月至 1941 年 12 月工业贷款总额为 367506000 元，其中贷于民营工业者计 221349000 元。④

表 6-3　1941~1943 年中、中、交、农四行西北分支机构数目

单位：家

年份	银行	陕西	甘肃	宁夏	青海	新疆	合计
1941	中央银行	7	6	1	1		15
	中国银行	19	9	1	1		30
	交通银行	8	4				12
	中国农民银行	5	4	1	1		11
	合计	39	23	3	3		68

① 《秘书处关于拟具筹设西北金融网原则的报告》（1942 年 9 月 3 日），《四联总处史料》（上），第 199 页。
② 《秘书处关于拟具执行蒋介石增设西北金融机构指示的意见的报告》（1942 年 9 月 24 日），《四联总处史料》（上），第 199~200 页。
③ 《秘书处关于 1942 年四行分支机构筹设报告》（1943 年 1 月 21 日），《四联总处史料》（上），第 201 页。
④ 袁梅因：《战时后方工业建设概况》，唐润明主编《抗战时期大后方经济开发文献资料选编》，第 548 页。

续表

年份	银行	陕西	甘肃	宁夏	青海	新疆	合计
1942	中央银行	9	6	1	1		17
	中国银行	15	13	1	1		30
	交通银行	9	6	1			16
	中国农民银行	14	18	1	1		34
	合计	47	43	4	3		97
1943	中央银行	7	4	1	1	2	15
	中国银行	15	12	7		1	35
	交通银行	12	7			1	20
	中国农民银行	30	20	1		1	52
	合计	64	43	10	3	2	122

资料来源：《中中交农四行各分支行处分布表》（1941、1942、1943），《四联总处史料》（上），第 197～198、202～203、208～209 页。

交通是西北建设的瓶颈。在新一轮的西北开发中，交通建设得到高度重视。8 月 21 日，蒋尚在兰州，铁道专家凌鸿勋即呈报："兰州为吾国幅员之中心，但陇海铁路现在路轨之终点，尚在兰州之东五百公里，而兰州西至塔城尚有二千九百公里之遥。抗战以来，西北国际交通恃有公路，但其运量每月最多二千吨。现在油矿所出原油每日已有此量。国际输出输入如有大量，专恃公路，益不能应付。"他建议："（甲）宝天路积极赶成。（乙）天成路先将天水至广元 408 公里一段之隧道 135 座，于三十二年一月起开工准备，两年内完成，第三年起全路赶工。（丙）天兰路 369 公里内有隧道数座，共长约 11 公里，土石方约 24000000 公方。拟三十二年一月起，将隧道及重要土石方先行开工，于两年内局部完成，第三年继续赶筑桥梁涵洞工程，并开始铺轨。（丁）兰肃路三十二年上半年测量完成。"① 10 月 6 日，蒋介石日记记载："批阅核定西北交通计划与假道南俄运输路线方案，及三年内天宝、天成、天兰各铁路线建筑经费案。"18 日，蒋致

---

① 《凌鸿勋卅一年八月廿一日签呈》，《中华民国史档案资料汇编》第 5 辑第 2 编"财政经济"（10），第 192～193 页。

电交通部部长张嘉璈，同意凌鸿勋提出的上述赶筑天宝线等四项计划，指示"提先办理"。①

水利建设一直是西北建设的重中之重。西北地区严重缺水，发展农业，灌溉至关重要。从 1930 年代开始，西北水利事业逐渐兴起。张嘉璈记述："近时新式灌溉也在次第兴办，民国二十四年完成的泾惠渠，首创此例，灌溉田地计 70 余万亩，……甘肃省引灌河水的旧有渠道，多至 100 里以上，就中临洮一带，最为发达，河西各县，如武威、张北、酒泉等，均紧傍祁连高山，引用雪水，渠溉之利，也极普遍，共计各省灌溉田亩均在 250 余万以上，筑建水利工程，有洮惠、起惠、湟惠各渠，青海的水利，多偏于东部谷地，因受位置及地形限制，工程较为简陋，宁夏和绥远在黄河左岸，俱有相当平旷原野，引渠溉田，在地形及水源方面，都极便利，所以渠道纵横，成为西北的灌溉区域。"② 蒋介石西北行期间，对发展灌溉极为重视。对于甘肃提出加强河西走廊灌溉设施建设，1942 年 8 月 27 日蒋介石致孔祥熙电文明确表示，"此事殊有必要，中央拟每年拨款一千万元专充此项经费，并以十年为限"，要孔提交"院会核议决定"。③ 行政院最终"通过甘肃河西永登至敦煌十七县水利工程，以十年为限，每年拨一千万元"。报端评论此消息"传至此间后，已予甘肃六百万民众以极度兴奋，尤以此案出自蒋兼院长之交议。各方对最高领袖关怀西北，宏谋硕划之至意，更莫不一致衷心感激"。④

战时工业直接与军事相关。在战时背景下，西北工业建设得到前所未有的重视。蒋介石刚刚结束西北之行，经济部工矿调整处即约集工业界专家技术人员共 21 人组成西北工业考察团。在团长林继庸、副团长颜耀秋的带领

---

① 《蒋介石关于建设西北铁路今后步骤与张嘉璈等来往代电》（1942 年 10 月），《中华民国史档案资料汇编》第 5 辑第 2 编 "财政经济"（10），第 194 页。

② 张嘉璈：《如何开发西北》，唐润明主编《抗战时期大后方经济开发文献资料选编》，第 211 ~ 212 页。

③ 《蒋介石致孔祥熙电》（1942 年 8 月 27 日），"蒋中正总统文物档案"，档号：002/090102/00012/143。

④ 《中枢通过深远计划：修建西北水利，以十年为期，每年拨款一千万》，《裕民（遂川）》第 3 期，1942 年，第 179 页。

下，于 9 月 21 日自重庆出发，前往陕西、宁夏、甘肃、青海、新疆等省展开近四五个月的考察。林继庸并组织写就《关于西北工业状况的考察报告》。[①] 1943 年，中央设计局组织派出西北建设考察团，前往西北考察 8 个月之久。1943 年，政府谋划战后经济建设规划，受命担任此一重任的经济学家何廉先行赴西北考察。何廉记述其考察的目标是"要看看在这个地区的经济开发上，政府应该做些什么，私营企业又能做些什么。在中国所有的地区中，西北在经济上是最落后的。我们对西北的了解，除了粗略的纲要外，所知不多，不知道对那里的经济发展有些什么预先的安排，不知道那里有些什么天然的资源。我们知道那里有农业原料，诸如陕西的棉花，青海、宁夏和甘肃的羊毛可供轻工业加工，但我们不知道到底能供应多少，质量如何，及它的分布情况"。[②] 结束考察后，他即受蒋之命主持编制完成《（战后）第一个复兴期间经济事业总原则草案》。

战时国家经济政策基本方针是，发展国营事业，奖助民营事业，建立基本工业，管制重要企业，国家投资是战时西北工业发展的重要资金来源。国营企业以工矿、冶炼、化工、水电等军需及在国防上确有需要的重工业为主。1942 年陕、甘、宁、青四省有 539 家工厂，公营企业（包括国营企业和省营企业）只有 102 家，资本额却占到了总额的 58%，民营企业 437 家仅占资本总额的 42%。[③] 这种国有投资的趋势，在蒋介石视察西北后得到延续。何廉坦诚讲道："（通过实地考察西北，）得到的第一个教训。我虽然极赞成私营企业，但我不打算再谈私营企业开发西北经济的事。政府在认真谈论发展私营工业前，得下决心，努力发展运输、发展灌溉，并提供旁的社会经常资金从事开发。"[④]

---

① 《林继庸关于西北工业状况的考察报告》（1943 年 2 月 18 日），《中华民国史档案资料汇编》第 5 辑第 2 编"财政经济"（6），第 167 页。

② 何廉：《何廉回忆录》，中国文史出版社，1988，第 228 页。

③ 《经济部统计处关于战时后方工业的统计报告》（1943 年 5 月），《中华民国史档案资料汇编》第 5 辑第 2 编"财政经济"（6），第 338~339 页。

④ 何廉：《何廉回忆录》，第 236 页。

表6-4 1942年西北几省工业基本状况

省份	工厂		资本		工人		动力设备	
	数量(家)	比重(%)	数额(元)	比重(%)	数量(人)	比重(%)	数量(匹)	比重(%)
陕西	385	10.24	105310803	5.43	23510	9.74	13854.75	9.63
甘肃	139	3.69	61905883	3.19	7888	3.26	1637.50	1.14
青海	1	0.03	1000000	0.05	11	0.003	70.00	0.05
宁夏	14	0.40	950307	0.015	1448	0.437	155.00	0.11
合计	539	14.36	169166993	8.685	32857	13.44	15717.25	10.93

资料来源:《经济部统计处关于战时后方工业的统计报告》(1943年5月),《中华民国史档案资料汇编》第五辑第二编"财政经济"(6),第338~339页。

建设需要资金。抗战前后,为契合西北建设的需要,中央对西北的资助力度竭尽所能地不断增大。1934年,中央财政项下开始专设西北建设款项,当年的财政拨款达250万元,这在当时已然不少。进入战时,不减反增。1942年,中央分配给21省的县市补助款数额以四川为最,达165737127元,占总额的43.58%;甘肃名列第二,达25653540元,占总额的7.02%;陕西为9600000元;宁夏、青海人口较少,因而补助相对较少,分别占总额的0.33%和0.21%。[①]

1942年后,对西北的资助更是加大力度。当时材料反映:"据目前所知,中国银行生产之投资,大部均在西北,现在各种制造厂,均有相当规模;此外四联总分处,对甘省农贷总数,决定在7000万元左右。又政府建设西北十年计划,各有关机关之工作纲领,已经初步拟定,原定经费外,另拨补助费4万万元。"[②] 1943年,政府批准4亿元西北建设费,其数额较之前大幅提高。1943年国民政府开支除去73%的军费,其他开支仅约160亿元,西北建设费4亿元即占到2.5%,比例尚属可观。

---

① 《财政年鉴续编》第13篇"地方财政",第149~150页,转引自高晖《1931~1945年国民政府开发西北中的政府行为研究》,硕士学位论文,西北大学,2006,第60~61页。
② 汪昭声:《西北建设论》,青年出版社,1943,第12页。

表 6－5　1935～1941 年国民政府对西北诸省补助情况

单位：元，%

年度	全国补助款总额	陕西		甘肃		宁夏		青海		新疆	
		中央补助款	占比	中央补助款	占比	中央补助款	占比	中央补助款	占比	中央补助款	占比
1935	88779613	1606515	8.82	714658	14.61	255824	7.08	122100	12.20		
1936	87234123	4055477	26.70	1386038	25.89	1090824	24.87	212050	18.84		
1937	30155266	834108	4.90	1104515	15.33	749824	15.23	116752	9.11		
1938	19496617	520544	6.11	418973	11.47	358835	14.47	290427	45.34		
1939	59004684	1233186	5.92	1426024	12.56	1132718	30.43	613315	30.66		
1940	112266887	3709676	17.52	1988000	23.57	1143394	34.07	910772	43.79		
1941	406515074	19928642		11234517		3010775		1587034		1959570	

注：1938 年所统计者仅为当年下半年的数据。"占比"是指占全省收入之比重。

资料来源：《财政年鉴续编》第 13 篇"地方财政"，第 74～81、134～139 页，转引自高晖《1931～1945 年国民政府开发西北中的政府行为研究》，硕士学位论文，西北大学，2006，第 25 页。

表 6 – 6　1942 年国民政府对西北诸省的特别补助情况

单位：元

省别	陕西	甘肃	宁夏	青海
特别补助费	9600000	25653540	1210148	774180

资料来源：《财政年鉴续编》第 13 篇 "地方财政"，第 141 ~ 151 页，转引自高晖《1931 ~ 1945 年国民政府开发西北中的政府行为研究》，硕士学位论文，西北大学，2006，第 27 页。

　　蒋介石宣告 "西南是抗战的根据地，西北是建国的根据地" 之后，"怎样开发西北和怎样建设西北的呼声，又响遍了全国而吸住了每个关心西北问题的人们，因为抗战建国到了今天，才正确地明白地决定抗战中建国的根据地是在大后方的西北，这实在是一个有深长意义的抉择，和有极大力量的号召"。[①] 1942 ~ 1943 年，相继有多个西北考察团组成，包括西北工业考察团、西北金融考察团、西北史地考察团、西北社教队等。西北在一段时间里再次占据话题中心。不过，由于国民政府财力、能力有限，和西北开发的需求相比，总体上投资仍然有限，西北开发要真正落到实处并不容易。

　　西北建设还有一个很大的瓶颈，就是西北政治的落后。时人指出："（开发西北）无疑地是要求清明的政治，和民主的政治，……在政治未改善之先，去提倡经济建设，是很难希望有成效的。"[②] 西北基本上由地方实力派分割治理。地方实力派在近代政治中的作为固不可一概抹杀，政治治理上也有可称道之处。唐纵日记就说："组长会谈，於组长报告西北观感，谓马步芳治青何以比甘陕都好，为何？余曰，青海政令统一，机构简单，办事认真，不若内地政令分歧，组织庞大复杂，办事敷衍，各方应付。"[③] 但总体而言，地方实力派家天下色彩异常浓厚。同样是唐纵日记中肯定的青海，国民政府有关人员实地考察后就发现，青海 "农贷未能推行原因，据各方

①　徐旭：《论现阶段的西北建设问题》，《建设研究》第 8 卷第 4 期，1942 年 12 月，第 23 页。
②　徐旭：《西北建设论》，中华书局，1944，第 8 ~ 9 页。
③　公安部档案馆编注《在蒋介石身边八年——侍从室高级幕僚唐纵日记》，1942 年 9 月 15 日，群众出版社，1991，第 302 页。

面议论，系马主席不愿骤办。其原因或系与其个人所放之高利贷冲突"。①
如此公私不分，及政治上中央与地方脱节、社会上政府与民众脱节等弊端，
政治和经济要想取得真正进展，困难重重。西北开发与建设的愿景要想真正
落实，还有很长很艰难的路要走。历次高调喧嚣与建设实效的悖反，使得建
设西北、开发西北的呼吁甚至被视为政治话语而遭到诟病。不过，还是应该
肯定国民政府在民族危机大背景下为抗战建国所做的努力。

第三节　沦陷区市民的日常生活

抗日战争是一场将中国全民族都卷入的长期战争，战争中普通人的生活
亦值得关注。战争造成巨大的金融动荡，这又尤其深刻地影响了民众的衣食
住行。关于抗战中大后方乃至根据地民众的生活，学界关注较多。相较大后
方和根据地，沦陷区有其特殊性。毛泽东在 1939 年《研究沦陷区》一文
中，就指出在战争相持阶段研究沦陷区问题的必要性和重要性，还指出该研
究的具体内容，即日本"在沦陷区已经干了些什么并将要怎样干"的问
题。② 长期以来，沦陷区研究多围绕这一宏大问题展开，而对于生活在沦陷
区的人们及他们的生活实态则关注相对较少。本节将以金融和生活状态为切
入点，观察战争状态下沦陷区民众的日常，呈现沦陷区的众生相。

生计为大

1942 年 12 月 11 日，刚刚从北平辅仁大学国文系毕业的董毅，几经周
折，终于找到了一份工作，进入伪中国联合准备银行（以下简称"伪联
银"）当一名行员。

战乱之中，生存要紧，有了饭碗，自然高兴，但入职日伪政府开设的银
行，董毅内心总还是有点难以释怀。上班第一天，他在日记中写道，"现在

---

① 《徐警予视察陕甘青豫四省金融报告》（1942 年 3 月），《中华民国史档案资料汇编》第 5
辑第 2 编"财政经济"（4），第 654 页。
② 毛泽东：《研究沦陷区》，延安时事问题研究会编《日本帝国主义在中国沦陷区》，解放社，
1939，第 2 页。

只有暂且应付目前，有什么办法，说实在的，我今日得到确职，在为人子，生活所迫方面是得到了甚大的慰安"，但在"自己心灵、个人思想品格意志方面，不但毫不开心，反而受了污点创伤，是无可奈何的悲哀，是我最痛心的事"。① 然而外寇入侵，山河破碎，像他这样在沦陷区蛰伏求生的普通中国人又岂在少数？

聘用董毅的伪联银成立于 1938 年 2 月，由北平伪中华民国临时政府筹办，相当于该伪政府的"央行"。汪时璟从伪联银成立到 1945 年 8 月日寇投降，一直担任该行的总裁。自 1938 年 10 月起，他还兼任伪临时政府常务委员及财政总长。1940 年 3 月，汪精卫在南京成立伪国民政府，汪时璟出任伪华北政务委员会常务委员兼伪财务总署督办，可以说其始终掌握华北地区伪政权的财权。

大学毕业初入职场的董毅能进伪联银，靠的就是汪时璟的关系，因董家有亲戚在北平伪政府中工作。董毅的出身本来不错，民国初年时董家也算仕宦人家，生活殷实，但军阀混战、社会混乱，好好一个大家庭逐渐衰落破败。七七事变爆发，日寇占领北平后，董家的日子雪上加霜。董毅幼承家教，一向瞧不起银行职员这份职业，他的人生理想是，要么当个文人雅士，或到大学教书，至少也要进政府为官。这样一个本来朝气蓬勃、满怀梦想的大学生，在日伪统治下委曲求全，精神上的苦闷可想而知。

初入伪联银的董毅被安置在计算局，那是一个无所事事的职位。他在日记中用流水账记录了每日的无聊。"银行生活是那么机械刻板，到了签到盖章，领下今日应做的一份，开始写联行往来日记账，写完分开传票与报单，再计数全对了，这就完了，这是初入行都经过此一步的训练基本工作。"② "整日又是给人家写账，初入行都得给他干两三个月这事呢，机械干燥极无味的生活，长此下去，何日方是出头之日？不是为了一家生计所迫，岂肯失节作此？"③

---

① 董毅：《北平日记（1939～1943 年）》（五），王金昌整理，1942 年 12 月 11 日，人民出版社，2015，第 1468～1469 页。
② 董毅：《北平日记（1939～1943 年）》（五），1942 年 12 月 17 日，第 1477 页。
③ 董毅：《北平日记（1939～1943 年）》（五），1942 年 12 月 23 日，第 1483 页。

工作上日复一日的单调琐碎虽让他心中生怨，但也有聊可安慰的事。

午饭……在饭厅吃，每月扣去廿元饭费……吃大米、白面馒头，十人一桌、六菜一汤。在此时候亦是不坏了。①

可刚上了一个星期班，他发现伙食并不像看起来那么好了。他在 1942 年 12 月 17 日的日记里写道：

今日中午开始吃二米饭，用小米及大米合蒸的，本来是规定用大量白米，少数小米，结果蒸出来正相反，大家便尽量先吃馒首，吃得没有了，才吃饭，一桌上本应有一斤肉，结果有四两就不错，办伙食这位先生可吃足了，闻配给面粉亦将没有，联行好的时候全未赶上，未受到利益，却还蒙一个进联行的名，倒霉！②

1941 年底入职伪天津市邮局的任秉鉴回忆了沦陷时期天津的生活状况。

我刚到邮局的时候，花的是联银券。……我当时月工资 90 块钱，每月还有一袋进口的白面，在我同学当中算是最高的，他们大约 60 多块钱。后来没几个月就改成本地的面了……再后来就变成小袋子二十斤的棒子面，再后来就变成豆饼干，就是榨豆油剩下的饼子。那是喂猪的东西，很硬，泡水再上锅蒸，掺点棒子面蒸窝头。③

1942 年以后，北平的缺粮窘况日甚一日，到 1943 年夏几乎陷入谷底。这固然与年景不佳有关，更多还是因为日寇不断以战养战，沦陷区的有限口粮及各种生活物资仍要抽调出来无休止地供应前线。

---

① 董毅：《北平日记（1939~1943 年）》（五），1942 年 12 月 12 日，第 1470 页。
② 董毅：《北平日记（1939~1943 年）》（五），1942 年 12 月 17 日，第 1477 页。
③ 郭文杰：《八年梦魇：抗战时期天津人的生活》，天津古籍出版社，2016，第 107 页。

其实早自 1940 年起，沦陷区的社会情势已每况愈下。借通货膨胀转嫁战争投入已是日伪惯用伎俩，市面上物资短奇缺，物价急剧上涨，百姓生活更趋局促。董毅在 1940 年 1 月的日记（当时他还在上大学）中记道：

> 米面现在在北平真成了问题，有钱就买不出东西来，有行无市，近来已是过了五十一石，还没处买。只有零售一人只许一次购五斤，面简直是没有，兑官发票买一袋七八元，……今天送来百斤廿六元，江米售至四毛一斤，杂合面卖到二毛二分一斤，穷人真不知如何生活也。[①]

一个月后又记道：

> 自阴历年以后，物价飞涨不已。白糖迄今已一元八分一斤，比肉还贵；肉有行无市，有钱买不着肉；豆腐四分一块……大米一百廿八元一石，次米三毛七八一斤，还没处买；面一元八一斤。其余无不奇，即不知以后如何生活也！言来不胜浩叹，见面时人人皆为过日子问题暗暗切齿发愁不已。……（米）合三毛六分一斤，从前亦只一毛余，三元一袋之白面，今涨至七倍……真为前所未有之现象也。[②]

同是沦陷区的苏州，日本人的感受也并无二致。1940 年 1 月 13 日，以日本外务省特别研究员身份来华工作的高仓正三在给友人的信中写道："我到苏州三个月以来……每月有五十元的赤字。更何况物价不断上涨，不给我加薪七八十元将入不敷出。书也好，什么也好，生活费成倍地上涨。"[③] 他在第二天的日记中写得更为具体：

> 一、书籍类：自去年夏天开始，上海发行的新书涨价五成，其影响

---

① 董毅：《北平日记（1939～1943 年）》（二），1940 年 1 月 20 日，第 314 页。
② 董毅：《北平日记（1939～1943 年）》（二），1940 年 2 月 21 日，第 350 页。
③ 高仓正三：《苏州日记：揭开日本人的中国记忆（1939～1941）》，孙来庆译，1940 年 1 月 13 日，古吴轩出版社，2014，第 86 页。

非常大。旧书以其为基准，大幅地提高了原价。最近有些书又在其基础上增价两成，总之书价至少增价四五百元。二、听说米和饮食费是去年的一倍多。再便宜的菜馆和面馆，前后通算一下至少增价四成。我的住宿费就增加两成，达十元以上，仅此对其他也带来不小的影响。三、被服费、菜米这项的涨幅最大，将近是原来的一倍。木棉的夹袄七八日元，丝绸的要三十日元，鞋一双是三日元，冬鞋三点八日元，皮鞋十七日元（旧鞋为七八日元），而一件西装竟要一百日元以上。好在杂货只涨了三四成。毛巾涨五成。木炭每篓（约日本的半草包）是三到三点五日元，这是约原先的三倍。我这儿是不用煤的。好像上海的涨幅比苏州更惊人。①

可见，涨价并非北平独有。从 1940 年开始，沦陷区整体的物价趋势和生活状况明显恶化。但从银行第一次领到薪水的董毅，心情还是不错的。1942 年 12 月 25 日，"今日上午发下本月薪水津贴及饭费等，才去了十四天，从入行日起到本月底止，共计九十六元六角正"。② 到了第二年初的 1 月 4 日，"我方入行三周，前后已拿回百四十元了，不算少"。③

董毅领到的薪水，在当时的北平能有什么样的生活水平呢？1943 年 1 月初他在日记中写道：

近日小米面已售到一元一二一斤，小米一元二一斤，杂合面还没有；米零售数斤，一元六七一斤，多无有，整石亦有，非有人方能买到，且暗盘到三百元左右一石；面是配给才能吃到，平常早已买不到了。……连日杂粮食尽，我拿回了钱，全买了食粮还不够，昨晚与铸兄处借来十元，今日随便一用未买什么，已是没有了，真无办法。④

① 高仓正三：《苏州日记：揭开日本人的中国记忆（1939~1941）》，1940 年 1 月 14 日，第 87~88 页。
② 董毅：《北平日记（1939~1943 年）》（五），1942 年 12 月 25 日，第 1484 页。
③ 董毅：《北平日记（1939~1943 年）》（五），1943 年 1 月 4 日，第 1496 页。
④ 董毅：《北平日记（1939~1943 年）》（五），1943 年 1 月 10 日，第 1500 页。

今日开始午饭本来的六菜一汤改为三菜一汤，盘数减少，量数并未减少多少，且质亦较好，还加了两盘丝糕，在家在外全吃丝糕了，真糟心。……各物每日飞涨，煤球已涨达一元三四一百斤，有到一元六七的可能，小米及小米面是一元多一斤，玉米渣已一元二，什么日子，就挣这么点，怎么够吃的。①

董毅的感慨，并非无病呻吟。1942 年底，北平市场上玉米面价格暴涨到每斤 1.05 元，是 1939 年时的 11 倍。② 董毅月薪 140 元，而当时在伪政府财政部印刷局工作的一个技术员加薪后的月收入不过 120 元。这类"白领""银领"，在战前的北平应该算是中产了，但此刻连养家糊口都成了问题。

生活实态

入职伪联银三个月后，董毅从计算局调到了营业局。相比之下，营业局的层次高了一些，业务也相对少了。董毅负责的是外汇组的期币买卖，"做传票，一张做四张，总打戳子"。虽然"作买卖传票及写转账日记的零碎手续甚是麻烦"，但比起算账来，辛苦程度当然不可比拟。

虽然工作轻松了些，但随着北平物价的不断上涨，董毅一家的生活却日渐紧张。1943 年 1 月 28 日，董毅在日记中写道："今日行中发下配给面半袋，代价只七元五角，即得廿二斤面。在此时，实便宜之至，不知下月尚有否。"③ 他每天不得不为怎么过"紧日子"操心。

旧年春节在即，下午先发下本月薪水，及本月饭贴，计共百八十六元九角，加上扣去的饭费、储金、所得税等共二百一十元整，不算少了，可是家用月非三四百元不足用。……物价较年头（接旧年说）贵有三四倍，食粮更贵得出奇。……现在钱实不是钱，东西才是东西，回

---

① 董毅：《北平日记（1939~1943 年）》（五），1943 年 1 月 11 日，第 1500~1501 页。

② 齐大之：《试论北平沦陷时期的混合面供应》，张泉主编《抗日战争时期沦陷区史料与研究》第 1 辑，百花洲文艺出版社，2007，第 143 页。

③ 董毅：《北平日记（1939~1943 年）》（五），1943 年 1 月 28 日，第 1513 页。

来计算年底各项用款需三百元余，今只得二百元，奔走各处拟押借些钱皆未成功。①

2月24日后，他的心情变得更加焦虑了。

现在东西是东西，钱不是钱。今日金价涨达千二百八十元，为以前所无，东西如何不贵。德意在欧非战况再坏，足金价还得涨。②

愈来愈惨了。我未入行前配同人二袋白面，我入行之月即配合一袋，今则半袋且是有味之玉米面，越来越坏，看其再坏下月变成什么东西。③

1943年1月他还在抱怨家用需三四百元，到了年底，董毅在12月中旬的日记中叹息道："以前在刚加特别津贴时每月领到觉还有些用，如今又过了半年，生活程度又涨，拿到这个口袋深深发愁，觉得这点钱够做什么用呢?! 半年前四百元差不多，如今每月差不多都要八百元左右，我亦不知如何混过去。"④ 维持家庭基本生活的费用从三四百涨到了八百，而月薪"扣净所得税及储金余二百四十六元九角正"。薪水才涨了区区几十元，用度却增加了四五百元。

北平如此，其实同为沦陷区的上海境况也好不到哪儿去。据统计，1942年底的上海物价比1937年底上涨约12倍，1943年底则比1937年底上涨约140倍，到1944年底则上涨2500多倍。⑤ 以法币100元的购买力来看，1937年可买大牛两头；1938年可买大牛、小牛各一头；1939年可买大牛一

---

① 董毅:《北平日记 (1939~1943年)》(五)，1943年2月1日，第1516页。
② 董毅:《北平日记 (1939~1943年)》(五)，1943年2月24日，第1531页。
③ 董毅:《北平日记 (1939~1943年)》(五)，1943年3月1日，第1535页。
④ 董毅:《北平日记 (1939~1943年)》(五)，1943年12月15日，第1631页。
⑤ 中国科学院经济研究所、上海社会科学院经济研究所编《上海解放前后物价资料汇编 (1921~1957年)》，上海人民出版社，1959，第94页。

头；1940 年可买小牛一头；1941 年可买猪一头；1942 年可买火腿一只；1943 年可买鸡一只；1944 年可买小鸭一只；1945 年只能买鱼一条。①

素称捧着"金饭碗"的银行职员，也不得不啜粥糊口。过去待遇让同行羡慕的中国银行职工，此时每日全家以稀粥果腹者比比皆是。颜滨在1942 年 3 月的日记中记着："近几天的米价竟似断线的风筝般地狂涨，由二百几十元起到今天竟达六百元左右……人心恐慌，有钱者竞相购买。"② 到1944 年正月，"听到了米每石 3 万元的新高价，煤球涨到了 7400 元一担"。③

当然，如果和其他职业比，银行职员的待遇已经算是相对较好的了。浙江兴业银行天津分行的副经理王百先之子王越有回忆：那个时期（1942 年前后），经常有银行职员来求父亲不要裁掉他们，不然就无法维持一家老小的生活了，父亲为了保住大家的饭碗，工作越来越忙，每天回家也越来越晚。④

不过，在普遍的贫困之下，权势者总能找到敛财之路。当普通行员生活日见窘迫，薪水和物价越来越不成比例时，银行却还在大兴土木。董毅愤愤地写道：

> 联银有钱便胡"折腾"！整日动工，不是改这，就是修理这，拆那，工事动个不停，也不知都是谁想的那么些酸主意，搜刮来那么些钱不用，不分润在各关系人身上，留着作什么用？去年赚了三百万，提出一二百万，在北边院子内由日本竹中工务店承办建筑一座大楼，约期一年呢，把原有一座好好的三层楼及平房等全都拆除了。原有建筑物的损失，就是十余万不止，因业务发达，又建新大楼，与旧大楼相连，一年后不知又是什么情形。如恰巧盖好，却为他人所用，亦不可知。⑤

---

① 《上海经济（1949~1982）》，上海人民出版社，1983，第 81 页。
② 颜滨著，采金整理《1942~1945：我的上海沦陷生活》，1942 年 3 月 13 日，人民出版社，2015，第 40 页。
③ 颜滨：《1942~1945：我的上海沦陷生活》，1944 年 2 月 9 日，第 159 页。
④ 吕瑞花、韩露：《没有盲区的天空——王越传》，中国科学技术出版社、上海交通大学出版社，2014，第 18 页。
⑤ 董毅：《北平日记（1939~1943 年）》（五），1943 年 3 月 8 日，第 1538~1539 页。

后来成为中共地下党员的丁兆，当时还是北平师范大学女子附中的学生。她父亲在邮局当高级职员，每月工资有200多块钱。她回忆说："当时是高工资，家里10个孩子的学费和生活费一开始倒也没有成为多大的负担。"北平沦陷前期的1938~1940年，"我们都吃白米饭、绿豆干饭。……后来就不行了，记得1941年、1942年，我们就经常吃白薯、杂豆米粥，吃多了，经常吐酸水"。[①]

丁兆继续写道：

> 1941年太平洋战争爆发后，形势开始对日本人不利。当时的北平物价飞涨，我们家的经济困难起来。父亲一个人工作挣钱已无法承担这么一大家子的生活，可谓家大口阔、入不敷出。我们的生活也每况愈下，从吃白米饭变成棒子面，然后是发霉的棒子面，最后是混合面。[②]

北平沦陷期间，混合面一度是由日伪政权以配给方式售卖给百姓的基本"食粮"。1943年，北平的粮食短缺问题已经比较严重，粮价暴涨。1943年4月，玉米面价格已涨至每斤2元，较1942年四五月上涨了五倍多。到10月，小米配售价格已比战前贵74倍，玉米贵72倍，白面贵100倍，连用杂粮、麸皮豆饼、树叶制的混合面也无货可供。[③] 1944年，物价更是狂涨不已。到1944年夏，玉米面涨至每斤5元，小米每斤6元，大米每斤22元。1945年，物价更是飞涨，小米面每斤64元。[④]

长期生活在北平的京剧名旦程砚秋在日记中有这样的记述，老百姓因"面贵而卖［买］不着"，而"后院同居日本人有四家，每家均有10数袋白面存，皆8元所买，极羡慕。我想'中日一体'，谁吃饱了皆是一样，他们

---

① 丁兆口述，苏峰整理《我与家人在北平沦陷时期的经历》，《北京党史》2014年第2期。
② 丁兆口述，苏峰整理《我与家人在北平沦陷时期的经历》，《北京党史》2014年第2期。
③ 袁熙：《从工资、物价看沦陷时期北平人民的生活》，张泉主编《抗日战争时期沦陷区史料与研究》第1辑，第130~131页。
④ 袁熙：《从工资、物价看沦陷时期北平人民的生活》，张泉主编《抗日战争时期沦陷区史料与研究》第1辑，第131页。

吃饱我们不饿?"① 1943 年 5 月,程砚秋欲购 "德胜门外 40 亩地:20 亩菜园 20 亩旱地,要价 10 万元",直言 "市面疯狂了"。② 到 11 月,他更是感叹:"物价日高,有步上海之势。"③ "至琉璃厂买纸,店主叫苦连天,4 毛的玉版宣卖到 8 元 1 张,笺纸 20 元 1 张,真贵!涨价才起始,不知演变到何种地步,可怕!"④

程砚秋说的涨价才起始还真是言中了。之后他的日记中不断出现通货膨胀的记载。1943 年 12 月,"至慎昌收拾手表,雇车至家 2 元 5 毛,已上涨 4 倍,可怕!三个月工夫涨若许"。⑤ 1944 年 2 月,"买香油 20 斤,20 元 1 斤共 400 元,未到三星期涨一倍多,先前 9 元 6 毛 1 斤";⑥ "67 元,酒只买得 6 斤,五个月中物价涨三倍,可怕!"⑦ 到 11 月则记道:"小米 7 元 6 毛 1 斤尚买不到,大非佳兆。下层阶级所食粗粮价钱便宜尚能相安,不会造乱,价高大伏危机,以小职员最苦,然而不敢惹祸,劳动阶级就不敢。"⑧ 这样的状况,报端有论:

> 于今物价飞涨之时,生活之困难,已属有目共睹,自由职业者,因水涨而船高,薪水阶级者将因水涨而灭顶,日日挣扎于生活之凶涛恶浪中,其苦痛可知,欲求薪俸之增加,实难与物价作等速之竞走,且政府必将增加甚庞大之预算,使通货而有膨胀之势,更足以刺激物价之上涨。⑨

据统计,到 1941 年 12 月太平洋战争爆发时,伪联行发行的联银券为 9.66 亿元,已是该银行 1938 年 3 月成立时货币发行量的 6 倍。到 1942 年

---

① 程永江整理《程砚秋日记》,1943 年 4 月 8 日,时代文艺出版社,2010,第 325 页。
② 《程砚秋日记》,1943 年 5 月 22 日,第 336~337 页。
③ 《程砚秋日记》,1943 年 11 月 6 日,第 369 页。
④ 《程砚秋日记》,1943 年 11 月 12 日,第 369~370 页。
⑤ 《程砚秋日记》,1943 年 12 月 2 日,第 374 页。
⑥ 《程砚秋日记》,1944 年 2 月 11 日,第 392 页。
⑦ 《程砚秋日记》,1944 年 2 月 15 日,第 393 页。
⑧ 《程砚秋日记》,1944 年 11 月 20 日,第 452 页。
⑨ 孙健主编《北京经济史资料》,第 526 页,转引自袁熙《从工资、物价看沦陷时期北平人民的生活》,张泉主编《抗日战争时期沦陷区史料与研究》第 1 辑,第 136 页。

12月，货币发行量达到 15.93 亿元，比上年增长 64.8%；1943 年 12 月达到 37.61 亿元，比上年增长 136.1%；1944 年 12 月达到 158.41 亿元，比上年增长 321.2%；到 1945 年 10 月，伪联币的发行量高达 1400 亿元，比上年增长约 783.8%，约为 1941 年 12 月的 140 多倍。[①] 日伪政权滥发伪币，造成了伪币的迅速贬值和严重的通货膨胀，进而诱发了物价的高昂。

一介子民的"向往"

1943 年 2 月 23 日，董毅"午饭后一人去厂甸遛书摊，买到了几本旧书，一为《中国的西北角》，大公报出版，乃名记者长江亲自游历西北之游记，一时颇为引人注目称赏。今日亦正是当前重要问题，南方正在开发西北，为数年以前即知此书，想看无暇，后不易找到，学校虽有，但不易借到，今日偶然于书摊上得之，欣喜之至"。[②] 日记中留下不少他向往南方的心绪，"许多亲戚朋友同学，认得的，耳闻的，许多许多都到南方去了"；"有的告诉我南方生活之奇事与困难，一路上之苦况，而我必心中立刻羡慕他们，钦佩他们的勇敢，而自惭自己不能去南方"。[③]

一时苟安却又不能真正安稳的沦陷区生活，让董毅内心着实煎熬。"好友知音南北暌违，日与俗卑之辈为伍，心中如何不苦？"身在日伪控制的北方，还是大后方的南方这时成为他们心目中的一个寄托，大后方的消息牵动着董毅的心。

董毅自惭自己没有去南方，其实去不去南方，不是简单爱国不爱国可以定义的。对于普通百姓来说，他们有太多的生活和实际问题需要考虑。如董毅所说，"此次事变（卢沟桥事变）之影响，家中受打击，因之高中毕业不能升学，或因其他种种原因停学二三年后上学，但受战争而中止，因事变关系，家人、兄弟、好友相离散，南北相隔，不能相见"；"可是现在想起来，自己也没有什么可以惭愧！也没有什么不如他人的地方！"毕竟，董毅在自

---

① 谢忠厚主编《日本侵略华北罪行史稿》，社会科学文献出版社，2005，第 451~452 页。
② 董毅：《北平日记（1939~1943 年）》（五），1943 年 2 月 23 日，第 1530~1531 页。
③ 董毅：《北平日记（1939~1943 年）》（一），1939 年 3 月 12 日，第 41 页。

己的小家中是长子，是家中的顶梁柱，他无法撇下一家人撒手南下。

其实，大后方的南方也无法真正满足沦陷区民众的期待。1943 年 1 月董毅写道：

> 本月十日，南京汪兆铭氏之国民政府，正式布告对英美宣战。连日报载英美以前欺压中国种种情形，亦是事实，又暴露南方孔、宋如何利用地位时机，从中渔利。虽非尽是事实，多少总有此恶迹，所述英美恶行亦实，只是在我想来，不过乌鸦落在猪身上，看不见自己而已。且我亦怀疑南方之政治，爱国不敢后人，爱国之方式亦有种种不同，虽在此凭良心来讲，并无愧于一中国之民，总未失却良心，麻木意志，一时因家庭环境所迫，不能脱身，亦惟有尽量利用些时间，努力充实自己。实际我想南方亦未必尽如吾人想象之好，且仍必有许多令人失望之处。①

再看坚持艰苦抗战的大后方，1941～1944 年，商品价格平均增加 33 倍。1941 年底，国民政府铨叙部政务次长王子壮在日记中写道：

> 吾国陷于苦战者已四年有半，社会景况、人民生活顿然改观，物价平均指数已涨二十倍。换言之，战前之一元，现其价值只等于五分。余战前迄今收入均为千二百元，然昔则生活裕如，今以物价高涨之关系，其值只等于六十元，以吾家十余口之众，焉得而不竭蹶万分。每月必再补千元，始勉强得渡。每逢一至下半月，即须设计张罗以渡难关。此余目前感受经济压迫之实况也。以余例而观察一般公务员，现已达最艰难之境。至我国一般农工商人，以物价人工均高其值，彼等并无影响。公务员之收入一如战前，所谓一百或八十之生活津贴，实杯水车薪，更有何济！有平价米，使一般员工仅免于饿殍之厄运已耳。衣履不周，疾病不治，以此而罹于死亡之命运者，更仆难数也。②

---

① 董毅：《北平日记（1939～1943 年）》（五），1943 年 1 月 14 日，第 1504 页。
② 《王子壮日记（手稿）》第 7 册，1941 年 11 月 23 日，中研院近代史研究所，2001，第 327 页。

　　早在 1940 年，公务员、教师及士兵的实际收入就有 2/3 被通货膨胀所吞噬。工农业劳动者的实际工资下降了 1/3。1943 年的时候，所有打工者的收入都在缩水，比较起来，公务员已濒临饥饿线上，到手工资的购买力下跌到战前的 1/10。教师和士兵也好不了多少，尚不及战前的 1/5。何廉回忆："珍珠港事件后，中国进入了另一个通货膨胀的阶段。南开同事的生活条件越来越糟，在每况愈下的情况中，教授、教员及公务员和军人受苦最深。重庆教育界人士都集中在沙坪坝，除了南开以外，那里还有几所大学，那是自由中国的大学和文化中心。人们看到，那里的教授和教员的生活条件和公务员及军事人员一样越来越坏，比任何地方都更甚。他们的薪水按生活指数调整，不是每周或每月，而是每隔三五个月才调整一次。他们得尽其所有，来维持家属的吃穿。人们可以看到大学教职员工的妻子在路边去卖个人的物品——钟表和衣服等。通常只有四川粮绅和商人才买得起。"[①]

　　到 1944 年 4 月，国民政府行政院参事陈克文在日记中记道："重庆的米已较战前涨价一千倍以上，其他日用必需品涨百倍或二三百倍不等。公务员及其他恃薪俸为生的人，真到了山穷水尽之势。朋友一见面，一开口即互相发叹，如何得了。"[②] 陈存仁记述上海的情形："公教人员，起初为租界当局当差，后来为日本人做事，他们的薪级都有定额，币制发生动摇之后，虽也一次一次加薪，但是所得永远追不上物价，其情形也和为人师表的教员差不多。从前教育界中人，……穿的衣服都已破破烂烂，几乎不堪入目。……从前上海工部局办的几间学校，如育才公学、华童公学等，教员的待遇最好，到了这个时候，也只好度着艰苦的生活。"[③] 何廉从香港回来最为印象深刻的就是"物价猛涨，使我周围的人遭受如此的困难……1937 年到 1938 年通货只是轻度膨胀，自 1939 年到 1941 年通货膨胀已相当厉害。但自珍珠港事件后通货快马加鞭，猛涨不已，物价一涨再涨。据我回忆，从 1941 年到 1945 年重庆物价每月上涨 10% 以上"。[④]

---

①　《何廉回忆录》，第 223 ~ 224 页。

②　《陈克文日记》下册，1944 年 4 月 6 日，中研院近代史研究所，2012，第 846 页。

③　陈存仁：《抗战时代生活史》，上海人民出版社，2001，第 274 页。

④　《何廉回忆录》，第 224 页。

1943 年 10 月 31 日，董毅与三表兄畅谈时势，再次表达对大后方的失望之情："南北同，唯所受之欺压者不同而已。"不过，虽然对大后方政治不无失望，但他还是明确表示："宁可受中国人欺压，不甘为异国驱使。"①这是中国读书人不灭的一点家国情怀。

这种情怀在董毅的日记中常有表露。1943 年 10 月 10 日，他在日记中说："今日又逢双十佳节，在此环境下，又是什么心情！想想大好山河如今如此破碎，不知何时方能收拾清楚，国土破碎，同胞受苦，不知何时方能恢复原来面目，这个可怜的古老的国家，这些可怜受罪的人们，不知什么时候才能享到普天同庆的快乐！"②

在国破山河在的时代，董毅，一个辅仁大学毕业生，为了生计进入伪政府银行做了一名普通职员，在物价飞涨的时代养活一大家人，背负了沉重的生活和精神负担。董毅深深知道，这都是战争带来的，正如他在日记中所写的："近来市面愈发感到物少价昂，生活程度高涨，这都是战争赐与人民的礼物。与威胁前一二年（相比），北平只感物价日高，尚不觉缺什么，近来什么都不易购到，方觉出战争对生活直接的影响。"③ 董毅追求精神自由，却时时为生计所牵绊；虽胸有民族大义，却不得不屈服于现实，不仅得留下来生活在沦陷的北平，且整日在日伪政权的下属银行讨生活。他的纠结和艰难，无不体现了"战时""沦陷"的大背景；他的生活日常可以说是战时沦陷区一个普通民众的真实写照。

第四节 解放战争时期东北的通货膨胀及中共的应对

国共三年内战时期，双方在军事战场上真刀真枪激烈战斗，而在另一个战场——财政金融的较量也绝不轻松。国共三年内战最终的结果是，国民党不仅在前方战场遭遇全面失败，后方财政金融也陷于崩溃。相比之下，同样

---

① 董毅：《北平日记（1939~1943 年）》（五），1943 年 10 月 31 日，第 1591 页；1943 年 1 月 14 日，第 1504 页。
② 董毅：《北平日记（1939~1943 年）》（五），1943 年 10 月 10 日，第 1574 页。
③ 董毅：《北平日记（1939~1943 年）》（五），1943 年 3 月 12 日，第 1543 页。

面对艰巨的战争，中共解放区虽也存在严重的通货膨胀，却基本在可控范围。之所以如此，应该承认，前方的胜败是决定性的，但同时又和中共在后方的艰辛努力分不开。正如李富春在 1949 年 9 月财政会议上所说的，"我们到东北已经四年了。四年来，财政工作在支援解放战争上起了很大作用。我们财政任务的完成，东北的全部解放，是经过很多困难的，假如没有财力、物力的合理供给与使用，即难以发挥战斗力量。战争的迅速胜利和财政工作是分不开的"。[①] 战场上比的是谁能坚持到最后一分钟，财政金融的对垒比的也是谁相对能够克服困难坚持到最后。在这方面，中共的作为和努力无疑是值得肯定的。[②]

增量发行

国共内战爆发后，双方不仅在前方激烈战斗，后方同样在较量，而且这种较量不可能是临时的、短暂的，必须做好长期的打算。对于这一点，作为战争初期处于弱势一方的中共尤其清楚明了。早在 1945 年 12 月，毛泽东就在解放区工作的方针指示中指出："不论时局发展的情况如何，我党均须作持久打算，才能立于不败之地。"[③] 后来他又明确说："各地必须作长期打算，努力生产，厉行节约，并在生产和节约的基础上，正确地解决财政问题。"[④] 1945 年 12 月，萧劲光在根据自己两个多月的调查研究向东北局提交的报告中讲得更为具体："东北的战争将是比较长期的，残酷的，较大规模的，以

---

① 东北财政部：《李（富春）副主席在 9 月财政会议上报告摘记》（1949 年 9 月），《辽宁财政史资料选编·解放战争时期（1945 年 10 月～1949 年 9 月）》上册，辽宁财政志编辑室，1994 年，第 76 页。

② 关于解放战争时期中共在金融货币方面的作为和努力，既有研究成果多关注国共货币斗争及陈云主持东北经济的思想及实践。可参见王汉义《东北解放区的货币斗争》，《东北经济史论文集》（上），东北三省中国经济史学会，1984，第 265～282 页；王永成《解放战争时期东北解放区的货币发行与统一》，《党史纵横》1988 年第 4 期；王海蛟《陈云在东北时期关于财经问题的思考及实践》，中共中央文献研究室科研管理部编《中国共产党 90 年研究文集》（中），中央文献出版社，2011，第 489～500 页。

③ 毛泽东：《一九四六年解放区工作的方针》（1945 年 12 月 15 日），《毛泽东选集》第 4 卷，人民出版社，1991，第 1177 页。

④ 毛泽东：《迎接中国革命的新高潮》（1947 年 2 月 1 日），中共中央文献研究室、中央档案馆编《建党以来重要文献选编（1921～1949）》第 24 册，中央文献出版社，2011，第 69 页。

运动战为主的战争。……因此，我们在兵力的部署上，部队的组成上，交通运输的掌握上，兵源物资的补充上，以及后方的建设上，都应当适应这一战略的要求。"① 1947 年 1 月，在东北第一届财政经济联席会议上，东北行政委员会财经办事处负责人王首道也说："我们的方针是长期打算，节衣缩食，不是会餐政策、用光政策。我们的方针是建设根据地的方针，确定这个观念：我们一定不离开东北解放区，会餐政策与用光政策一定受到批判。"② 这种认识反映了中共基于对这场战争艰巨性的判断，已经做好为战争长期精打细算的准备。

不过，战争需要财政物资的全力支持，战争期间的财政金融不可能像平时那样按部就班，解放战争的消耗是极其巨大的。1947 年太岳解放区财经会议的总结报告中写道："在比较近代化的大规模作战中，消耗是惊人的，财政开支是浩大的。每个战役需几千几万发炮弹，每个炮弹顶两个中农收入。战争需要大量养兵，每人年需小米 32 石，顶十多个农民，加以要打出去，还要支付更多的人力物力。"会上还提到"刘邓此次出击追加预算，等于 10 年的货币发行总数加一倍"，因此，"今天战争非打不行，而且要大打，非打胜不行"，③ 打胜了，财政负担才有可能落地。太岳解放区谈到的战争惊人消耗，东北解放区也深有体会，直接负责东北财经工作的李六如在东北第一届财政经济联席会议上坦陈："我们的军费占各项经费的 80% 以上，数字是巨大的，但是必须的；还要扩军，也是必须的……包括东北各省在内，财政赤字在 3/4 以上。那么，我们过去的财政难关是怎么渡过的呢？过去靠敌伪物资，以后靠银行发行，现在敌伪物资已经用完，货币发行已达饱和点（平均每人 1300 元以上）。"④

① 《肖劲光回忆录》，解放军出版社，1987，第 331 页。
② 王首道：《目前财经工作的方针与任务》（1947 年 1 月 21 日），朱建华主编《东北解放区财政经济史资料选编》第 1 辑，黑龙江人民出版社，1988，第 23 页。
③ 《太岳区财经会议总结》（1947 年 8 月），华北解放区财政经济史资料选编编辑组、山西省档案馆等编《华北解放区财政经济史资料选编》第 1 辑，中国财政经济出版社，1996，第 254、258 页。
④ 李六如：《关于财政问题的结论报告》（1947 年 1 月 21 日），朱建华主编《东北解放区财政经济史资料选编》第 4 辑，第 31 页。

李六如所说的"货币发行已达饱和点"，是站在 1947 年 1 月这个时间节点上说的。事后看，其实这时东北战场的战争才刚刚开始，更为残酷的战争局面将一个接一个到来，对财政金融的考验也会愈加严峻，货币发行的"饱和点"将不断被突破。到 1947 年 5 月初，东北民主联军总兵力已达 46 万多人，其中野战军 25 万多人。[①] 不断扩张的武装力量，消耗着本来就十分紧张的财政资源。1947 年，东北解放区支出总额达 1280 亿元，军费占 85% 以上。[②] 对于财政紧张的情况，东北局领导有清楚的认识。

> 今天，我们非有日益壮大与日益正规化的主力部队，非进行大规模的运动战正规战，大量歼灭敌人，便不能致胜。这是与前 10 年内战时期，与 8 年抗战时期，大不相同的。因此，战时的财政消耗，也大大增加。我们现在的主力，是人员充实装备加强了的主力。它的弹药、供给之消耗，比过去的同一部队要大许多倍；由于东北的气候关系，被服鞋袜的需要，比关内要多；同时，又由于东北战场的战略重要性，为了配合与支援全国的自卫战争，我们的主力还要扩大，战线还要延长，战争消耗还会增大。[③]

要支持这样巨大的战争消耗，需要解放区竭尽所有，乃至动用非常规的财政金融手段。于是，"在不致恶性通货膨胀的条件下发行纸币"，[④] 成为当时解决大部分开支的主要办法。

1946 年 3 月，从沈阳撤至通化的东北银行开始发行东北解放区地方流通券。限于形势与各种条件，东北局在抚顺财经后勤会议上允许一些省暂时

---

① 金冲及：《转折年代——中国·1947》，三联书店，2018，第 363 页。

② 东北行政委员会财政委员会：《东北解放区财政报告》（1948 年 5 月 10 日），朱建华主编《东北解放区财政经济史资料选编》第 4 辑，第 116 页。

③ 李富春：《在财经会议的报告与总结》（1947 年 8 月），朱建华主编《东北解放区财政经济史资料选编》第 1 辑，第 53 页。

④ 《中共中央东北局关于 1947 年度财政经济工作方针与任务的指示》（1947 年 3 月 1 日），辽宁、吉林、黑龙江省税务局、档案馆编《东北解放区工商税收史料选编（1945~1949 年）》第 1 册，黑龙江人民出版社，1988，第 83 页。

发行区域性货币，有辽东、辽西、吉林、嫩江、牡丹江、松江、合江等地发行的共十余种；各省需将发行情况报告东北银行总行备案，且不得限制东北流通券在各地流通，由此确定了东北地方流通券的主体地位。截至 1946 年底，东北地方流通券共发行约 164 亿元。1946 年发行的最大面额是百元券。时任东北银行经理的王企之回忆，"当时，伪满洲国'绵羊票'和国民党发行的东北九省流通券还在市面上流通，在这种情况下，发行我们自己的货币，既是我军作战经费急需，也是驱除敌伪货币安定人民生活和社会秩序的急需。因此，东北局把尽快印制东北地方流通券，作为一项紧迫的重要政治任务"；"印制钞票的机器是接收敌伪留下的，油墨从哈尔滨收购，印刷纸张开始是从市面上收购模造纸，后来用吉林省石砚造纸厂生产的专用钞票纸，苏联也支援了一部分钞票纸"。①

1947 年上半年，东北战场出现了大的转折。随着战争的胜利推进与土改运动的初步完成，东北根据地和解放区政权得到进一步巩固。7 月东北财经会议前后，北满各省基本上已经统一使用东北地方流通券，南满各省也先后停止发行货币，东北解放区的货币基本统一。据东北银行总行的发行统计，1947 年上半年货币发行量为 288 亿元，比 1946 年年末增加 76%。② 反观国民党方面，早在 1947 年 2 月底，时任东北行辕经济委员会主任委员的张嘉璈在离开东北当天的日记中就写道："心中忧愧交集。愧者，在东北担任经济工作，前后十六阅月，一事无成。……忧者，以东北关系国家全局，万一东北无法挽救，其如国家全局何。"③ 东北战场的胜败直接决定国共内战的走势和结局。中共从最初的"让开大路、抢占两厢"，到"秋季攻势""冬季攻势"的胜利推进，东北战场的局势逐渐向对中共有利的方向扭转。而此时的国民党不仅在战场上逐渐面临被动，财政金融的困难也日益加剧。国民党牡丹江铁路特别党部委员张大光痛陈国民党在东北的困境，"民众对政府失掉信心，大多数对戡乱一事不关痛痒"；"经济无彻底

---

① 王纪元：《为原东北银行经理王企之同志平反的回忆》，《党史纵横》2008 年第 11 期，第 29 页。

② 姜宏业：《中国金融通史》第 5 卷，中国金融出版社，2008，第 275 页。

③ 姚崧龄编著《张公权先生年谱初稿》下册，传记文学出版社，1982，第 801 页。

办法"。[①]

1948 年是东北战场的决胜之年。这一年，东北战场空前激烈，财政消耗愈益增加，"计划直接由财委会统一供给之主力达 74 万人（伤员、战俘、荣军 11 万人在内，热河一个纵队在外），连同各省党政及第二线兵团总数则将达 123 万人（热河地方人员在外），同时天气酷寒，冬季时间又长，在零下数十度连续作战，被服装备及伙食标准均较关内高，为照顾战士健康，目前标准不拟再减低。加上重兵器较多，各项开支都比关内高些，故军事支出已达总支出 85% 以上"。[②] 之前各方面筹备的物资差不多已消耗殆尽，发行压力更为增大，东北局向中央报告："年度开始后购粮迫切需款，而入口物资来得不及时，贸易收入不但不能供给财政开支，反之贸易本身购粮所需还要向银行借款，因而不能不发行以作周转。"[③] 东北财政经济委员会主任陈云明确表示："钞票还是要增发，现在发比将来被迫发有利。只要准备足够的物资，如布和盐，增加货币发行就不会出问题。"[④]

基于此，东北银行地方流通券的发行量急剧增加。东北银行总行 1948 年 7 月 15 日《发行工作报告》记载，1947 年下半年为 1021 亿元，比上半年增加 2.5 倍；1948 年上半年 3286 亿元，比 1947 年下半年再增加 2.2 倍；[⑤] 1948 年下半年发行 35000 亿元，是上半年的 10 倍有余（表 6-7）。1948 年 9 月 24 日，中央在给东北局的指示中明确指出："仅就你们东北钞票发行递增的速度（八月份较七月份发行额增 54.7%，较去年十二月增 651.8%）和热河财政情况看来，你们财政收支的矛盾恐亦不小。如东北与关内党政民和军队的比例近似，亦为一比二，则公家人（占比）……早已超过

① 《张大光函陈诚就东北危机提出建议》（1947 年 12 月 7 日），"陈诚副总统文物档案"，档号：008-010202-00071-010，台北"国史馆"藏（下略）。
② 东北行政委员会财政委员会：《东北解放区财政报告》（1948 年 5 月 10 日），朱建华主编《东北解放区财政经济史资料选编》第 4 辑，第 116 页。
③ 《东北局关于货币发行情况向中央、中财部的报告》（1948 年 8 月 18 日），《辽宁财政史资料选编·解放战争时期（1945 年 10 月~1949 年 9 月）》上册，第 65 页。
④ 中共中央文献研究室编《陈云年谱》上卷，1948 年 9 月 27 日，中央文献出版社，2015，第 661 页。
⑤ 姜宏业：《中国金融通史》第 5 卷，第 275 页。

一般的标准。即使你们税收及人民总收入较关内为高，但也不可能较关内人民平均每人每年负担多若干倍。因此，你们必须看到已经存在着的财政上的极大危险性，你们的财政计划必须作长期打算。"①

1949 年，国共双方在东北战场的交锋已经基本结束，但由于关内战争还在激烈展开，东北还承担着支援关内战争的任务，货币发行压力仍然很大。1949 年共发行 120662 亿元，以 1948 年 12 月末为基期 100，则该年末为 270.6，较 1948 年增加 170.6%（即 1.7 倍）。1949 年末东北市场实际货币流通量为 108742 亿元，比 1948 年末增加 1.6 倍。② 从发行量看，1949 年是建国前东北解放区货币发行最多的一年。据统计，1 月增发 5 万元流通券，5 月又增发 50 万元和 100 万元本票，11 月又增发 10 万元流通券。③ 不过，作为战场上胜利的一方，东北解放区的压力到 1949 年反倒明显减轻。相比 1948 年虽然绝对数有所增长，但发行增速是下降的。表 6-7 显示的是 1946~1949 年东北地方流通券发行的大致情况。

表 6-7 1946~1949 年东北解放区地方流通券发行数额大致统计

单位：万元，%

时间		发行额	增加额	增长率	比上一年的增加额	比上一年的增长率
1946 年 12 月底		1636845				
1947 年	上半年	2882032	1245187	76	11457793	700
	下半年	10212606	7330574	254		
1948 年	上半年	32860127	22647521	222	369765489	1936
	下半年	350000000	317139873	965		
1949 年		1206620000	856620000	245	823759837	215

资料来源：《黑龙江根据地金融史料（1945~1949）》，黑龙江省金融研究所，1984，第 125 页；东北银行：《三年来工作报告》（1949 年 5 月 26 日），《东北解放区财政经济史稿》，第 521 页；《东北银行总行一九四九年工作报告》（1950 年 1 月），朱建华主编《东北解放区财政经济史资料选编》第 3 辑，第 635 页。

---

① 《中央关于召开东北高干会给东北局的指示》（1948 年 9 月 24 日），中央档案馆编《中共中央文件选集》第 14 册（1948~1949），中共中央党校出版社，1987，第 325 页。

② 《东北银行总行一九四九年工作报告》（1950 年 1 月），朱建华主编《东北解放区财政经济史资料选编》第 3 辑，第 635 页。

③ 《东北银行总行一九四九年发行工作报告》（1950 年 1 月），朱建华主编《东北解放区财政经济史资料选编》第 3 辑，第 637 页。

由表6-7可以看出，1949年的发行总额是1946年底的737倍，发行绝对值的增长速度惊人。不过，从各个时期货币发行递增率和物价递增率来看，虽然东北根据地货币发行和物价呈不断增加和上涨态势，但增长速率比较稳定。1947年1月至1948年6月的18个月中，发行量增加了29.1倍，每月平均递增20.6%；同期物价上涨23.1倍，每月平均递增19.2%。将这一对平均值对应到各个时段，可以看到速率没有出现明显的波动。由此可以判定，东北解放区货币发行增长速率与物价上涨速率一直保持相对稳定。到1949年发行明显回落，从1948年的1936%下降为215%。

巨额的发行给老百姓直接的感觉就是票面越来越大。从吉林省的市面流通情况看，1947年末，"群众厌烦的小面额券，十元、五元券仅占3%，五十元券占7%，百元券流转最多，占46%，其次是五百元券占43%，直至1948年3月在市场流通的我币大部还是五百元券与百元券，千元券流转数量还不大"。到1948年6月末，"商人反映，五百元券也成为小票子了。据当时估计在城市流通的券种，千元券占65%，五百元券占30%，其余为百元以下券种"。[①] 两相比照，不言自明，市面流通币值越来越大，这既是解放区地域扩大，市场货币流通不断需求增加的结果，更反映了战时物价上涨、通货量不断上涨的现实。[②]

物价通胀

战争消耗带来的过量发行，不可避免地造成物价波动。古今中外，几乎所有战争的参与者都不得不面临这样的困境。尽管中共的物价控制相对比较成功，但在东北解放区仍然可以看到严重的通货膨胀。

国共内战爆发初期，东北物价上涨尚不严重。以高粱米价格为例，1945年每斤合东北流通券0.75元；1946年上半年为7.46元，上涨大约9倍；1946年下半年为18.2元，较上半年上涨1倍多。这样的上涨幅度，在战争状态下，尤其是考虑到抗战时期物价上涨的惯性延续，尚在可接受的范围。

---

① 吉林省金融研究所编《吉林省解放区银行史料》，中国金融出版社，1990，第30、49页。

② 周逢民、初本德主编《东北革命根据地货币史》，中国金融出版社，2005，第135页。

不过，到 1947 年形势急速恶化。1947 年上半年，高粱米价格骤然上升到每斤 115 元。[①] 到 1947 年 5 月底则有报道："伪满十四年最高价亦仅两元一斤，'八一五'迄今，不足两年已达一百七十元一斤，且涨势正猛。"[②] 这样的物价迅速上涨与发行的大规模增加是相对应的。

1947 年上半年发行加速，物价也出现加速上涨趋势。由于城市是消费中心，存在对物品的依赖，物价迅速上涨首先从城市开始。当时，东北解放区最早掌握哈尔滨、齐齐哈尔、佳木斯、牡丹江四个大中城市。哈尔滨是整个东北根据地最大的城市和经济中心，"哈市物价对其他城市物价起着带头作用。哈市物价的涨跌、平稳，于数小时内即可影响其他城市的涨跌、平稳"。[③] 1947 年 1～10 月，哈尔滨物价逐月上涨。十个月中，上涨率最高的是主食品类，10 月的价格为去年 12 月价格的 8.5 倍；其次是副食品，亦达 5.62 倍；衣着类稍次于副食品，亦超过 5 倍。10 月的物价总指数，较前一年 12 月上涨 4.9 倍，平均每月较前月上涨 18.14%。[④] 12 月，哈尔滨的粮价继续大幅上涨，"物价变动最大的，在粮食类中首推麦粉。较上月上涨 69.7%。……月初每袋仅 21000 元（按双合盛一号麦粉计算），月中竟达 36000 元之高价"。[⑤]

佳木斯、齐齐哈尔两市是东北根据地控制的两个相对较大的城市，这里的物价与哈尔滨密切相关。1947 年 1～11 月，佳、齐两市物价变动之趋势与哈市物价相似："11 个月平均物价总指数较去年十二月份均上涨 7 倍多，每月递增率平均皆在 19% 以上，各月上涨比率皆以一、二月份为最高，佳市一月份上涨 35%，二月份上涨 58%；齐市一月份上涨 40%，二月份上涨 60%。……及六月以后，五个月来每月之上涨率平均仅在 7%。"[⑥] 可以看

---

① 转见王汉义《东北解放区的货币斗争》，《东北经济史论文集》（上），第 279 页。

② 上官北斗：《烽火中的东北》，《时与文》第 1 卷第 12 期，1947 年，第 17 页。

③ 《哈市金融物价总结》（1947 年 8 月），朱建华主编《东北解放区财政经济史资料选编》第 3 辑，第 35 页。

④ 《哈市物价动态（1946 年 11 月～1947 年 10 月）》，《金融物价》第 11 期，1947 年 11 月 15 日，第 1 页。

⑤ 《哈市十二月份商情介绍》，《金融物价》第 13 期，1948 年 1 月 15 日，第 1 页。

⑥ 《佳、齐两市物价介绍（1947 年 1 月～11 月）》，《金融物价》第 13 期，1948 年 1 月 15 日，第 5 页。

出，佳、齐两市物价跟随哈尔滨上涨，但较哈尔滨涨势稍许温和。

同为较大城市的牡丹江市，1947 年 1~10 月涨势更为迅猛，甚至有超过哈尔滨的势头。"十个月来的物价是在逐月上涨中，每月平均较前月上涨 20%，较哈市平均比率还超过 2%。"特别值得注意的是，这里的金价上涨势头十足：5 月金价骤然上涨，每两涨至 30 万元，比之前一年 12 月的价格涨了 5 倍多。白银及银元价格上涨稍低，亦涨了 3 倍以上。8 月"赤金与银元突又上涨，黄金涨至 10 倍，银元涨至 7.5 倍（对 12 月基期价格比较），当时黄金及银元由交易（商贩以金易纱），流向蒋匪……引起金价的暴涨（黑市价高突 60 万元）"。①

1948 年后，城市物价继续上涨。哈尔滨 4 月涨风突起，5~6 月较剧，9 月更为炽烈；虽于 11 月曾一度回跌，比率不大，仅为 2.8%；到 12 月，又微呈上涨。总指数较 1946 年 12 月高 71.5 倍，较 1947 年 12 月亦高 9.8 倍以上。到 1948 年底，与 1946 年 12 月比较，一般日常物品中，涨幅最大者，为主食品，高达 98 倍以上；次为副食品，亦高达 95.5 倍；涨幅最小的燃料品也将近 37.8 倍。② 金银价格又是所有物品中涨幅最大者，黄金和纹银、银元一年多上涨皆为 20 倍以上。"金价的涨势，高出一般物价以上，17 个月来的哈市零售物价指数平均上涨到 17 倍，同时期的黄金和银元则涨至 21 倍，纹银涨至 26 倍。"③ 这是战时人们追求储存硬通货以求保值的行为造成的。

表 6 - 8　东北解放区的发行和物价增长速率

时间	发行	物价
1946 年 12 月		
1947 年 6 月	增加 2.8 倍	上涨 3.8 倍
	每月平均递增 18.4%	每月平均递增 25%

① 《牡丹江市物价动态（1947 年 1 月~10 月）》，《金融物价》第 12 期，1947 年 12 月 15 日，第 6 页。

② 《哈尔滨市一年来物价动态》（1948），朱建华主编《东北解放区财政经济史资料选编》第 3 辑，第 166 页。

③ 《北满金价动态》，《金融物价》第 19 期，1948 年 1 月 15 日，第 5 页。

续表

时间	发行	物价
1946 年 12 月		
1947 年 12 月	增加 3.1 倍	上涨 1.9 倍
	每月平均递增 21.8%	每月平均递增 11.5%
1948 年 6 月	增加 3.2 倍	上涨 3.1 倍
	每月平均递增 20.1%	每月平均递增 20.9%
18 个月累计	增加 29.1 倍	上涨 23.1 倍
	每月平均递增 20.6%	每月平均递增 19.2%

资料来源：《黑龙江根据地金融史料（1945~1949）》，第 125 页。

如表 6-8 所示，三年间，东北根据地物价上涨幅度颇为惊人。1946 年 7 月至 1948 年 6 月，"平均物价上涨 55 倍，则今天（1948 年 6 月）5000 元价值，尚不及当时（1946 年 7 月）100 元"。① 1948 年东北解放区物价波动的剧烈和上涨速度之快，与其他解放区相比较是严重的。"绥德基本上是平稳的，兴县上升幅度很小，邯郸上升 2 倍多点，德州上升近 3 倍，石家庄上升 4.5 倍，唯有东北上升幅度高达 8 倍。"② "1948 年 12 月与 1945 年同期相比，东北解放区的物价上涨 422 倍，西北解放区上涨 186 倍，山东解放区上涨 130 倍，华北解放区上涨 29 倍。"③ 东北物价上涨幅度为各解放区中最大。之所以如此，主要是东北承担了最重的战争任务，战争消耗、新增人员都远远超过关内。相关文件写道："关于支付问题的根本问题是脱离生产人员过多，东北解放区人口 3100 万人（热河除外），脱离生产人员达 140.2 万人，占 4.52%（从 1946 年底到 1947 年底 12 个月当中直接供给人数增加了 12 倍）。"④ 相比之下，同期其他解放区的脱离生产人员比例仅及东北的一半，华北脱产人员占华北人口的 2.4%，晋东南占 1.37%，渤海占 3.04%，

① 朱建华主编《东北解放区财政经济史稿》，黑龙江人民出版社，1987，第 521 页。
② 朱建华主编《东北解放区财政经济史稿》，第 393 页。
③ 成致平主编《中国物价五十年（1949~1998）》，中国物价出版社，1998，第 24 页。
④ 《东北局关于东北财政情况向中央的报告》（1948 年 10 月 2 日），《东北解放区工商税收史料选编（1945~1949 年）》第 1 册，第 158 页。

山东占 2.78%，西北占 6.7%，晋察冀占 2.54%。① 在当时的经济水平下，"脱离生产人员超过全部人口的 2% 就会带来财政压力，何况已超过这个比例一倍以上"。② 陈云不无自信地讲道："我们东北占百分之四点五，开支很大，但是解决了问题；从财政上看不好，但从政治上、军事上看就很好。"③ 战争对财政金融的巨大压力和影响可见一斑。有报刊文章评论道："当前的物价问题原不单纯是一个经济问题，并且是一个政治问题……当前的物价状态，早已成为一般政治状态的晴雨计，因为物价的变动，一般表示着政治状态的变动。"④ 可谓一语中的。

1949 年，货币发行增长相对温和，与此相对应，这年东北解放区物价上涨势头也趋于缓和。1949 年初，随着辽沈战役结束，东北全境均告解放，上半年物价走势开始趋于稳定。

> 半年来的物价动态，与往年不同，过去基本是上涨的趋势，而本年来虽前三个月也在上涨着，但一入四月即已转硬为疲。迨至五、六两月遂更显呈跌势，如以指数比较（各以其前年 12 月份为基期）1947 年 6 月份总指数为 376.1，平均递增率为 24.7%；1948 年 6 月份总指数为 344.5，平均递增率为 22.9%，而本年 6 月份总指数为 190.4，平均递增率仅为 11.3% 而已。⑤

时任东北银行总经理的朱理治认为："这与银行的发行与信用有 80% 的关系。银行吸收存款，推销公债，商业部抛售物资，物价才会稳下来。"⑥ 1949 年全年物价，如以会计局九种物价计算，1948 年 12 月末为基期，1949

① 陈云：《东北财经问题》（1948 年 10 月 8、11 日），《陈云文集》第 1 卷，第 638~639 页。
② 中共中央文献研究室编《陈云传》上卷，中央文献出版社，2005，第 546 页。
③ 陈云：《东北财经问题》（1948 年 10 月 8、11 日），《陈云文集》第 1 卷，第 639 页。
④ 郭大力：《物价变动是政治状态的晴雨计》，《时与文》第 2 卷第 1 期，1947 年，第 11 页。
⑤ 《哈尔滨市半年来物价动态》（1949 年 7 月），朱建华主编《东北解放区财政经济史资料选编》第 3 辑，第 232 页。
⑥ 朱理治：《东北银行的业务方针》（1949 年 6 月），《朱理治金融论稿》编纂委员会、陕甘宁边区银行纪念馆编《朱理治金融论稿》，中国财政经济出版社，1993，第 122 页。

年末为 175.8%，较 1948 年增加 75.8%，其中以 2 月上涨最猛（递增 20.3%），4、6、10 月均增加（2% ~6%）。据东北银行总行工作报告估计，由于半年来生产可能增加 15%，下半年实际流通量增加 87.7%，而物价仅上涨 32.2%，流通量扩大为 55.5%。① 朱理治在东北银行第六届经理联席会议上也分析："4 月后，实行了现金管理，国家六大部门相互间买卖，一概经总会计局转账。据总会计局统计，八个月中用非现金转账的钱数，比之同时期公家的现金全部开支要大到 5 倍；而银行存款到今年底亦增加了 4 倍多，这就大大有助于东北今年 5 月以后物价的相对稳定和生产建设的发展。"② 同前几年物价逐年递增一二十倍相比，完全不同。形势已明显好转。

总体看，巨额的战争支出导致不得已扩大发行，吸取社会财富，保障前方供应。这就不可避免带来通货膨胀。中共前方的军事胜利大大缓解了后方的困难，这是中共之所以避免国民党控制区崩溃式恶性通货膨胀发生的重要因素。不过，整个战争期间，尽管无法避免通货膨胀，但中共解放区的发行与物价上涨较国民党统治区确实温和得多。

内战时期，国民党在东北发行九省券作为流通货币。从表 6 - 9 可以看出，1947 年上半年以前，国共两种币值相差无几，甚至九省券值尚略高于东北币。也就是说，在战争初期阶段，双方其实处在同一境地，都面临通货膨胀问题，也均处于相对可控的状态。不过，这种态势随着国民党在东北的处境日见局促而出现变化。早在 1947 年 2 月 27 日，张嘉璈在离开东北当天的日记中便写道："中央发行通货膨胀，波及东北，加以当地军需日见频繁，流通券随之增加，不啻火上添油。于是不得不设法平抑物价，而百孔千疮，顾此失彼，不暇应付。"③ 随着军事上的不断失利，国民党控制区的通货膨胀开始失控。相关资料写道："三十六年冬季，共军在东北发动接收以来最猛烈的攻势，沈阳对外的海陆交通几乎完全陷于隔绝，致物价陡升。"④

① 《东北银行总行一九四九年工作报告》（1950 年 1 月），朱建华主编《东北解放区财政经济史资料选编》第 3 辑，第 635 页。
② 朱理治：《论银行工作的转变》（1949 年 12 月），《朱理治金融论稿》，第 135 页。
③ 姚崧龄编著《张公权先生年谱初稿》下册，社会科学文献出版社，2014，第 800 页。
④ 滕茂桐：《东北币制整理之回溯》，《经济评论》第 4 卷第 2 期，1948 年 10 月 23 日，第 8 页。

据史料记载，1948年8月沈阳市每公斤大米130万元（东北九省流通券）、猪肉156万元、豆油229万元、食盐36万元，块煤每吨2010万元；两年多（1946年4月～1948年9月）零售物价总水平上涨1.68万倍。[①] 1948年10月，长春高粱米每斤9000万元，一根大葱也卖2000万元。[②] 11月，国民党控制区的东北九省流通券的币值，1元仅等于东北银行地方流通券3毫。[③] 国共之间不断拉大的货币比值，造就了特殊的赚钱渠道，有人在国共两边倒卖货物赚取差价。当时有媒体报道："共军票和流通券虽然为四与一之比，但共军区域内食物价格比收复区便宜。在哈尔滨住小旅馆，一天食用化［花］二百元已足够，但在长春食用一天化［花］一千元还不够，此数折合共军票就要四千，可以化［花］二十天了。所以有人说，在国军接收区内赚钱，在共军解放区内化［花］费，那等于赚美金在中国用。"[④] 这则材料非常生动地反映了国共双方不同的通货物价形势。

表6-9 东北币与九省券币值变化对照

单位：元

时间		东北币一元等于九省券	九省券一元等于东北币
1946年	上半年	1.08	0.91
	下半年	0.93	1.08
1947年	上半年	0.83	1.20
	下半年	2.74	0.37
1948年	上半年	32.51	0.03
	下半年	201.8	0.005

资料来源：《蒋币和我东北流通券币值对照比较表》，《黑龙江根据地金融史料（1945～1949）》，第127页。

---

① 辽宁省地方志编纂委员会办公室主编《辽宁省志·物价志》，辽宁民族出版社，2000，第15页。
② 《东北局关于禁用敌币等问题向中央的报告》（1948年10月4日），朱建华主编《东北解放区财政经济史资料选编》第3辑，第449页。
③ 姜宏业：《中国金融通史》第5卷，第275页。
④ 潘子明：《松花江畔的阴阳界》，《观察》第2卷第22期，1947年，第19～20页。

中共的有效控制

中共解放区物价形势较之国民党控制区相对稳定，除战争胜利这个决定性因素外，与中共的努力当然分不开。战争时期，通货膨胀难以避免，中共对此有清楚的预判，所谓"平涨是无问题的、难免的，问题是如何避免大涨。这个问题不能单在经济范围内来回答，因为现在是军事第一"。① 这是中共高度务实的一面。

同时，作为一个高度强调能动性的政党，在战争环境下，尽管环境不利、任务艰巨，中共仍然从各个方面想办法，尽最大努力稳定财政金融，防止恶性通货膨胀发生。1947 年 10 月 2 日，在中共中央南满分局会议上陈云指出："必须使每个同志清楚地认识到，全部经济工作的目的是为了战争的胜利。军队与地方、前方与后方、财经与后勤之间的矛盾，均应统一到这一点上来。……在金融政策上，要放手大胆地发行，否则要犯路线错误。问题在于，票子发出后要能及时掌握住物资。有了物资就能左右物价。明后年，群众和机关都要搞大生产。全东北要争取做到物价相对稳定。做到这一条，我们就不仅在政治上军事上取得了胜利，而且在经济上也取得了胜利。"② "发行""票子"、"掌握""物资"、"左右物价"大致说出了中共面对财政金融难题的基本思路。

应对物价问题，需要充分估计困难，即所谓战略上重视。陈云刚到东北，在通河干部会议上就指出："（经济混乱的时间）估计最少还要两年，通货膨胀不能解决，物价会看涨的。"③ 中共努力的方向是尽可能保持物价上涨的可控态势，为此一直密切监控物价动态，注重调查研究。

东北银行为了掌握物价趋势，随时采取稳定金融物价的决策，物价调查工作就成为当时东北银行的一项重要任务。调查内容有 20 几种生

---

① 陈云：《东北财经问题》（1948 年 10 月 8、11 日），《陈云文集》第 1 卷，第 641 页。
② 《陈云年谱》上卷，1947 年 10 月 2 日，第 631~632 页。
③ 《在通河干部座谈会上的讲话》（1946 年 3 月 13 日），《陈云文集》第 1 卷，第 511 页。

活物资，每天要把这 20 几种物价的情况，调查清楚后编制当日物价调查表，并和东北各主要城市银行交换。每个月还要汇总编制一期金融物价简刊与各地交流。①

刚到东北银行总行被分配做金融物价调查工作的孟繁盛回忆："原来只调查二十个品种，经研究认为少数品种代表不了整个市场物价的全貌。于是由二十个增加到七十二个品种。同时为了便于有系统地研究物价和有利于分析工、农业产品的比价关系（剪刀差），以便决定物价政策，把七十二个品种分六大类，即粮食、花纱布、煤木、毛皮、金银、日用品等。"这体现了中共高度重视调查、认真细致的态度，也反映了对物价的监控越来越急迫、严密。"初期我们印发的《每日物价》，在商品价格上只有个简单的数字比较（如在今日价格之后仅有一栏与昨日价格的比较）。以后发展到编制物价指数，在定期刊物——《金融物价》上登载。"② 王首道也回忆道："记得我进入哈尔滨时，就针对当时物价飞涨和财政枯竭的严重局面采取了许多应急措施。……我们管财经的同志每天上班第一件事就是研究剪报，以便了解情况采取对策。"③

控制物资是中共从抗战时期的通货膨胀应对中获得的经验。物资当中，粮食作为生活最基本的必需品，是重中之重。1946 年 10 月 15 日，陈云就强调："今后应集中力量收购粮食和组织运粮，重点在运。……东北的状况是只产粮食，有了余粮必然要卖，我们的对策应该是让它流动。"④ 东北是产粮区域，这里土地肥沃，比陕北多收获二三倍，粮食的产量，单就北满来说，就等于陕甘宁边区 21 倍的收获。⑤ 从 1948 年的数据来看，东北解放区

---

① 韩秉昌：《回忆银行生活几个片断》，《黑龙江根据地金融史料（1945～1949）》，第 44 页。

② 孟繁盛：《忆哈市金融物价调查》，《黑龙江根据地金融史料（1945～1949）》，第 49、51 页。

③ 《王首道回忆录》，解放军出版社，1987，第 483 页。

④ 《陈云年谱》上卷，1946 年 10 月 15 日，第 584 页。

⑤ 李富春：《在财经会议的报告与总结》（1947 年 8 月），朱建华主编《东北解放区财政经济史资料选编》第 1 辑，第 55～56 页。

的粮食产量占到当时各解放区粮食总产量的 28.5%。① 这为中共稳定粮价，进而稳定物价提供了可能。

事实上，控制粮食的确也是中共在东北根据地实施财政金融政策的关键。解放区的物价直接和粮食等几种主要生活资料的物价联系在一起，金银价格对物价反倒不起决定作用。可以看一下粮食与黄金价格的变动指数：1945 年 8 月，高粱米每斤 0.75 元，1949 年 2 月涨至每斤 3899 元，增长 5197.7 倍；黄金价格，1945 年 8 月每公分 281 元，1949 年 2 月涨至 506814 元，增长 1803 倍。② 这显示，是粮食这样的生活必需品，而不是金银，引导着解放区物价的上涨。相比之下，国民政府"用以与通货膨胀作斗争的"主要是金、银、外汇，③ 即通过抛售控制的黄金、外汇等回收法币，抑制物价。从内战爆发到 1947 年 2 月不到一年的时间，国民政府国库中的黄金外汇即从 8 亿美元减少到 4 亿美元。④ 然而，真正的物价狂飙才刚刚开始。

战争环境下，物资尤其是粮食消耗极大，要真正拿住粮食，并非易事。1947 年"6 月粮价波动，每日抛粮数达百万斤，亦无法压低浪潮"。⑤ 国民党方面也非常重视粮食问题，蒋介石直言："要解决粮食问题，绝不能单就粮食问题本身来设法，因为粮食问题不仅是一个经济问题，同时也是政治、社会问题。"⑥ 也与中共争夺物资："平抑物价之治本之法要在控制生产、搜集物资，似应利用时机，在收复接收之区，派遣机动部队驱逐游动之匪，从

---

① 《全国粮食及各种特产历年产量统计》，中共中央财经部 1949 年 6 月编印，转见李成瑞《解放战争时期解放区农业税征收情况》，中共中央党史研究室、中央档案馆《中共党史资料》第 63 辑，中共党史出版社，1997，第 135 页。具体数据为东北解放区 2374132 万市斤，华北解放区 1979331 万市斤，山东解放区 1198000 万市斤，西北解放区 27400 万市斤，苏皖解放区 510000 万市斤，中原解放区 1518375 万市斤，冀察热辽解放区 482909 万市斤。

② 王汉义：《东北解放区的货币斗争》，《东北经济史论文集》（上），第 276 页。

③ 张公权：《中国通货膨胀史（1937～1949 年）》，第 59 页。

④ 姚崧龄编著《张公权先生年谱初稿》下册，第 801 页。

⑤ 《哈市金融物价总结》（1947 年 8 月），朱建华主编《东北解放区财政经济史资料选编》第 3 辑，第 31 页。

⑥ 《管理粮食应注意之事项》（1941），秦孝仪主编《总统蒋公思想言论总集》第 18 卷，第 58 页。

事物资之抢购与抢运，但求物资之争取。"① 实际上，每次新一轮的物价上涨，粮价都是引发者。1948 年 8 月陈云坦陈：现在的问题是，各种物资我们都掌握了，唯独粮食没掌握。而粮食恰恰是领导物价的。要适当控制粮价，减少不合理的涨价，主要办法就是掌握粮食。②

掌握物资，可以在一定程度上抑制物价过度上涨，但仅仅依靠这一点，又显然是不够的。在这里，中共的另一项举措特别关键，就是基于严密控制之下的打击投机。哈尔滨第一任市长刘成栋回忆，1946 年哈尔滨有钱人囤积黄金，引起首饰价格波动很大，"叶季壮说调查调查，哈尔滨能销多少金子？我找了一些熟人，他们说不会有多大销量，最多不超过二万两黄金，卖出二万两就把票子吸干了。当时我们手里有四万多两，我们下决心抛出二万两"，最终"卖到一万七八千两就落价了，而且落的很快，于是人们就又争先恐后抛售金子。……这么搞了两次，投机分子就不再搞黄金投机生意了"。③ 1947 年 6 月的粮价波动，政府抛售也无法控制，最终采用管制措施。"7 月粮价下降，其主要原因是市府取缔高价买粮，登记存粮等行政力量配合抛售粮食的结果。"所以中共得出结论："在交通发达邮电方便的城市，游资可以无限制的集中。加上特务的捣乱和破坏，工商管理若不加紧，单靠物资力量，物价是很难平稳的。"④ 打击投机必须有强有力的政治管理，在这方面，中共显现了非同一般的能力。比如东北银行通过借给农民实物，有效地避免了通货膨胀给农民造成困扰和损失，保护了农业生产。在调查中，农民说："我们现在借了钱，不会把钱放起来等着'毛'。我们会把它买成有用的东西（如牲口、种籽、农具），若秋后粮食涨了，我们仍是借一石粮还一石粮，而实际上还得了些牲口、农具和多产的粮食。"⑤

---

① 《黄恒浩函陈诚就东北现实情形加以检讨之刍见四项》（1948 年 1 月 15 日），"陈诚副总统文物档案"，档号：008 - 010202 - 00069 - 015。

② 《陈云年谱》上卷，1948 年 8 月 25 日，第 654 页。

③ 王汉义：《东北解放区的货币斗争》，《东北经济史论文集》（上），第 276～277 页。

④ 《哈市金融物价总结》（1947 年 8 月），朱建华主编《东北解放区财政经济史资料选编》第 3 辑，第 31、34 页。

⑤ 《扩大存款，利用存款，发展经济——东北银行第三次分行经理联席会议摘要》（1948 年 3 月 15 日），朱建华主编《东北解放区财政经济史资料选编》第 3 辑，第 425 页。

稳定物价的另一途径是组织生产，限制消费。当时中共提出这样的口号："生产发财、四季发财、贫者变富、富者更富。"东北的气候决定了耕种时间短，农闲时间多，中共于是大力提倡副业生产。冬天组织打猎、捕鱼，组织运输合作社、副业合作社，提倡畜牧业。王首道回忆说："（这个口号）在当时来说提的还是很适时，很有动员力量的。"[①] 限制消费可以最大限度节省社会财力，曾任哈尔滨市市长的饶斌在给高岗的信中提出：

> 物价问题，基本上要从扩大生产、掌握物资、组织消费三方面去着手。根据主观力量，研究如何适应消费需要。根据经济政策原则，经过成本计算从一定的生产利润中，解决一部分财政需要，再参考市价及组织消费后的供销关系，确定主要物资的物价，不能根据自由消费，使物资更感缺乏，而表现出供销关系的自由市场，来考虑物价。因此，我们就不应跟着自由消费的自由市价被动掌握物价。我觉得这似乎是全面调整物价的重要原则。[②]

这可以说是通过控制消费来抑制物价的思路，战争年代这种思路有其合理性。

打击投机可以抑制因炒作或恐慌导致的通货膨胀，但通货膨胀形成的根本原因还在于货币供应和物资供应的严重失衡，尽力筹集物资仍然是对付通货膨胀最有效的手段。为支援战争需要，中共在解放区尽最大努力展开征收，东北作为战争最激烈的地区，征收比例尤高。资料显示，1946年农业税征收额占农业产量比例，陕甘宁边区为8.9%，山东为10.53%，晋察冀边区为10.53%，晋冀鲁豫边区为12.3%，晋绥边区为12.759，东北和热河约为20%。[③]

---

① 《王首道回忆录》，第502页。
② 《饶斌给高岗的信》（1948年6月），朱建华主编《东北解放区财政经济史资料选编》第3辑，第116～120页。
③ 《中共党史资料》第63辑，第144页。

再看公粮征收，表 6-10 呈现了 1946~1949 年东北解放区公粮征收的大致情况。

表 6-10　1946~1949 年东北解放区农民公粮征收

年份	负担人口（人）	负担面积（垧）	粮食总产量（吨）	实缴公粮（吨）	平均负担率（%）
1946	11221948	6648194	7676936	698170	9.09
1947	28121992	11861281	7085857	1511792	21.33
1948	27428564	16780925	12259846	2277609	18.57
1949	33433229	12720329	13262343	2373687	17.90

注：1946 年度情况只计北满各省，负担面积按中垧计算；1947、1948 年负担面积数据按大垧计算。

资料来源：《东北解放区四年来征收公粮和购粮的统计表》，《辽宁财政史资料选编·解放战争时期（1945 年 10 月~1949 年 9 月）》上册，附页。

东北局报告："1947 年公粮征收任务为 1489005 吨，现已（1948 年 5 月）完成 1379523 吨。去年夏季攻势以前之老区平均征收率为 23.78%，新区平均征收率为 13% 至 21% 不等。但加上敌匪搜刮及各种浪费，实际负担均大于此数。东北征收率一般比关内高，但由于此地农民占有土地数比关内高（北满每人平均 7 亩，南满 5 亩），土质也好，故农民负担还能勉强下去。公粮是国家主要财源，除用以解决全部军粮外，并为对外贸易输出之主要物资。去年输出为 187000 吨，今年输出 43 万吨（另有购粮 28 万吨及地方出口粮），输入物资转入财政收入者占总收入 58%。"[1] 1948 年五大解放区共征收公粮 122.6 亿斤，其中东北 48.6 亿斤，华北 31.8 亿斤，华东 17.5 亿斤，西北 3.2 亿斤，中原 15.4 亿斤，华中 6.1 亿斤。[2]

虽然东北公粮征收的绝对值高，但相对总收入，公粮收入比例却是几大解放区中最低的。1948 年东北解放区的征收情况是：

[1]　东北行政委员会财政委员会：《东北解放区财政报告》（1948 年 5 月 10 日），朱建华主编《东北解放区财政经济史资料选编》第 4 辑，第 119 页。

[2]　中共中央财经部：《财政收支与人民负担》，《中共党史资料》第 63 辑，第 145 页。

收公粮一百三十四万吨，占总收入的百分之三十七点二；对外贸易九十一万吨，占百分之二十五点三，其老本还是靠公粮；工业收入（铁路、电气都是赔本的，主要靠布、盐）八十九万吨，占百分之二十四点七；税收十一万吨，占百分之三点零六；……共计三百六十万吨。收支相比，真正透支也不多。关内收入的比例是：华北收公粮、公棉占总收入的百分之六十至百分之八十二，晋东南农业税收占百分之八十二，晋察冀占百分之七十八，西北占百分之六十，华东占百分之七十一。①

由此看，东北公粮收入占总收入的1/3左右，而其他解放区的公粮收入普遍占到总收入的百分之七八十。东北粮食收入绝对值在各个解放区中最高，在本区总收入中占比却最低，这和东北作为当时中国最重要的工业基地，各项事业相对发达直接相关，而背靠苏联、朝鲜、外蒙古，也使东北有着从事贸易的良好条件。

1947～1949年三年间，东北解放区对外输出贸易额逐年提高，以1947年输出额为100，则1948年为277，1949年为257。其中，苏联是东北贸易最大的输出对象，对苏贸易是东北解放区独有的优势。1947～1949年平均占到贸易总额的近93%。对苏的贸易输出额也逐年增加，1947年为487146431万元，1948年为1055971634万元，1949年为1172714477万元。②粮食出口和外贸收入：1947年1154.9亿元，占年度财政收入64%；1948年达到24407.4亿元，增长近20倍。③ 对苏贸易除在物资上直接支援东北外，在促进东北经济发展、缓解经济各方压力也起到了有益作用。1947年的东北对外贸易工作报告中讲道："去年进口即帮助了铁道的建设、煤矿的恢复与火柴业的发展，今年的进口帮助了纺织业与农村副业的恢复，军工生产的

---

① 陈云：《东北财经问题》（1948年10月8、11日），《陈云文集》第1卷，第639～640页。
② 《三年输出工作总结》，朱建华主编《东北解放区财政经济史资料选编》第3辑，第314～315页。
③ 刘彬整理《解放战争时期东北财政的基本情况》，《辽宁财政史资料选编·解放战争时期（1945年10月～1949年9月）》上册，第242、248页。

必需保证。"① 1948 年东北对外贸易工作总结毫不避讳地说，"和苏联做生意，我们是应该沾光的，也正因为是和苏联做生意，我们才占到了这个便宜"，"譬如说：十多斤大豆可以换一尺布，一斤大豆可换一斤盐，六斤半大豆可以换一斤糖……等"，"从换进物资的比价上说，我们还是占了很大的便宜"。②

综上可见，在面对战时不得已扩大发行、物价腾涨的严重通货膨胀难题时，中共极力在货币发行与控制物价中寻找相对平衡，通过强有力的物资控制和高效率的动员最大限度地集中资源、抑制投机，遏制了通货膨胀的恶性发展。中共在粮食、物价、外贸等方面找到突破口，加大监管与控制力度，多方发力。正如吕正操所分析的："单纯的城市观点是不行的，而单纯依靠乡村小部分建立根据地的观点与单纯以农村及粮食为基础的财经观点，在东北也是很难以行通的。"③

通货膨胀与战争如影随形，古今中外都难以避免。解放战争的规模和消耗，对解放区财政、物资等各方面带来的压力是空前的。战争消耗导致过量发行，又不可避免地造成物价波动。财政的、发行的、物价的问题交织在一起，使解放区也曾处于严重的通货膨胀困局。

然而，需要追索的一个事实是，同样经受了残酷战争，国民党控制区经济最终被恶性通货膨胀拖垮，而中共却能有效控制通胀，成功化解危机。这和中共在东北战场上的胜利关系至巨。1947 年大转折，1948 年大决胜，战场上的节节胜利为中共在东北建立和巩固根据地提供了前提和有利条件。由此，完全且无条件地服务于战争的战时财政才会逐渐得以落地。对此，中共方面有清楚的认识。1948 年 5 月华北金融贸易会议的综合报告写道："去年蒋区物价剧烈上涨，今春上涨更猛。我区晋察冀和晋冀鲁豫去年物价比较平稳（全年上涨了二三倍），山东和西北由于敌人疯狂进攻，上涨较速，现亦

---

① 《东北局关于对外贸易工作的报告》（1947 年 6 月 5 日），朱建华主编《东北解放区财政经济史资料选编》第 3 辑，第 280 页。

② 《东北贸易总公司第一年度对外贸易工作总结与第二年度对外贸易意见草案》（1947 年 2 月 ~ 1948 年 7 月），朱建华主编《东北解放区财政经济史资料选编》第 3 辑，第 285 ~ 286 页。

③ 《吕正操回忆录》，解放军出版社，1988，第 530 ~ 531 页。

逐渐平稳。整个来讲，我区的物价已显然比蒋区平稳；而且蒋区物价上涨愈来愈快，我区则愈来愈慢。这种有利形势，主要是战争胜利，和财政赤字减少所造成。"[1] 国民党一方也不是没有看到，嫩江省府委员兼秘书长黄恒浩曾向陈诚建言："不必顾虑通货膨胀，一旦匪患戡平，一切自可恢复正常。……以故对于剿匪需款，但使与军事有利，似无顾虑吝惜之必要。"[2]

的确，只有战争的胜利推进才是一切走向利好的前提。币值、物价在某种程度上是信用的产物，尤其是政府信用的体现。战场上的胜败，随时会影响币值和物价的波动。因此，战时财政金融问题，可以说不仅是经济问题，更是政治问题。政治控制能力是有效制定措施和贯彻执行的基础。

中共努力使用一切可以使用的经济手段来应对战时通货膨胀问题是值得称道的。同时，东北解放区在应对这些问题上也有其独特的优势。东北是中国的大粮仓，又是当年中国最大的工业基地，背靠苏联，具有其他解放区不具备的外贸条件。作为一个大区域的物质基础，是当年中国其他地区无法比拟的。这些都为中共支持战争提供了良好的条件，也是东北解放区严重通货膨胀得到持续有效控制的重要保障。

总体来看，东北解放区之所以没有像国民党控制区那样出现恶性通货膨胀的失控，离不开中共在战场上的节节胜利，更离不开财政经济方面的努力，也离不开东北的资源优势。可以看到，前方和后方的胜败是相互联系的，绝非单向关系。前方的失败会加剧后方的困难，而前方的胜利又会让后方的财政困难大大纾解。从这个意义上又可以说，战争打的是钱，战争也会打出金钱。

---

[1] 《华北金融贸易会议的综合报告》（1948 年 5 月），《中共中央文件选集》第 14 册（1948 ~ 1949），第 278 页。

[2] 《黄恒浩函陈诚就东北现实情形加以检讨之刍见四项》（1948 年 1 月 15 日），"陈诚副总统文物档案"，档号：008 - 010202 - 00069 - 015。

结　语

近代中国金融风潮频繁，与随着列强坚船利炮带入的新金融秩序是分不开的。西方经济金融秩序强行对中国的嫁接，固然缩短了中国与世界经济金融的距离，负面影响也显而易见。近代中国金融风潮频发，密度甚至远超西方国家就是明显例证。近代意义上的金融模式强行嵌入，破坏了中国经济的独立运行，使近代中国金融风潮呈现多样性和复杂性。深入研究其运行和趋势，对了解经济金融转型过程中发生和呈现的特殊经济金融形态有着特别的意义。这可以说是本书最为独特的意义之所在。

金融风潮瞬息万变，纷繁复杂，把握殊为不易。风潮各环节间常常隐隐约约，细密如丝，牵一发而动全身；其呈现则澎湃汹涌，来去迅猛。其中，社会政治的不安定常常是近代中国金融风潮爆发的首要导火索，这一点特别值得注意。在近代中国的环境下，要了解金融风潮，不能仅仅就金融看金融，需要把政治、社会、经济、财政、中外关系等多个层面的因素纳入，统一考量，研究任何具体问题都不能离开宏观视野。同时，通过观察若干非常态事件，也是为了看到近代中国金融的日常。事实上，从相对长的时段来看，近代中国金融的非常态几成常态，"非常"有成"日常"之势。这是本书的出发点，也是笔者通过撰写这本书所获得的更加深入的体会。

作为一项有关近代中国金融风潮的研究，本书希望可以通过具体的阐述深化如下几点认识。

第一，在经济金融活动中，保持本国的金融主导权，保持社会和政治的稳定发展，对防范金融风潮至关重要。近代中国的金融风潮常常和战争及政治动荡联系在一起，政治的混乱往往是金融动荡的温床。实际上，1948年后国民党控制区的金融动荡更多是政治军事失败的结果，而不是金融动荡导致了国民党的失败。这也回答了需要追索的一个事实问题，即同样经受了残酷战争，国民党控制区经济最终被恶性通货膨胀拖垮，而中共却能有效控制通胀，成功化解危机。

第二，金融秩序的建立、规范、发展要跟上经济发展的步伐，两者如出现严重的不对称发展，往往会诱发投机，进而爆发金融风潮。另外，观察重大的金融事件，当时当地的实际经济金融状况应是关键指标。如观察1935年初的金融危机，应该同时看到这一时期社会财富和实体经济的增长。这就提示我们，对这场金融危机的评断不能简单建立在经济萧条这样固有的解释定式上。财富增长和金融混乱同时出现，看似相悖的状况，或许也正是理解这场危机本质的锁钥。

第三，政府不应该在金融活动中缺位，但是政府角色又应有所限制。政治力量与金融运行关系十分复杂，政府的适当引导和干预有助于金融稳定和发展，不能把政府力量和金融秩序置于天然对立的位置。但是，金融运行毕竟有其市场逻辑，政府在管理中应认识和尊重市场，而不是一味强调控制乃至垄断市场和金融，斫丧金融运行本身的活力。政治和金融之间复杂的互动关系，不是简单的肯定或否定评判可以涵括的。在政治与金融关系不健康、银行制度不健全的背景下，在政治与金融之间，也包含了更多的可能性与复杂性。

第四，信用是银行运营的基础，信用在金融领域中的重要意义理应得到足够的关注。对于处于银本位制度下的中国银行业而言，货币本不具有发行上的弹性，银行的信用风险主要体现于挤兑。这种缺乏弹性的信用风险会不会转化为危机，危机爆发后如何化解，是考验银行、政府、社会的一个难题。

第五，金融需要创新。创新是金融活动的天然属性，但创新应建立在对实体经济真正有益的基础之上，数字游戏只能伤害而不是促进经济金融发展。金融活动无法避免投机，但对过度投机要始终保持高度警惕。

第六，金融风潮和社会心理关系极大，谣言常常是金融风潮的催化剂。养成抵御金融风潮的社会和文化环境非常重要，政府和社会各方能否沉稳应对往往是影响风潮走向的决定性因素，舆论透明和适度的导向在控制风潮中都有同样重要的意义。

危机中的民众、危机中的日常与非常也是本书希望面对的问题。马克思说：“现代历史著述方面的一切真正进步，都是当历史学家从政治形式的外表深入到社会生活的深处时才取得的。”① 马克思揭示的目标是各研究领域可以努力的方向。金融风潮如何传导到民众，民众在金融风潮中的生活状态，以及民众的应对和在多大程度上会助长金融风潮的发生和蔓延，都是本书孜孜以求希望搞清楚的问题。更多关注默默无声的那些人，是本书希望达到的目标。

研究是一项永无止境的探求，由于能力有限，本书的终点和出发点之间并没有真正拉开较大的距离，这既是本人不能不面对的遗憾，却也是让自己继续努力的理由。

---

① 中共中央马克思恩格斯列宁斯大林著作编译局译《马克思恩格斯全集》第 12 卷，人民出版社，1962，第 450 页。

参考文献

一　史料

未刊档案

北洋政府外交部档案，中研院近代史研究所档案馆藏。

"陈诚副总统文物档案"，台北"国史馆"藏。

国民政府档案，台北"国史馆"藏。

蒋介石日记，斯坦福大学胡佛研究所档案馆藏。

"蒋中正总统文物档案"，台北"国史馆"藏。

交通银行档案，全宗号 J032，北京市档案馆藏。

交通银行档案，全宗号 Q55，上海市档案馆藏。

交通银行档案，全宗号 398，中国第二历史档案馆藏。

上海商业储蓄银行档案，全宗号 Q275，上海市档案馆藏。

张嘉璈口述回忆，哥伦比亚大学图书馆藏。

张嘉璈日记，上海市图书馆藏。

中国银行档案，全宗号 J031，北京市档案馆藏。

中国银行档案，全宗号 Q54，上海市档案馆藏。

中政会速纪录，中国国民党党史馆藏。

已刊档案、资料汇编

财政科学研究所、中国第二历史档案馆编《民国外债档案史料》，档案出版社，1990。

财政部财政科学研究所、中国第二历史档案馆编《国民政府财政金融税收档案史料（1927～1937）》，中国财政经济出版社，1997。

陈真：《中国近代工业史资料》，三联书店，1957～1961。

重庆市档案馆、重庆市人民银行金融研究所合编《四联总处史料》，档案出版社，1993。

宓汝成：《近代中国铁路史资料》，文海出版社，1977。

高素兰编注《蒋中正总统档案·事略稿本》第 30 册，台北"国史馆"，2008。

高素兰编注《蒋中正总统档案·事略稿本》第 38 册，台北"国史馆"，2010。

何品、宣刚编注《上海市档案馆藏近代中国金融变迁档案史料汇编（机构卷）上海商业储蓄银行》，上海远东出版社，2015。

《黑龙江根据地金融史料（1945～1949）》，黑龙江省金融研究所，1984。

洪葭管主编《中央银行史料（1928.11～1949.5）》，中国金融出版社，2005。

华北解放区财政经济史资料选编编辑组、山西省档案馆等编《华北解放区财政经济史资料选编》，中国财政经济出版社，1996。

吉林省金融研究所编《吉林省解放区银行史料》，中国金融出版社，1990。

交通银行编《交通银行编制辛亥年前邮传部各路局存欠各款帐略》，1924。

交通银行总管理处编《交通银行总管理处业字通函》第 1～9 号，1922。

交通银行总管理处券务部编《内国公债库券汇编》，上海光华印刷公司，1929。

交通银行总行、中国第二历史档案馆编《交通银行史料》第 1 卷，中国金融出版社，1995。

《辽宁财政史资料选编·解放战争时期（1945 年 10 月～1949 年 9 月)》，辽宁财政志编辑室，1994。

《抗战前国家建设史料——货币金融》，秦孝仪主编《革命文献》第 74 辑，国民党中央党史委员会，1978。

辽宁、吉林、黑龙江省税务局、档案馆编《东北解放区工商税收史料选编（1945～1949 年)》，黑龙江人民出版社，1988。

千家驹：《旧中国公债史资料（1894～1949)》，中华书局，1984。

秦孝仪主编《中华民国重要史料初编——对日抗战时期》第四编战时

建设（三），国民党中央委员会党史委员会，1981。

秦孝仪主编《中国国民党历届历次中全会重要决议案汇编（一）》，《革命文献》第 79 辑，国民党中央委员会党史委员会，1979。

全国财政会议秘书处编《全国财政会议汇编》，大东书局，1928。

荣孟源主编《中国国民党历次代表大会及中央全会资料》，光明日报出版社，1985。

上海社会科学院经济研究所经济史组编《荣家企业史料》（上），上海人民出版社，1962。

上海社会科学院经济研究所经济史组编《荣家企业史料》（下），上海人民出版社，1981。

上海市档案馆编《旧中国的股份制（1868～1949）》，中国档案出版社，1996。

上海市档案馆编《一九二七年的上海商业联合会》，上海人民出版社，1983。

上海市社科院经济研究所编《刘鸿生企业史料》，上海人民出版社，1981。

唐润明等编《抗战时期大后方经济开发文献资料选编》，重庆出版社，2012。

天津市档案馆编《天津商会档案汇编（1903～1911）》，天津人民出版社，1989。

王正华编注《蒋中正总统档案·事略稿本》第 1 册，台北"国史馆"，2003。

谢俊美编《盛宣怀档案资料之五——中国通商银行》，上海人民出版社，2000。

严中平等编《中国近代经济史统计资料选辑》，科学出版社，1955。

中国第二历史档案馆编《中国民国史档案资料汇编》第 3 辑"金融"，江苏古籍出版社，1991。

中国第二历史档案馆编《中国民国史档案资料汇编》第 3 辑"财政"，江苏古籍出版社，1991。

中国第二历史档案馆编《中华民国史档案资料汇编》第 5 辑 "财政经济"，江苏古籍出版社，1994。

中国第二历史档案馆、中国人民银行江苏省分行、江苏省金融志编纂委员会编《中华民国金融法规档案资料选编》，档案出版社，1989。

中国人民银行北京市分行金融研究所、《北京金融志》编委会办公室编《北京金融史料》银行篇（五），1993。

中国人民银行山西省分行、山西财经学院《山西票号史料》编写组编《山西票号史料》，山西经济出版社，2002。

中国人民银行上海市分行编《上海钱庄史料》，上海人民出版社，1960。

中国人民银行上海分行金融研究室编《金城银行史料》，上海人民出版社，1983。

中国人民银行上海分行金融研究室编《上海商业储蓄银行史料》，上海人民出版社，1990。

中国人民银行总行参事室编《中华民国货币史资料》，上海人民出版社，1986、1991。

中国人民银行总行参事室金融史料组编《中国近代货币史资料》，中华书局，1964。

中国银行总行、中国第二历史档案馆编《中国银行行史资料汇编》上编，档案出版社，1991。

中共中央文献研究室、中央档案馆编《建党以来重要文献选编（1921～1949）》第 24 册，中央文献出版社，2011。

中央档案馆编《中共中央文件选集》第 14 册（1948～1949），中共中央党校出版社，1987。

朱建华主编《东北解放区财政经济史资料选编》，黑龙江人民出版社，1988。

卓遵宏：《抗战前十年货币史资料》，台北"国史馆"。1985。

文集、日记、回忆录等及民国时期相关文献

保罗·S. 芮恩施：《一个美国外交官使华记》，李抱宏、盛震溯译，商务印书馆，1982。

鲍威尔：《我在中国二十五年——〈密勒氏评论报〉主编鲍威尔回忆录》，邢建榕等译，上海书店出版社，2010。

曹汝霖：《一生之回忆》，春秋出版社，1996。

岑学吕编《三水梁燕孙（士诒）先生年谱》，文海出版社，1966。

陈璧：《望岩堂奏稿（二）》，文海出版社，1974。

陈奋主编《北洋政府国务总理梁士诒史料集》，中国文史出版社，1991。

《陈克文日记》，中研院近代史研究所，2012。

陈义杰整理《翁同龢日记》第4册，中华书局，1989。

程永江整理《程砚秋日记》，时代文艺出版社，2010。

大清银行总清理处编《大清银行始末记》，1915。

董毅著，王金昌整理《北平日记（1939~1943年）》，人民出版社，2015。

端纳口述，泽勒撰《端纳回忆录》，东方出版社，2013。

冯耿光等口述《近代银行业秘辛》，中原出版社，1985。

高仓正三：《苏州日记：揭开日本人的中国记忆（1939~1941）》，孙来庆译，古吴轩出版社，2014。

公安部档案馆编注《在蒋介石身边八年——侍从室高级幕僚唐纵日记》，群众出版社，1991。

郭荣生编著《民国孔庸之先生祥熙年谱》，台湾商务印书馆，1981。

何廉：《何廉回忆录》，中国文史出版社，1988。

贾士毅：《国债与金融》，商务印书馆，1930。

贾士毅：《民国财政史》，商务印书馆，1917。

贾士毅：《民国续财政史》（1—6），商务印书馆，1932~1936。

久保亨：《币制改革以后的中国经济》，丁日初、丁明炤译，《中国近代经济史研究资料》（5），上海社会科学院出版社，1986。

劳祖德整理《郑孝胥日记》第3卷，中华书局，1993。

李慈铭：《越缦堂日记》第14册，广陵书社，2004。

刘大鹏：《退想斋日记》，北京师范大学出版社，2020。

刘全忠:《银行学》,正中书局,1944。

刘绍唐:《梁士诒传记资料》,天一出版社,1979。

刘振东编《孔庸之(祥熙)先生演讲集》,文海出版社,1972。

骆惠敏编《清末民初政情内幕——〈泰晤士报〉驻北京记者、袁世凯政治顾问乔·尼·莫理循书信集(1895~1912)》,刘桂梁等译,知识出版社,1986。

《马寅初全集》,浙江人民出版社,1999。

彭晓亮、董婷婷编注《钱新之往来函电集》,上海远东出版社,2015。

千家驹:《中国的内债》,北平社会调查所,1933。

秦孝仪主编《国父全集》,近代中国出版社,1989。

上海市档案馆编《陈光甫日记》,上海书店出版社,2002。

上海市档案馆编《上海银行家书信集(1918~1949)》,上海辞书出版社,2009。

沈云龙编《黄膺白先生年谱长编》,联经出版公司,1976。

《盛宣怀日记》,江苏广陵古籍刻印社,1998。

盛宣怀:《愚斋存稿》,文海出版社,1975。

实业部银价物价讨论委员会编《中国银价物价问题》,上海商务印书馆,1936。

孙善根编注《秦润卿日记》,凌天出版社,2015。

孙善根编著《秦润卿年谱长编(1877~1966)》,宁波出版社,2019。

《孙中山全集》第6卷,中华书局,1982。

谭徐锋整理《黄尊三日记》,凤凰出版社,2019。

天津市政协文史资料委员会、中国银行天津分行合编《卞白眉日记》,天津古籍出版社,2008。

王承志:《中国金融资本论》,光明书局,1936。

王世鼐:《新货币政策实录》,财政建设学会,1937。

《王首道回忆录》,解放军出版社,1987。

王聿钧、孙斌合编《朱家骅先生言论集》,中研院近代史研究所,1977。

《王子壮日记(手稿)》,中研院近代史研究所,2001。

王志莘:《中国之储蓄银行史》,人文印书馆,1934。

魏友棐:《现阶段的中国金融》,华丰印刷铸字所,1936。

吴承禧:《中国的银行》,商务印书馆,1934。

《吴虞日记》,四川人民出版社,1984。

《肖劲光回忆录》,解放军出版社,1987。

徐寄庼:《最近上海金融史》,华丰出版社,1926。

徐堪:《徐可亭先生文存》,台北徐可亭先生文存编印委员会,1970。

徐润:《徐愚斋自叙年谱》,文海出版社,1978。

许涤新:《官僚资本论》,南洋书店,1947。

薛光前主编《艰苦建国的十年》,正中书局,1971。

杨培新:《中国通货膨胀论》,生活书店,1948。

杨天石主编《钱玄同日记》整理本,北京大学出版社,2014。

杨荫溥:《上海金融组织概要》,商务印书馆,1930。

姚崧龄:《张公权先生年谱初稿》,传记文学出版社,1982。

姚崧龄:《陈光甫的一生》,传记文学出版社,1984。

叶恭绰:《遐菴汇稿》,文海出版社,1968。

恽毓鼎:《恽毓鼎澄斋日记》,浙江古籍出版社,2005。

恽毓鼎:《恽毓鼎澄斋奏稿》,浙江古籍出版社,2007。

张辑颜:《中国金融论》,商务印书馆,1930。

张家骧:《中华币制史》,民国大学,1925。

张謇研究中心等编《张謇全集》第二卷经济,江苏古籍出版社,1994。

张孝若:《南通张季直先生传记》,中华书局,1930。

张志超编《民国中国银行·交通银行·农民银行法币图鉴》,湖南出版社,1993。

章立凡选编《章乃器文集》,华夏出版社,1997。

中共中央文献研究室编《陈云文集》第1卷,中央文献出版社,2005。

中国货币史银行史丛书编委会编《民国小丛书 中国货币史》银行史卷第三册,书目文献出版社,1996。

中国近代经济史丛书编委会编《中国近代经济史研究资料》,上海社会科学院出版社，1985。

周葆銮：《中华银行史》，商务印书馆，1919。

《朱理治金融论稿》编纂委员会、陕甘宁边区银行纪念馆编《朱理治金融论稿》，中国财政经济出版社，1993。

朱斯煌编《民国经济史》，银行学会，1948。

报刊

《财政经济杂志》、《晨报》、《东方杂志》、《工商半月刊》、《国闻周报》、《交行通信》《交通银行月刊》、《金融物价》、《经济统计月刊》、《民国日报》、《钱业月报》、《社会经济月报》、《社会科学杂志》、《申报》、《时报》、《实业部月刊》、《顺天时报》、天津《大公报》、《银行月刊》、《银行周报》、《政治官报》、《中外商业金融会报》、《总商会月报》

二　研究著作

阿瑟·N. 杨格：《一九二七年至一九三七年中国财政经济状况情况》，陈泽宪、陈霞飞译，中国社会科学出版社，1981。

阿瑟·N. 杨格：《中国的战时财政和通货膨胀（1937~1945）》，陈冠庸译校，广东省社会科学院原世界经济研究室，2008。

白吉尔：《中国资产阶级的黄金时代（1927~1937）》，张富强、许世芬译，上海人民出版社，1994。

北京市档案馆：《档案与北京史国际学术讨论会论文集》（上），中国档案出版社，2003。

卜明主编《中国银行行史（1912~1949）》，中国金融出版社，1995。

曹龙骐：《金融学》，高等教育出版社，2003。

查尔斯·P. 金德尔伯格：《西欧金融史》，徐子健译，中国金融出版社，1991。

程霖：《中国近代银行制度建设思想研究》，上海财经大学出版社，1999。

程麟苏：《近代中国的银行业》，徐昂、袁煦筠译，社会科学文献出版社，2021。

城山智子：《大萧条时期的中国——市场、国家与世界经济（1929~

1937）》，孟凡礼等译，江苏人民出版社，2010。

崔国华：《抗战时期国民政府财政金融政策研究》，西南财经大学出版社，1995。

戴建兵：《白银与近代中国经济（1890～1935）》，复旦大学出版社，2005。

道格拉斯·C.诺斯：《经济史中的结构与变迁》，陈郁、罗华平译，上海人民出版社，1984。

杜恂诚：《金融制度变迁史的中外比较》，上海社会科学院出版社，2004。

杜恂诚：《民族资本主义与旧中国政府（1840～1937）》，上海社会科学院出版社，1991。

杜恂诚：《上海金融的制度、功能与变迁（1897～1997）》，上海人民出版社，2002。

杜恂诚：《中国金融通史》第3卷，中国金融出版社，2002。

费正清：《剑桥中华民国史》上卷，中国社会科学出版社，1998。

复旦大学中国金融史研究中心编《近代上海金融组织研究》，复旦大学出版社，2007。

高家龙：《大公司与关系网：中国境内的西方、日本与华商大企业（1880～1937）》，程麟荪译，上海社会科学院出版社，2002。

郭庠林、张立英：《近代中国市场经济研究》，上海财经大学出版社，1992。

黄达：《货币银行学》，中国人民大学出版社，1999。

黄鉴晖：《中国银行业史》，山西经济出版社，1994。

黄逸峰等：《旧中国民族资产阶级》，江苏古籍出版社，1990。

黄逸平、虞宝棠主编《北洋政府时期经济》，上海社会科学院出版社，1995。

黄逸平、顾文虎主编《百年沧桑——中国近代企业的轨迹、经验、教训》，山西经济出版社，2000。

洪葭管：《20世纪的上海金融》，上海人民出版社，2004。

洪葭管：《在金融史园地里漫步》，中国金融出版社，1990。

洪葭管：《中国金融通史》第4卷，中国金融出版社，2008。

洪葭管编著《金融话旧》，中国金融出版社，1991。

洪葭管、张继凤：《近代上海金融市场》，上海人民出版社，1989。

贾熟村：《北洋政府时期的交通系》，河南人民出版社，1993。

姜宏业：《中国地方银行史》，湖南人民出版社，1990。

姜宏业：《中国金融通史》第5卷，中国金融出版社，2008。

江彦等：《宁波帮与中国近代金融业》，中国文史出版社，2008。

孔令仁：《中国近代企业的开拓者》，山东人民出版社，1991。

孔祥贤：《大清银行史》，南京大学出版社，1991。

李一翔：《近代中国金融业的转型与成长》，中国社会科学出版社，2008。

李一翔：《近代中国银行与企业的关系（1897~1945）》，正中书局，1997。

李一翔：《近代中国银行与钱庄关系研究》，学林出版社，2005。

刘慧宇：《中国中央银行（1928~1949）》，中国财政经济出版社，1997。

刘平：《近代中国银行监管制度研究（1897~1949）》，复旦大学出版社，2008。

刘永祥：《金城银行——中国近代民营银行的个案研究》，中国社会科学出版社，2006。

陆仰渊、方庆秋：《民国社会经济史》，中国经济出版社，1991。

罗纳德·I. 麦金农：《经济发展中的货币与资本》，卢骢译，上海三联书店，1988。

毛知砺：《张嘉璈与中国银行的经营与发展》，台北"国史馆"，1996。

马伯煌主编《中国近代经济思想史》，上海社会科学院出版社，1992。

帕布斯·M. 小科布尔：《江浙财阀与国民政府（1927~1937）》，蔡静仪译，南开大学出版社，1987。

帕布斯·M. 小科布尔：《上海资本家与国民政府（1927~1937）》，杨孟希等译，中国社会科学出版社，1988。

沈祖炜：《近代中国企业：制度与发展》，上海社会科学院出版社，1999。

史蒂芬·麦金农：《梁士诒与交通系》，张玮瑛译，张玉法主编《中国现代史论集》第五辑军阀政治，联经出版公司，1980。

史瀚波：《乱世中的信任：民国时期天津的货币、银行及国家-社会关系》，池桢译，上海辞书出版社，2016。

石涛：《南京国民政府中央银行研究（1928～1937）》，上海远东出版社，2012。

石毓符：《中国货币金融史略》，天津人民出版社，1997。

施正康：《困惑与诱惑》，上海三联书店，1999。

寿充一等编《外商银行在中国》，中国文史出版社，1996。

苏全有：《清代邮传部研究》，中华书局，2005。

台北交通银行总管理处编著《交通银行七十五年》，1982。

托马斯·罗斯基：《战前中国经济的增长》，唐巧天等译，浙江大学出版社，2009。

汪敬虞：《外国资本在近代中国的金融活动》，人民出版社，1999。

汪敬虞主编《中国近代经济史（1895～1927）》，人民出版社，2000。

王业键：《中国近代货币与银行的演进（1644～1937）》，中研院，1981。

文昊编《我所知道的金融巨头》，中国文史出版社，2006。

吴承明：《市场·近代化·经济史论》，云南大学出版社，1996。

吴景平等：《近代中国的金融风潮》，东方出版中心，2019。

吴景平、陈雁编《近代中国的经济与社会》，上海古籍出版社，2002。

吴景平主编《上海金融业与国民政府关系研究（1927～1937）》，上海财经大学出版社，2002。

吴景平：《宋子文评传》，福建人民出版社，1998。

吴景平：《宋子文政治生涯编年》，福建人民出版社，1998。

吴景平：《政商博弈视野下的近代中国金融》，上海远东出版社，2016。

熊月之：《上海通史》第8卷《民国经济》，上海人民出版社，1999。

许涤新、吴承明：《中国资本主义发展史》第2卷，人民出版社，1990。

许涤新、吴承明：《中国资本主义发展史》第3卷，人民出版社，1993。

徐建生：《民国时期经济政策的沿袭与变异（1912～1937）》，福建人民出版社，2006。

徐矛等主编《中国十银行家》，上海人民出版社，1997。

薛念文：《上海商业储蓄银行研究（1915～1937）》，中国文史出版社，2005。

燕红忠：《中日货币战争史（1906～1945）》，社会科学文献出版社，2021。

姚会元：《江浙金融财团研究》，中国财政经济出版社，1998。

姚会元：《中国货币银行（1840～1952）》，武汉测绘科技大学出版社，1993。

姚崧龄：《中国银行二十四年发展史》，传记文学出版社，1977。

叶世昌：《中国金融通史》第1卷，中国金融出版社，2002。

易劳逸：《流产的革命：1927～1937年国民党统治下的中国》，陈谦平、陈红民等译，中国青年出版社，1992。

虞宝棠：《国民政府与民国经济》，华东师范大学出版社，1998。

张公权：《中国通货膨胀史（1937～1949年）》，杨志信译，文史资料出版社，1986。

张国辉：《中国金融通史》第2卷，中国金融出版社，2003。

张进：《超前、徘徊与困惑——张謇金融现代化的理念与实践研究》，扬州大学出版社，2003。

张秀莉：《币信悖论：南京国民政府纸币发行准备政策研究》，上海远东出版社，2013。

张郁兰：《中国银行业发展史》，上海人民出版社，1957。

张忠民：《艰难的变迁——近代中国公司制度研究》，上海社会科学院出版社，2002。

张忠民、陆兴龙主编《企业发展中的制度变迁》，上海社会科学院出版社，2003。

张忠民、朱婷：《南京国民政府时期的国有企业（1927～1949）》，上海财经大学出版社，2007。

浙江省政协文史资料委员会编《浙江近代金融业与金融家》，浙江人民出版社，1992。

郑亦芳：《上海钱庄（1843～1937）——中国传统金融业的蜕变》，中研院，1981。

《中国金融史》，西南财经大学出版社，1996。

中国人民银行总行金融研究所金融历史研究室：《近代中国金融业管

理》，人民出版社，1990。

中国人民银行上海市分行金融研究室编印《交通银行简史》，1978。

朱荫贵：《中国近代股份制企业研究》，上海财经大学出版社，2008。

朱振华：《中国金融旧事》，中国国际广播出版社，1991。

图书在版编目（CIP）数据

近代中国金融的非常与日常／潘晓霞著 . -- 北京：
社会科学文献出版社，2022.5
ISBN 978 - 7 - 5201 - 9826 - 4

Ⅰ.①近…　Ⅱ.①潘…　Ⅲ.①金融－经济史－中国－
近代　Ⅳ.①F832.95

中国版本图书馆 CIP 数据核字（2022）第 036929 号

近代中国金融的非常与日常

著　　者／潘晓霞

出 版 人／王利民
组稿编辑／宋荣欣
责任编辑／李期耀
责任印制／王京美

出　　版／社会科学文献出版社·历史学分社（010）59367256
　　　　　　地址：北京市北三环中路甲29号院华龙大厦　邮编：100029
　　　　　　网址：www.ssap.com.cn
发　　行／社会科学文献出版社（010）59367028
印　　装／北京联兴盛业印刷股份有限公司

规　　格／开　本：787mm×1092mm　1/16
　　　　　　印　张：17　字　数：267千字
版　　次／2022年5月第1版　2022年5月第1次印刷
书　　号／ISBN 978 - 7 - 5201 - 9826 - 4
定　　价／85.00元

读者服务电话：4008918866